Guitarra

PARA

DUMMIES™

Mark Phillips
Jon Chappell

Obra editada en colaboración con Centro Libros PAPF, S.L.U. – España

Edición publicada mediante acuerdo con Wiley Publishing, Inc.
© ...For Dummies y los logos de Wiley Publishing, Inc. son marcas
registradas utilizadas bajo licencia exclusiva de Wiley Publishing, Inc.

Traducción: Grupo Norma de América Latina

© 2010, Centro Libros PAPF, S.L.U.
Grupo Planeta
Avda. Diagonal, 662-664
08034 – Barcelona, España

Reservados todos los derechos

© 2012, Editorial Planeta Mexicana, S.A. de C.V.
Bajo el sello editorial CEAC M.R.
Avenida Presidente Masarik núm. 111, 2o. piso
Colonia Chapultepec Morales
C.P. 11570 México, D. F.
www.editorialplaneta.com.mx
Primera edición impresa en España: junio de 2010
ISBN: 978-84-329-2074-5

Primera edición impresa en México: junio de 2012
ISBN: 978-607-07-1215-9

Impreso en los talleres de Litográfica Ingramex, S.A. de C.V.
Centeno núm. 162, colonia Granjas Esmeralda, México, D.F.
Impreso en México – *Printed in Mexico*

Los autores

Mark Phillips es guitarrista, arreglista y editor con más de treinta años de experiencia en el campo de las publicaciones musicales. Se licenció en teoría de la música en la Case Western Reserve University, donde recibió el Premio Carolyn Neff a la excelencia en los estudios. Realizó además un máster de teoría de la música en la Northwestern University, donde fue elegido miembro de Pi Kappa Lambda, una prestigiosa sociedad honorífica estadounidense para estudiantes universitarios de música. Al mismo tiempo que trabajaba en su doctorado en teoría musical en Northwestern, Phillips se dedicó a enseñar lenguaje musical, formación auditiva, lectura a primera vista, contrapunto y guitarra.

Entre finales de los setenta y principios de los ochenta, Phillips fue director de música popular en Warner Bros. Publications, donde preparó la edición y los arreglos de canciones de artistas como Neil Young, James Taylor, los Eagles y Led Zeppelin. Desde mediados de los ochenta ejerce de director musical y director editorial en Cherry Lane Music, donde ha editado o arreglado canciones de artistas como John Denver, Van Halen, Guns N'Roses y Metallica, ha sido además director musical de las revistas *Guitar* y *Guitar One*.

Phillips es autor de varios libros de música y partituras, entre los que se incluyen *Metallica Riff by Riff*, *Sight-Sing Any Melody Instantly* y *Sight-Read Any Rhythm Instantly*. Fuera del ámbito musical, Phillips es autor y editor de una serie "divertida" de libros de texto de lengua inglesa para estudiantes de secundaria, entre los que se incluyen *The Wizard of Oz Vocabulary Builder*, *The Pinocchio Intermediate Vocabulary Builder* y *Tarzan and Jane's Guide to Grammar*. Por el valor de consulta de sus numerosas publicaciones, Phillips es citado en el libro *Who's Who in America*.

Jon Chappell es transcriptor y arreglista además de ser un polifacético guitarrista. Estudió con Carlos Barbosa-Lima en la Carnegie-Melon University y continuó sus estudios con un máster en composición en la DePaul University, donde también impartió clases de teoría y de formación auditiva. Trabajó como jefe de redacción de la revista *Guitar*, como redactor técnico de la *Guitar Shop Magazine* y como experto musicólogo de la revista de música clásica *Guitarra*. Ha tocado y grabado con Pat Benatar, Judy Collins, Graham Nash y Gunther Schuller además de escribir numerosas piezas musicales para cine y televisión. Entre éstas destacan *Doctor en Alaska*; *Walker, Texas Ranger*, *Guiding Light* y el largometraje *Bleeding Hearts* dirigido por el actor y bailarín Gregory Hines. En 1990 ocupó el puesto de director musical asociado en Cherry Lane Music, donde ha arreglado, transcrito y editado temas de Joe Satriani, Steve Vai, Steve Morse, Mike Stern y Eddie Van Halen, entre otros. Más de una docena de métodos llevan su firma, y es autor de *Rock Guitar For Dummies* y del libro de texto *The Recording Guitarrist: A Guide for Home and Studio*, publicado por Hal Leonard.

Dedicatoria

Mark Phillips: A mi esposa, Debbie, y a mis hijos, Tara, Jake y Rachel.

Jon Chappell: A mi esposa, Mary, y a mis hijos, Jennifer, Katie, Lauren y Ryan.

Agradecimientos

Los autores expresan su agradecimiento al equipo de Wiley Publishing, Inc.: Tracy Boggier, Mike Baker y Jen Bingham.

Queremos dar las gracias especialmente a Woytek y Kristina Rynczak, de WR Music Service, por la composición de la tipográfica musical, y a Brian McConnon, de Steinberg, por el programa informático para la grabación de los MP3, Cubase SX y Nuendo.

Agradecimientos del editor

Estamos orgullosos de este libro; no duden en enviarnos sus comentarios. www.paradummies.com.mx.

Éstas son algunas de las personas que nos ayudaron a lanzar este libro al mercado:

Adquisiciones y promoción editorial y mediática

Editor del proyecto: Mike Baker

(Edición anterior: Kyle Looper)

Editora de adquisiciones: Tracy Boggier

Correctora del manuscrito: Jennifer Bingham

(Edición anterior: William A. Barton)

Asistente del programa editorial: Courtney Allen

Corrector técnico del manuscrito: Rod E. Schindler

Especialista en promoción mediática: Laura Moss

Directora editorial: Christine Meloy Beck

Directora de promoción mediática: Laura VanWinkle

Asistentes editoriales: Nadine Bell y Hannah Scott

Fotos de portada: Jon Chappell

Viñetas: Rich Tennant

(www.the5thwave.com)

Servicios de composición

Coordinadora del proyecto: Adrienne Martinez

Maquetación: Carl Byers, Lauren Goddard, Joyce Haughey, Barbara Moore, Barry Offringa, Lynsey Osborn, Rashell Smith y Erin Zeltner.

Correctores de pruebas: Leeann Harney, Carl William Pierce, Shannon Ramsey y Charles Spencer

Responsble del índice: Rebecca R. Plunkett

Ayuda especial: Tim Borek, Kit Malone

Edición para *Consumer Dummies*

    Diane Graves Steele, vicepresidenta y editora, Consumer Dummies

    Joyce Pepple, directora de adquisiciones, Consumer Dummies

    Kristin A. Cocks, directora de promoción del producto, Consumer Dummies

    Michael Spring, vicepresidente y editor, Travel

    Kelly Regan, directora editorial, Travel

Edición para Technology Dummies

    Andy Cummings, vicepresidente y editor, Dummies Technology/General User

    Servicios de composición

    Gerry Fahey, vicepresidente de los servicios de producción

    Debbie Stailey, directora de los servicios de composición

Sumario

• •

Introducción **1**

Sobre este libro... 1
    Encontrar una guitarra... 2
    Tocar la guitarra.. 2
    Cuidar la guitarra.. 3
Ideas preconcebidas… no tan descabelladas.................. 4
Lo que no es necesario que lea....................................... 4
Convenciones que usamos en este libro 4
Cómo está organizado este libro 5
    Parte I: Así que quiere tocar la guitarra................... 6
    Parte II: Empiece a tocar: lo básico 6
    Parte III: Más allá de lo básico: empiece a sonar bien 6
    Parte IV: Cornucopia de estilos............................... 7
    Parte V: Compra y cuidado de la guitarra 7
    Parte VI: Los decálogos... 8
    Parte VII: Apéndices 8
Iconos empleados en este libro 8
Adónde ir desde aquí 9

Parte I. Así que quiere tocar la guitarra **11**

Capítulo 1. El abecé de la guitarra **13**

Anatomía de una guitarra 13
Cómo funcionan las guitarras 17
    Vibración y longitud de las cuerdas 17
    Usar las dos manos para crear un sonido 18
    Trastes y semitonos 18
    Pastillas 19

Capítulo 2. Afinar **21**

Contar con las cuerdas y trastes 21
Todo es relativo: afinar la guitarra respecto a ella misma 22
    El método del quinto traste.................................... 23
Por deferencia a una referencia: afinar respecto a una fuente fija.... 25
    Afinar con un piano 25
    Afinar con un pito de afinar.................................... 26
    Afinar con un diapasón 27
    Probar el afinador electrónico 27
    Utilización de los archivos MP3.............................. 28

Capítulo 3. Preparados, listos... Aún no: desarrollar las herramientas y técnicas para tocar 31

Posición de las manos y postura 31
    Posición sentada 32
    Posición de pie 33
    Posición de la mano izquierda: digitación para principiantes ... 34
    Posición de la mano derecha 37
No hace falta saber solfeo para entender la notación de la guitarra ... 38
    Avanzar con la pequeña ayuda de un diagrama de acordes ... 39
    Leer cifrados rítmicos de barras 40
    Eche un vistazo a las tablaturas 41
    Cómo tocar un acorde 42

Parte I. Empiece a tocar: lo básico 45

Capítulo 4. La forma más fácil de tocar: acordes mayores y menores básicos 47

Tocar acordes de la familia de *la* 48
    Digitación de los acordes de la familia de *la* 48
Tocar acordes de la familia de *re* 52
    Digitación de los acordes de la familia de *re* 53
    Rasguear acordes de la familia de *re* 54
Tocar acordes de la familia de *sol* 55
    Digitación de los acordes de la familia de *sol* 55
    Rasguear acordes de la familia de *sol* 56
Tocar acordes de la familia de *do* 56
    Digitación de los acordes de la familia de *do* 57
    Rasguear acordes de la familia de *do* 58
Tocar canciones con acordes básicos mayores y menores 59
Kumbaya 62
Swing Low, Sweet Chariot 63
Auld Lang Syne 64
Michael, Row the Boat Ashore 65
Diviértase con los acordes básicos mayores y menores:
    la progresión "clásica" 66

Capítulo 5. Tocar melodías sin leer música 69

Leer tablaturas mientras escucha los archivos MP3 de la web .. 70
    ¿Arriba o abajo? 70
    ¿Derecha o izquierda? 71
Digitación con la mano izquierda 72
Punteo alternado 73
Tocar canciones con melodías sencillas 75
Little Brown Jug 78
On Top of Old Smoky 79
Swanee River (Old Folks at Home) 80

Capítulo 6. Un poco de sabor: acordes de séptima básicos 81

Acordes de séptima dominante.. 82
    re 7, sol 7 y do 7 82
    mi 7 y la 7 83
    Mi 7 (con cuatro dedos) y si 7..................................... 84
Acordes de séptima menor: Re 7, Mi *m* 7 y La *m* 7........................ 85
Acordes de séptima mayor: do *M* 7, fa *M* 7, la *M* 7 y re *M* 7......... 86
Canciones con acordes de séptima... 87
Home on the Range 90
All Through the Night 91
Over the River and Through the Woods.. 92
It's Raining, It's Pouring 93
Oh, Susana.. 94
Diviértase con los acordes de séptima: el blues de doce compases ..95
    Tocar el blues de doce compases................................ 95
    Escriba su propio blues 96

Parte III. Más allá de lo básico: empiece a sonar bien...97

Capítulo 7. Toque melodías en posición y con dobles cuerdas ..99

Tocar en posición 99
    Tocar en posición *vs* tocar con cuerdas al aire.................. 100
    Tocar ejercicios en posición... 101
    Posiciones cambiantes... 103
    Conseguir fuerza y destreza tocando en posición........... 104
Dobles cuerdas 106
    Entender las dobles cuerdas 106
    Practique ejercicios con dobles cuerdas....................... 107
Tocar canciones en posición y con dobles cuerdas 109
Simple Gifts.. 112
Turkey in the Straw 113
Aura Lee... 114
The Streets of Laredo 115

Capítulo 8. Extiéndase: acordes con cejilla............................117

Acordes de cejilla mayores basados en *mi* 118
    Encontrar el traste adecuado...................................... 120
    Tocar progresiones utilizando acordes mayores
    de cejilla basados en *mi* 120
Acordes de cejilla menores, de séptima dominante
y de séptima menor basados en *mi*.. 122
    Acordes menores 122
    Acordes de séptima dominante 124
    Acordes de séptima menor... 125
Acordes mayores de cejilla basados en *la* 127
    Digitación del acorde de cejilla mayor basado en *la*......... 128
    Encontrar el traste adecuado...................................... 129

Progresiones que utilizan acordes de cejilla
mayores basados en *la*.. 129
Acordes de cejilla menores, de séptima de dominante,
de séptima menor y de séptima mayor basados en *la*............ 131
Acordes menores 131
Acordes de séptima dominante 133
Acordes de séptima menor.. 133
Acordes de séptima mayor.. 134
Acordes de potencia 136
Digitación de los acordes de potencia.......................... 136
Cómo usar los acordes de potencia.............................. 138
Tocar canciones con acordes con cejilla y acordes de potencia....140
We Wish You a Merry Christmas 142
Power Play.. 143

Capítulo 9. Articulación especial: haga hablar a su guitarra....145

Martilleos.. 146
Ejecutar un martilleo.. 146
Martilleos característicos 149
Diversión a base de tirones 151
Ejecutar tirones.. 151
Tirones característicos 154
A rastras con los arrastres.. 155
Ejecutar arrastres 155
Licks característicos utilizando arrastres 158
Doble o nada 159
Tocar doblando cuerdas 160
Bends característicos.. 162
Variar el sonido con el vibrato... 166
Nos ponemos melosos: el apagado 168
Crear un efecto de sonido denso o grueso........................ 169
Evitar ruidos no deseados en las cuerdas........................ 170
Licks característicos usando el apagado...................... 171
Tocar una canción con articulación variada..................... 172
The Articulate Blues 173

Parte IV. Cornucopia de estilos............................. 175

Capítulo 10. Rock..177

Rock clásico 178
Guitarra rítmica.. 178
Guitarra solista... 181
Rock moderno... 192
Acordes de sustitución y de nota añadida 192
Afinaciones alternativas... 195
Guitarra solista en el country rock y el rock sureño........ 198
Tocar canciones de rock.. 200
Chuck's Duck.. 202

Southern Hospitality 204

Capítulo 11. Blues 207

Blues eléctrico 208
    Guitarra rítmica de blues 208
    Guitarra solista de blues 214
Blues acústico 222
    Conceptos generales 223
    Técnicas específicas 226
    Turnarounds 228
Tocar blues 230
    Chicago Shuffle 232
    Mississippi Mud 233

Capítulo 12. Folk 235

    Tocar con técnica de mano abierta 236
    Técnica de mano abierta 236
    Posición de la mano derecha 237
Usar la cejilla 238
Técnica del arpegiado 241
    Tocar usando la técnica del arpegiado 241
    El patrón de "canción de cuna" 243
Técnica de pulgar y rasgueo (thumb-brush) 243
    Pulgar y rasgueo sencillo 244
    Pulgar, rasgueo y subida 244
Estilo Carter 245
Punteo Travis 246
    Tocar el patrón 246
    Estilo de acompañamiento 249
    Estilo solista 250
    Afinación abierta 251
Toque canciones de folk 252
    House of the Rising Sun 255
    The Cruel War Is Raging 257
    Gospel Ship 258
    All My Trials 259
    Freight Train 261

Capítulo 13. Guitarra clásica 263

Preparación para tocar la guitarra clásica 264
    Cómo sentarse 264
    La mano derecha 266
    Posición de la mano izquierda 268
Tirando y apoyando 270
    Tocar tirando 270
    Tocar apoyando 272
Estilo arpegiado y estilo contrapuntístico 273
    Combinar tirando y apoyando en los arpegios 274
    Contrapunto 274

Toque piezas clásicas... 277
    Romance anónimo 279
    Bourrée en *mi* menor... 281

Capítulo 14. Jazz **283**
Una armonía totalmente nueva.. 284
    Acordes ampliados... 284
    Acordes alterados... 285
    Acompañamiento rítmico 285
    Acordes interiores 285
    Acordes exteriores... 287
    Acordes completos 288
Jazz solista: armonización de melodías y acordes...................... 289
    Crear acordes de sustitución 290
    Fingir con tres acordes.. 291
La guitarra solista: la melodía del jazz... 292
    Escalas con notas alteradas.. 292
    Acercamiento a notas de destino 293
    Crear melodías a partir de acordes arpegiados................. 294
Tocar canciones de jazz.. 295
    Greensleeves 296
    Swing Thing 297

Parte V. Compra y cuidado de la guitarra 299

Capítulo 15. La guitarra perfecta **301**
Antes de sacar la cartera... 302
Guitarras para principiantes 304
Modelos para un estilo determinado 306
La segunda guitarra (y la tercera, y...) 308
    Construcción 309
    Materiales 311
    Pastillas y componentes electrónicos................................ 313
    Fabricación 314
    Ornamentación.. 314
Comprar su "guitarra"... 315
    Lleve consigo a un experto... 315
    Hablar con el dependiente.. 316
    El arte de la compra 317

Capítulo 16. Accesorios de la guitarra **319**
Amplificadores.. 319
    Póngase en marcha con un amplificador de práctica....... 320
    A toda potencia con un amplificador de actuación 322
Fundas de guitarra.. 325
    Fundas duras 325
    Fundas blandas 326

Bolsas de concierto 326
Cejillas... 327
Pedales y aparatos de efectos 328
Púas 331
Cuerdas 332
Correas.. 333
Afinadores eléctricos 333
Otros chismes útiles (pero no imprescindibles).............. 334

Capítulo 17. El cambio de cuerdas **339**

Estrategias para el cambio de cuerdas.............................. 340
Quitar las cuerdas usadas 340
Poner cuerdas a una guitarra acústica de cuerdas de acero..... 341
Cambiar las cuerdas paso a paso 341
Afinar las cuerdas 345
Poner cuerdas a las guitarras de cuerdas de nailon 346
Cambiar las cuerdas paso a paso 346
Afinar las cuerdas 348
Poner cuerdas a una guitarra eléctrica.............................. 349
Cambiar las cuerdas paso a paso 349
El caso especial del puente Floyd Rose 351

Capítulo 18. En forma: mantenimiento y reparaciones básicas ...**353**

Limpiar la guitarra.. 356
Quitar la suciedad.. 357
Cuidar el acabado 359
Proteger la guitarra 360
En la carretera... 360
Almacenamiento 361
Un entorno saludable para la guitarra............................... 361
Condiciones de temperatura....................................... 362
Grado de humedad 362
Reparaciones que puede hacer usted mismo..................... 363
Ajustar conexiones sueltas... 363
Ajustar el mástil y el puente...................................... 364
Sustituir partes gastadas o viejas 367
Tener las herramientas adecuadas 371
Diez reparaciones que no puede hacer por sí mismo 372

Parte VI. Los decálogos *375*

Capítulo 19. Diez guitarristas que debería conocer **377**

Andrés Segovia (1893-1987) 377
Charlie Christian (1916-1942)... 378
Chet Atkins (1924-2001) 378
Wes Montgomery (1925-1968)... 378
B. B. King (1925-).. 379

Chuck Berry (1926-) 379
Jimi Hendrix (1942-1970) 379
Jimmy Page (1944-) 379
Eric Clapton (1945-) 380
Eddie Van Halen (1955-) 380
Guitarristas que podrían estar en la lista de otros 381

Capítulo 20. Diez guitarras que debería conocer 383

D'Angelico de tapa arqueada 383
Fender Stratocaster 384
Fender Telecaster 384
Gibson ES-335 384
Gibson J-200 385
Gibson Les Paul 385
Gretsch 6120 385
Martin D-28 386
Clásica Ramírez 386
Rickenbacker 360-12 386

Parte VII. Apéndices *387*

Apéndice A. Cómo leer música 389

Los elementos de la notación musical 390
Leer la altura 391
Leer la duración 394
Expresión, articulación y términos y símbolos varios 397
Encontrar las notas en la guitarra 399

Apéndice B. 96 Acordes habituales 403

Apéndice C. Cómo usar los archivos MP3 407

Relacionar el texto con el audio 407
Cuenta atrás 408
Distribución en estéreo 408
Lo que encontrará en la web 409
Pistas de audio de MP3 409

Índice 417

Introducción

. . . .

Así que quiere tocar la guitarra, ¿eh? ¿Y por qué no?

Porque seamos sinceros: en el mundo de la música, las guitarras son el no va más de lo moderno (y en esto estamos siendo imparciales). Desde la década de los cincuenta, muchas de las grandes estrellas del rock, el blues y el country han tocado la guitarra. Pensemos en Chuck Berry atravesando el escenario saltando con la pierna levantada (el "paso del pato") al son de *Johnny B. Goode*, en Jimi Hendrix gimiendo con su Stratocaster para diestros invertida (y alguna vez envuelta en llamas), en Bonnie Raitt y su *slide guitar*, en Garth Brooks con su guitarra acústica y sus camisas de franela, en los decididos *bendings* de B. B. King y los expresivos *vibratos* arrancados a su guitarra Lucille, o en George Benson y los melodiosos diseños musicales de su guitarra de jazz. (Incluso Elvis Presley, cuyo dominio de la guitarra probablemente no pasara de cinco acordes, utilizaba eficazmente la guitarra en el escenario a modo de atrezo.) Y la lista podría seguir.

Tocar la guitarra eléctrica puede ponerle a usted al frente de una banda, dándole la libertad de pasear por el escenario mientras canta y entabla contacto visual con los enardecidos fans. Tocar la guitarra acústica puede hacer de usted el centro de atención en cualquier acampada vacacional. Y tocar la guitarra, a secas, puede hacer aflorar la música que fluye en su interior, además de convertirse en un valioso *hobby* para toda la vida.

Sobre este libro

Guitarra para Dummies ofrece al guitarrista principiante o intermedio todo aquello que necesita saber: desde la compra de la guitarra hasta cómo afinarla, pasando por cómo tocarla y cómo cuidarla, ¡este libro lo tiene todo!

Encontrar una guitarra

Lo crea usted o no, muchos guitarristas potenciales nunca llegan a tocar porque no cuentan con la guitarra adecuada o porque las cuerdas de su instrumento son demasiado difíciles de pulsar, causándoles bastante dolor. *Guitarra para Dummies*, a diferencia de algunos libros que podríamos citar, no da por hecho que usted ya posea la guitarra adecuada; en realidad ni siquiera da por hecho que ya tenga una guitarra. En este libro encontrará todo lo que necesita saber (desde una guía del comprador hasta estrategias de compra, pasando por guitarras y accesorios para determinados estilos) para que usted adquiera la guitarra y el equipo adecuados a sus necesidades y a su bolsillo.

Tocar la guitarra

En la mayoría de los libros de guitarra se pretende que usted practique la guitarra del mismo modo en que se practica el piano. Primero aprende dónde se sitúan las notas en el pentagrama; después aprende cuánto tiempo ha de durar cada nota; después pasa a la práctica de escalas, y la gran recompensa consiste en practicar una sarta de canciones irreconocibles que, además, le dan exactamente igual. Si está buscando ese tipo de manuales a los que sólo les falta carraspear antes de cada párrafo, no está usted leyendo el libro adecuado. Pero no se preocupe, siempre encontrará alguno a su disposición.

La verdad es que muchos grandes guitarristas no saben solfeo y muchos de los que sí que saben lo estudiaron después de aprender a tocar la guitarra. Por favor, repita con nosotros: "No hace falta saber solfeo para tocar la guitarra". Recite este mantra hasta hacer de él su credo, pues este principio es clave en *Guitarra para Dummies*.

Uno de los aspectos más estimulantes de la guitarra es que, aunque uno pueda dedicar toda su vida al perfeccionamiento de sus habilidades, es posible aparentar un cierto dominio en muy poco tiempo. Aquí partimos de que, más que centrarse en lo que significa un compás de tres por cuatro, lo que usted quiere es tocar música: música de verdad o, en cualquier caso, música reconocible. Nosotros también queremos que usted toque música, porque eso es lo que le mantendrá motivado y practicando.

Así que, ¿cómo consigue esto *Guitarra para Dummies*? Me alegro de que me haga esta pregunta. La siguiente lista explica cómo este libro le permite empezar rápidamente a tocar y a desarrollar habilidades guitarrísticas reales:

✔ **Mire las fotos.** Las digitaciones que necesita conocer aparecen en las fotos que irá encontrando en el libro. Simplemente coloque las manos como se le indica en las fotos. Así de sencillo.

✔ **Lea las tablaturas de guitarra.** Las *tablaturas* de guitarra son una taquigrafía musical específica de la guitarra que nos muestra realmente qué cuerdas pulsar y qué trastes pisar para producir el sonido deseado. Las tablaturas (a veces también llamadas *tabs* o tabulaciones) contribuyen en gran medida a permitirnos *tocar* música sin *leer* música. ¡Ni se le ocurra intentar algo así con el piano!

✔ **Escuche el MP3.** Se pueden oír todas las canciones y ejercicios en nuestra web que encontrará al final del libro. Hacerlo es importante por varias razones: se puede hacer una idea del ritmo de la canción y de la duración de las notas simplemente escuchando en lugar de leer. Podríamos contarle un montón de maravillas sobre el MP3, por ejemplo que en un canal aparece la guitarra solista y en el otro el acompañamiento (de forma que puede cambiar cómo lo oye con el mando *balance* de su aparato), o que el libro y el MP3 están íntimamente integrados de tal manera que siempre pueda encontrar fácilmente la pista que está buscando, pero bueno... tampoco queremos presumir demasiado.

✔ **Mire el pentagrama a medida que vaya progresando.** A quienes pudieran estar tentados de acusar a *Guitarra para Dummies* de no tener nada de nada en cuanto a solfeo, hemos de decirles: "¡Bueno, no tanto!". Usted encontrará siempre la transcripción musical de todos los ejercicios y canciones encima de la forma taquigráfica de transcripción. Así que tiene usted lo mejor de los dos mundos: puede asociar la notación musical al sonido que está haciendo una vez que ya sabe como hacer ese sonido. No está mal, ¿eh?

Cuidar la guitarra

Una buena guitarra es una inversión importante y, como ocurre con cualquier inversión importante, es necesario cuidarla. *Guitarra para Dummies* le proporciona la información que necesita para guardar, mantener y cuidar correctamente su instrumento, incluyendo cómo cambiar las cuerdas y qué pequeños complementos debe guardar en la funda de su guitarra.

Ideas preconcebidas... no tan descabelladas

Realmente no tenemos ninguna idea preconcebida sobre usted. No presuponemos que cuente ya con una guitarra, tampoco damos por hecho que tenga una especial preferencia por las guitarras acústicas o por las eléctricas, ni que prefiera un estilo determinado. ¡La verdad es que este libro es bastante igualitario!

Pero bueno, sí que partimos de algunos hechos: usted quiere tocar una *guitarra*, no un banjo, una dobro o una mandolina, y quiere tocar una guitarra de seis cuerdas. También damos por hecho que usted es relativamente novato en el mundo de la guitarra y quiere empezar a tocar pronto, sin enredarse demasiado en leer notas, claves y compases. Las diferentes cuestiones del lenguaje musical las encontrará usted en el libro, pero no son nuestro principal objetivo. Nuestro principal objetivo es ayudarle a tocar buena música con las seis cuerdas de su guitarra.

Lo que no es necesario que lea

Cuando nos pusimos a escribir, empezamos con un libro lleno tan sólo de material divertido, apasionante y útil, pero nuestro editor nos dijo que para compensar tendríamos que introducir también algo de material técnico... y aburrido (¡es broma!).

En realidad, conocer la teoría que hay tras la música nos puede ayudar a dar el siguiente paso una vez dominado lo técnicamente fundamental, pero, de hecho, la teoría no es realmente necesaria para tocar música sencilla. Por esta razón, utilizamos el icono "Cuestiones técnicas" para señalar aquellas explicaciones que usted puede saltarse al principio para volver más tarde sobre ellas, según vaya avanzando y desarrollado una mayor intuición con el instrumento. También le damos permiso para saltarse los recuadros que encontrará en algunos capítulos. No nos malinterprete: se trata de información realmente útil, pero no perderá el hilo si decide pasar de largo.

Convenciones que usamos en este libro

Este libro contiene una serie de convenciones que utilizamos para hacer que las cosas sean coherentes y fáciles de entender. He aquí una lista de convenciones:

✔ **Mano derecha y mano izquierda:** En lugar de decir "mano pulsadora" y "mano digitadora" (lo cual nos parece un tanto forzado), llamamos "mano derecha" a la mano que puntea o rasguea las cuerdas y "mano izquierda" a la que pisa las cuerdas. Pedimos disculpas a los zurdos que usen este libro y les pedimos que cuando lean "mano derecha" entiendan "mano izquierda" y viceversa.

✔ **Notación musical dual:** Las canciones y ejercicios de este libro están dispuestas con el pentagrama estándar encima (ocupando la elevada posición que merece, faltaría más), y la tablatura, debajo para el resto de los mortales. La idea es que se pueda usar cualquiera de estos métodos sin que sea necesario mirar los dos a la vez, como sí ocurre con el piano.

✔ **Arriba y abajo, superior e inferior (etcétera):** Si le decimos que suba una nota o acorde a lo largo del diapasón para tocarlos más arriba, nos referimos a una altura de nota superior, o más cercana al cuerpo de la guitarra. Si decimos que baje o descienda en el diapasón, queremos decir hacia el clavijero y o a una altura de nota inferior. Si alguna vez queremos decir otra cosa con estos términos, avisaremos. (Aquellos que sostengan la guitarra inclinada con el clavijero hacia arriba tendrán que hacer un cierto ajuste mental al leer estos términos. Recordando que estamos hablando de la altura de las notas, no de la inclinación del mástil, no habrá problema.)

Cómo está organizado este libro

El libro está dividido en capítulos de información y capítulos de práctica. En los capítulos de información se explican cuestiones relativas a los aspectos prácticos de la guitarra, tales como el modo de afinarla, la elección del instrumento adecuado o su cuidado. Los capítulos de práctica aportan la información que usted necesita para tocar la guitarra.

Cada capítulo contiene ejercicios que le permiten practicar la habilidad tratada en su contenido. Al final de cada capítulo práctico encontrará una lista de canciones que puede tocar y que requieren la aplicación de las técnicas explicadas de ese capítulo. Al principio de cada sección de "Tocar canciones" encontrará un apartado acerca de las habilidades requeridas, así como información adicional sobre cada canción.

Los capítulos de *Guitarra para Dummies* están divididos en siete partes lógicas para facilitar el acceso a cada sección. Las partes están organizadas del siguiente modo:

Parte I: Así que quiere tocar la guitarra

En la parte I se ofrecen tres capítulos informativos sobre ciertos aspectos básicos de la guitarra que usted debe conocer antes de empezar a tocar. El capítulo 1 le ayuda a entender cómo se llaman las diferentes partes de la guitarra y cuál es la función de cada una de ellas. En el capítulo 2 se explica cómo afinar la guitarra, tanto en relación consigo misma como respecto a un referente exterior (ya sea un diapasón, un piano o un afinador electrónico), para poder tenerla afinada en relación con otros instrumentos. En el capítulo 3 se repasan los conocimientos básicos que necesita dominar para leer este libro con éxito, por ejemplo: cómo leer tablaturas, cómo puntear y rasguear y cómo producir un sonido limpio, claro y sin zumbidos.

Parte II: Empiece a tocar: lo básico

En la parte II es donde usted empezará realmente a tocar la guitarra. En todos los capítulos de esta parte se desarrollan las explicaciones necesarias para que comience a tocar, así que abróchese el cinturón, o mejor dicho, la correa de la guitarra. En el capítulo 4, el primero de práctica, le explicamos la forma más fácil de empezar a tocar música de verdad: con acordes mayores y menores. El capítulo 5 ofrece una breve explicación de cómo tocar melodías sencillas utilizando notas sueltas, y el capítulo 6 le añade un poco de marcha al asunto mediante unos acordes de séptima sencillitos. Entre los músicos estadounidenses circula un viejo chiste sobre un turista que le pregunta a un *beatnik* de Nueva York: "¿Cómo se llega al Carnegie Hall?". La respuesta no puede ser más reveladora: "Con práctica, hombre, con práctica". Bueno, quizá usted no se dirija hacia el Carnegie Hall (aunque ¿quiénes somos nosotros para descartarlo?), pero en cualquier caso practicar los rudimentos no dejará de ser importante si lo que quiere es convertirse en un buen guitarrista.

Parte III: Más allá de lo básico: empiece a sonar bien

En la parte III pasamos de lo simple a lo medianamente complejo. En el capítulo 7 encontrará las técnicas que se usan para tocar en posición, las cuales le permiten no sólo sonar bien, sino incluso lucirse un poco. En el capítulo 8 se explica cómo tocar acordes con cejilla, esto es, poniendo un dedo que pise todas las cuerdas y haciendo acordes por encima de ese dedo. El capítulo 9 se centra en algunas técnicas especiales para crear efectos guitarrísticos con nombres tan interesantes como martilleos, *bends* y *slides* (o arrastres).

Parte IV: Cornucopia de estilos

En la parte IV, el último grupo de capítulos de práctica, se abarcan diversas técnicas empleadas en los distintos estilos musicales. En el capítulo 10, sobre el rock, le daremos unas cuantas pautas para tocar la guitarra solista utilizando la escala pentatónica menor, tocar solos utilizando a partir de patrones y otras virguerías rockeras. (El capítulo también le da algunas pautas para puntear al estilo country con la escala pentatónica mayor.) En el capítulo 11, sobre el blues, le presentamos más patrones solistas y articulaciones especiales de blues, además le enseñaremos unos cuantos trucos técnicos que le ayudarán a darle sentimiento a su música. El capítulo 12, sobre la música folk, le aporta los particulares patrones de punteo que dan a la música folk su sonido característico (y añade también algunas técnicas country de punteo con los dedos). En el capítulo 13, sobre la guitarra clásica, le introducimos a las técnicas que necesarias para interpretar a Bach o a Beethoven. El capítulo 14, sobre el jazz, contiene acordes y pautas rítmicas y solistas para la guitarra de jazz.

Parte V: Compra y cuidado de la guitarra

La parte V contiene dos capítulos planteados para ayudarle a encontrar el equipo adecuado para usted. En el capítulo 15 le ofrecemos no sólo recomendaciones para que elija su primera guitarra "de batalla", sino también la segunda y tercera (decisiones a menudo más difíciles que la anterior). El capítulo 16, sobre los accesorios, le dará una cierta base en relación con los amplificadores de guitarra, además de repasar los pequeños complementos que necesitamos para tener el equipo adecuado.

También se incluyen dos capítulos sobre cómo cuidar la guitarra. En el capítulo 17 se explica cómo cambiar las cuerdas, algo que le conviene saber si es que aspira a tocar la guitarra más de un mes. El capítulo 18 está centrado en el mantenimiento de la guitarra y las reparaciones básicas que pueden ahorrarle algún dinero en la tienda de instrumentos y permitirle seguir tocando horas y horas sin parar.

Parte VI: Los decálogos

Los decálogos son una marca de la casa que encontrará en todos los libros para *Dummies*: ofrecen información divertida e interesante a modo de *top ten* o *ranking*. El capítulo 19 debería inspirarle con diez grandes guitarristas. Y puede que el capítulo 20, sobre diez guitarras que han hecho historia, sea el anzuelo que le haga ir a su tienda de instrumentos más cercana y hacerse con una de estas maravillas.

Parte VII: Apéndices

Los apéndices de este libro tratan algunos asuntos importantes. El apéndice A explica sucintamente qué significan todos esos signos raros que hay en el pentagrama y le da las pautas necesarias para írselas arreglando con el solfeo. El apéndice B le proporciona una útil tabla con los 96 acordes más utilizados. El apéndice C le proporciona la información necesaria acerca de los archivos MP3 de nuestra página web (www.paradummies.es) que complementan este libro.

Iconos empleados en este libro

En los márgenes de este libro encontrará varios iconos pequeños que sin duda harán que su viaje sea un poco más fácil:

Preste atención, sobre todo si quiere evitar dañar su guitarra o los oídos de quienes le rodean.

Los consejos de un experto siempre le ayudarán en su aprendizaje de la guitarra.

Los porqués que hay detrás de lo que usted está tocando. Aunque la teoría le pueda complicar las cosas al principio, no se preocupe, pues en un primer momento no es necesario que la tenga en cuenta.

Algo que vale la pena escribir en un papel y guardar en la funda de la guitarra.

Agarre inmediatamente la guitarra para tocar una canción de verdad.

Adónde ir desde aquí

Guitarra para Dummies ha sido cuidadosamente concebido de tal manera que usted pueda encontrar lo que quiera o necesite saber acerca de la guitarra, y nada más. Puesto que se ha buscado la máxima autonomía de cada uno de los capítulos, usted podrá saltarse información que ya tenga dominada sin peligro de perderse. Al mismo tiempo, sin embargo, también es posible ir desde el comienzo hasta el final y practicar la guitarra de un modo que su progreso se vaya asentando siempre sobre los conocimientos asimilados.

Para encontrar la información que necesita, basta simplemente con mirar el Sumario o buscar información concreta en el Índice situado al final del libro.

Si usted es principiante y está dispuesto a empezar a tocar de inmediato, puede saltarse el capítulo 1 e ir directamente al capítulo 2, donde afinaremos la guitarra. Ojee entonces el capítulo 3, sobre el desarrollo de las habilidades necesarias para tocar, y a continuación sumérjase de lleno en el capítulo 4. Aunque sea posible saltarse algunas partes de los capítulos de práctica, si usted es principiante le recomendamos que siga los capítulos por orden, uno por uno. Es más, debería detenerse en el capítulo 4 hasta que se le empiecen a formar callos en los dedos, lo cual de hecho contribuye a que los acordes suenen bien y sin zumbidos.

Si todavía no cuenta con una guitarra debería empezar por la parte V, la guía del comprador, y ver qué necesita en una guitarra básica. Le aconsejamos que no derroche su dinero en una guitarra cara hasta estar seguro de que este instrumento es para usted.

Una vez adquirida no le quedará más que ponerse a tocar, y pronto sentirá ese nudo en el estómago que precede a los viajes más deseados, un viaje que le llevará por caminos llenos de música y satisfacción.

Parte I
Así que quiere tocar la guitarra

The 5th Wave   Rich Tennant

"Aquí tienes tus alas y tu Stratocaster..."

En esta parte...

*B*uenos días, damas y caballeros, bienvenidos a *Guitarra para Dummies*. Antes de despegar, les rogamos inspeccionen el capítulo 1, que repasa las diversas partes y nombres de las guitarras tanto acústicas como eléctricas, y no se olviden de comprobar la afinación de su guitarra, que se explica en el capítulo 2. Finalmente, consulten el capítulo 3 (o la guía que encontrarán en el bolsillo del asiento que tienen delante) para revisar la importante información del operario antes de manejar el instrumento. Relájense. La duración de su vuelo con la guitarra puede extenderse a lo largo del resto de su vida, ¡así que no olviden disfrutar del viaje!

Capítulo 1

El abecé de la guitarra

. . . .

En este capítulo

▶ Identificar las diferentes partes de la guitarra

▶ Entender cómo funciona la guitarra

▶ Interactuar con la guitarra

. . . .

Todas las guitarras (ya estén pintadas de color violeta y decoradas con calaveras o relámpagos aerografiados, o tengan un acabado en madera natural lacada) comparten determinadas características materiales que hacen que se comporten como guitarras y no como violines o como tubas. Si no tiene clara la diferencia entre el clavijero y la pastilla o se pregunta qué parte de la guitarra hay que sujetar con la barbilla, este capítulo es para usted.

Las secciones que siguen describen las diferencias entre las diversas partes de la guitarra y le explican qué función cumple cada una de esas partes. También le indicamos cómo sostener el instrumento y por qué la guitarra suena como suena. Ah, por cierto: por si acaso nos había tomado en serio, la guitarra *no* se sujeta con la barbilla (a no ser que usted sea Jimi Hendrix, claro está).

Anatomía de una guitarra

Existen esencialmente dos tipos de guitarras: *acústicas* y *eléctricas*. Desde el punto de vista de sus elementos metálicos, las guitarras eléctricas tienen más piezas y cachivaches que las guitarras acústicas. Los fabricantes de guitarras suelen coincidir, sin embargo, en que hacer una acústica es más difícil que hacer una eléctrica. Ésta es la razón por la que las guitarras acústicas cuestan lo mismo o más que las eléctricas. (Cuando esté preparado para ir a comprar su guitarra o sus accesorios puede echar un vistazo a los capítulos 15 y 16, respectivamente.) Ambos tipos de guitarra se construyen en función de los mismos principios básicos en lo que al mástil y la tensión de las cuerdas se refiere. Así pues, guitarras acústicas y eléctricas se fabrican de un modo similar, lo cual no quita que existan diferencias importantes (cuando no radicales) en cuanto a la producción del sonido (y que usted habría de percibir sin problema, a no ser que sea incapaz de distinguir entre Andrés Segovia y Metallica). Las figuras 1-1 y 1-2 muestran las diferentes partes de una guitarra acústica y una guitarra eléctrica.

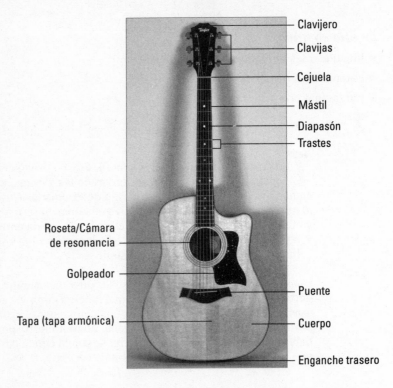

Clavijero

Clavijas

Cejuela

Mástil

Diapasón

Trastes

Roseta/Cámara de resonancia

Golpeador

Puente

Tapa (tapa armónica)

Cuerpo

Enganche trasero

Figura 1-1:
guitarra
acústica
típica,
con sus
principales
partes

La siguiente lista le explica las funciones de las diferentes partes de la guitarra:

✔ **Cejuela:** Lámina de nailon rígido u otro material sintético que impide que las cuerdas vibren más allá del mástil. Las cuerdas pasan por las ranuras de la cejuela de camino hacia las clavijas de afinación. La cejuela es uno de los dos puntos extremos de la zona de vibración de la cuerda (el otro es el puente).

✔ **Clavijas:** Engranajes que aumentan o disminuyen la tensión de las cuerdas, dándoles distinta afinación. La cuerda se enrolla fuertemente alrededor de un eje que sobresale en la parte delantera del clavijero, atravesándolo hasta unirse a las llaves de afinación.

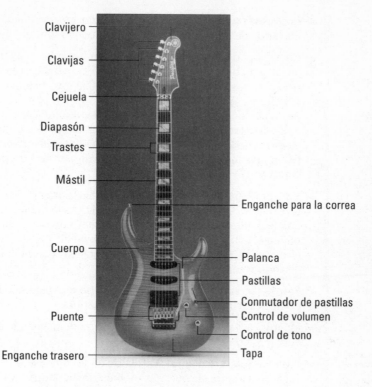

Clavijero

Clavijas

Cejuela

Diapasón

Trastes

Mástil

Enganche para la correa

Figura 1-2:
guitarra
eléctrica
típica,
con sus
principales
partes

Cuerpo

Palanca

Pastillas

Conmutador de pastillas

Control de volumen

Puente

Control de tono

Enganche trasero

Tapa

✔ **Clavijero:** Parte del mástil que sujeta las clavijas y que ofrece al fabricante un sitio idóneo para colocar su logotipo.

✔ **Enganche para la correa:** Clavija de metal a la que se engancha el extremo superior o delantero de la correa. (No todas las acústicas lo tienen, pero si la guitarra carece de enganche, se ata el extremo de la correa al clavijero.)

✔ **Enganche trasero:** Clavija de metal a la que se engancha el extremo de la correa. En las *electroacústicas* (guitarras acústicas con pastillas y elementos electrónicos incorporados), el enganche trasero a menudo funciona también como *salida* por la que se enchufa la guitarra.

✔ **Conmutador de pastillas (eléctrica sólo):** Interruptor que determina cuál es la pastilla o pastillas que funcionan en un momento determinado.

✔ **Controles de volumen y tono (eléctrica sólo):** Potenciómetros que varían el volumen sonoro de la guitarra, así como sus frecuencias graves y agudas.

✔ **Costados (acústica sólo):** Sendas piezas curvas de madera que, a los lados de la guitarra, unen la tapa con el fondo.

✔ **Cuerdas:** Los seis cables de metal (en las guitarras eléctricas y en las acústicas de cuerdas de acero) o de nailon (en las guitarras clásicas o españolas) que, tensadas, producen las notas de la guitarra. Aunque estrictamente no formen parte de la guitarra (se las coloca y retira de la guitarra a voluntad), las cuerdas son una parte fundamental de todo el sistema, y todo el diseño y estructura de la guitarra gira en torno a ellas y al sonido que crean. (Para más información sobre cómo cambiar las cuerdas, véase el capítulo 17)

✔ **Cuerpo:** Caja que proporciona el anclaje para el mástil y el puente, creando la superficie sobre la cual toca la mano derecha. En una acústica, el cuerpo incluye la cámara de resonancia que amplifica el sonido de la guitarra. En una eléctrica, alberga el conjunto del puente y los elementos electrónicos (pastillas y controles de tono y sonido).

✔ **Fondo (acústica sólo):** Parte del cuerpo que sujeta los costados, compuesta de dos o tres piezas de madera.

✔ **Mástil:** Larga pieza de madera en forma de maza que comunica el clavijero con el cuerpo.

✔ **Palanca (eléctrica sólo):** Varilla de metal fijada al puente que varía la tensión de las cuerdas inclinando adelante y atrás el puente. También llamada palanca de trémolo o palanca de vibrato.

✔ **Pastillas (eléctrica sólo):** Imanes con forma de barra que crean la corriente eléctrica que el amplificador convierte en sonido musical.

✔ **Puente:** Placa de metal (eléctrica) o madera (acústica) que fija las cuerdas al cuerpo.

✔ **Salida (eléctrica sólo):** Enchufe del cable que conecta la guitarra con el amplificador u otro dispositivo electrónico.

✔ **Tapa:** La cara de la guitarra. En una acústica, esta pieza es también la *tapa armónica*, que produce casi todas las cualidades acústicas de la guitarra. En una eléctrica, la tapa es simplemente una cubierta puramente estética o decorativa que cubre el resto del cuerpo.

✔ **Diapasón:** Pieza de madera plana, semejante a una tabla, situada sobre el mástil, en el que colocamos los dedos de la mano izquierda para producir notas y acordes. Se conoce también como trastero debido a los trastes que están insertados en él. Dícese también de la parte de la casa en la que algunos practican la guitarra.

✔ **Trastes:** Finos alambres o barras metálicas, perpendiculares a las cuerdas, que acortan la longitud vibratoria efectiva de una cuerda, permitiéndonos producir diferentes notas. Podríamos pensar que carecer de ellos daría al traste con nuestro instrumento, pero guitarristas como David Fiuczynski han quebrantado los límites impuestos al tocar con guitarras sin trastes (*fretless*).

Cómo funcionan las guitarras

Una vez sea usted capaz de reconocer las partes fundamentales de la guitarra, posiblemente le gustaría entender cómo estas partes funcionan conjuntamente para crear sonido (por si le sale esa pregunta en un concurso de televisión o se enzarza con otro guitarrista en una discusión acerca de la vibración y la longitud de las cuerdas). Le ofrecemos esta información simplemente para que sepa por qué su guitarra suena como suena y no como un silbato o como un acordeón. Lo importante es que recuerde que la guitarra produce el sonido, pero es usted quien crea la música.

Vibración y longitud de las cuerdas

Cualquier instrumento tiene que tener alguna de sus partes en un movimiento regular y repetido para producir un sonido musical (una nota mantenida o *altura*). En una guitarra, esta parte es la cuerda que vibra. Una cuerda que es sometida a cierta tensión y puesta entonces en movimiento (al ser pulsada) produce un sonido predecible, por ejemplo un *la*. Si se afina una cuerda de la guitarra con diferentes tensiones, se obtendrá sonidos distintos. Cuanto mayor es la tensión de una cuerda, más aguda será la nota.

No se podría hacer gran cosa con una guitarra si el único modo de cambiar de nota fuese ajustando frenéticamente la tensión de las cuerdas con las clavijas. Así que los guitarristas recurren al otro modo que existe de cambiar la altura de la nota: acortando su longitud vibratoria. Lo hacen por medio de la digitación. En la jerga de los guitarristas, digitar significa apretar la cuerda contra el diapasón o trastero de forma que vibre entre el traste pulsado (la divisoria metálica) y el puente. De este modo, pulsando las cuerdas sobre los diferentes trastes podemos cambiar de nota cómoda y fácilmente.

El hecho de que los instrumentos más pequeños, como las mandolinas y los violines, tengan una altura superior a los violonchelos y contrabajos (y a las guitarras) no es accidental. Sus notas son más altas porque sus cuerdas son más cortas. Puede que la tensión de las cuerdas sea muy similar en todos estos instrumentos, haciéndolos en cierto modo uniformes en la respuesta a las manos y dedos, pero la diferencia radical en la longitud de las cuerdas es lo que ocasiona las grandes variaciones de altura entre estos instrumentos. Este principio también es válido en los animales. Un chihuahua tiene un ladrido más agudo que un San Bernardo porque sus cuerdas, vocales en este caso, son mucho más cortas.

Usar las dos manos para crear un sonido

Normalmente la guitarra exige que las dos manos colaboren en el momento de crear música. Si queremos tocar, por ejemplo, el *do* medio en el piano, lo único que tenemos que hacer es llevar el dedo índice a la correspondiente tecla blanca situada bajo el logotipo del piano y apretar: *donnnng*. Un niño de parvulario puede hacerlo sonar igual de bien que Horowitz si sólo se trata de tocar el *do* medio, porque el sonido se produce con sólo pulsar la tecla con un dedo de una mano.

La guitarra es diferente. Para tocar el *do* medio en la guitarra, se debe oprimir la 2ª cuerda con el dedo índice de la mano izquierda sobre el primer traste. Esta acción, sin embargo, no produce por sí misma ningún sonido. Se debe pulsar esa misma 2ª cuerda con la mano derecha para producir ese *do* medio de forma audible. *Nota para quienes saben solfeo*: la guitarra suena una octava por debajo de las notas escritas. Por ejemplo, un *do* agudo en la guitarra es en realidad un *do* medio, o sea, una octava inferior.

Trastes y semitonos

El *intervalo* (unidad musical de distancia entre notas) más pequeño en la escala musical es el *semitono*. En el piano, la alternancia entre teclas blancas y negras representa este intervalo (excepto en aquellos lugares en los que hay dos teclas blancas contiguas sin una negra en medio). Para avanzar en semitonos en un instrumento de teclado, movemos el dedo hacia la tecla blanca o negra siguiente. En la guitarra, los *trastes* (los alambres o barras metálicas que están incrustadas en el diapasón, perpendiculares a las cuerdas) representan estos semitonos. Subir o bajar en semitonos en una guitarra significa mover la mano izquierda traste por traste, subiendo o bajando por el mástil.

Pastillas

Las cuerdas en vibración producen las diferentes notas en una guitarra. Pero debemos ser capaces de *oír* estas notas; si no, sería como si un árbol cayese en medio del bosque y nadie lo oyera. En una guitarra acústica esto no es un problema, porque un instrumento acústico aporta su propio amplificador en forma de caja de resonancia.

Pero una guitarra eléctrica no produce prácticamente ningún sonido acústico. (Bueno, uno muy pequeño, como el zumbido de un mosquito, pero ni de lejos como para llenar un estadio, ni siquiera para molestar a los vecinos de la lado.) Un instrumento eléctrico produce el sonido exclusivamente por medios electrónicos. La cuerda en vibración sigue siendo la fuente del sonido, pero esas vibraciones no se hacen perceptibles gracias a una caja de madera. En su lugar, las vibraciones perturban o *modulan* el campo magnético que crean las *pastillas* (imanes recubiertos de alambre y colocados bajo las cuerdas). Al modular las vibraciones de las cuerdas el campo magnético de la pastilla, ésta produce una pequeña corriente eléctrica que refleja con exactitud esa modulación.

Si usted recuerda los experimentos electromagnéticos de sus años de colegio, le sonará que enrollando un alambre alrededor de un imán se crea una pequeña corriente en el alambre. Acercándole cualquier objeto cargado magnéticamente perturbaremos el campo magnético existente en torno a ese alambre, y se generarán fluctuaciones en la propia corriente. Una cuerda de acero tensa que vibre 440 veces por segundo genera una corriente que fluctúa 440 veces por segundo. Si pasamos esa corriente por un amplificador, *voilà,* podremos oír la nota musical *la.* Más concretamente, oiremos el *la* situado por encima del *do* medio (*la* 440), que es la referencia absoluta en la afinación de la música moderna, desde la Filarmónica de Nueva York hasta los Rolling Stones o Metallica (aunque se rumorea que Metallica utiliza como referente la cifra de 666; queridos fans de Metallica, sólo es una broma, ¿vale?). Para mayor información sobre la afinación, véase el capítulo 2.

Las guitarras, por lo tanto, producen el sonido o bien amplificando la vibración de sus cuerdas acústicamente (por el paso de las ondas sonoras a través de una caja hueca) o bien eléctricamente (amplificando y emitiendo una corriente por medio de un altavoz). Éste al menos es el proceso físico. Producir *diferentes* sonidos con la guitarra (y los que usted quiera) dependerá de usted y de cómo controle las notas producidas con las cuerdas. La digitación de la mano izquierda es lo que cambia estas notas. Los movimientos de la mano derecha no sólo contribuyen a producir el sonido al poner la cuerda en movimiento, sino que también determinan el *ritmo* (el compás o pulso), el *tempo* (la velocidad de la música) y la *impresión* (la interpretación, el estilo, el efecto, la magia, el embrujo, el qué se yo, lo que sea) de esas notas. Uniendo los movimientos de ambas manos conseguiremos la meta deseada: crear música.

Capítulo 2

Afinar

· ·

En este capítulo

▶ Afinar la guitarra respecto a ella misma (afinación relativa)

▶ Afinar *respecto a un referente fijo*

· ·

*L*a *afinación* es para los guitarristas como el aparcamiento en batería para los conductores urbanos: una actividad cotidiana y necesaria que puede resultar fastidiosamente difícil de dominar y que *nunca* es divertida. A diferencia del piano, que un profesional afina y que no hace falta ajustar hasta su siguiente visita, la guitarra suele ser afinada por su dueño (y necesita reajustes constantes).

Una de las grandes injusticias de la vida es que, antes incluso de ser capaces de tocar música con la guitarra, debemos sufrir el meticuloso proceso de afinar el instrumento. Afortunadamente para los guitarristas, sólo hay seis cuerdas, y no tropecientas como en el piano. También anima el hecho de que existan varios métodos diferentes para afinar la guitarra, como describimos en este capítulo.

Contar con las cuerdas y trastes

Vamos a empezar desde la casilla de salida, en este caso, desde la primera cuerda. Antes de poder afinar la guitarra necesita saber cómo referirse a los elementos principales que entran en juego: las cuerdas y los trastes.

✔ **Cuerdas:** Las cuerdas son numeradas consecutivamente del 1 al 6. La primera es la más fina, la más cercana al suelo (cuando se sostiene la guitarra en la posición para tocar). Yendo hacia arriba, la sexta es la más gruesa y la más cercana al techo.

✔ Le recomendamos que se aprenda de memoria los nombres de las cuerdas al aire (*mi, la, re, sol, si, mi,* de la 6ª a la 1ª) para no limitarse a nombrarlas por su orden numérico. Una forma sencilla de recordar las cuerdas al aire es pensar en Aladino y su lámpara, y aprenderse la frase: **Mi lá**mpara **re**luce **C**omo el **sol**: **sí**, es **mí**a".

✔ **Trastes:** *Traste* puede referirse o bien al espacio en el que se pone el dedo de la mano izquierda o bien a la barrita metálica que atraviesa el diapasón. Cuando hablemos de digitación, es decir, de la colocación de los dedos, *traste* significará el espacio situado entre dos barritas metálicas, sobre el cual podemos colocar cómodamente un dedo de la mano izquierda.

El primer traste es la zona que está entre la *cejuela* (la fina franja estriada que separa el clavijero del mástil) y la primera barrita metálica. El quinto traste, por lo tanto, es la quinta casilla desde la cejuela: técnicamente, la zona comprendida entre las barritas metálicas cuarta y quinta. (La mayoría de las guitarras tienen una marca en el quinto traste; puede ser un dibujo decorativo incrustado en el diapasón, un punto lateral en el mástil o ambas cosas.)

Siempre puede utilizar el diagrama de la "Guía rápida" situada al principio del libro mientras se va familiarizando con estos nombres y convenciones.

Un asunto más que aclarar. A partir de este momento usted se encontrará en el libro con los términos *cuerdas al aire* y *cuerdas pisadas o trasteadas*.

✔ **Cuerda al aire:** Cuerda que es tocada sin pisarla contra ningún traste, sólo con la pulsación de la mano derecha.

✔ **Cuerda pisada o trasteada:** Cuerda pisada contra un traste determinado además de ser pulsada con la mano derecha.

Todo es relativo: afinar la guitarra respecto a ella misma

La *afinación relativa* se llama así porque no es necesaria ninguna referencia exterior respecto a la cual afinar el instrumento. Mientras las cuerdas estén afinadas siguiendo una determinada relación entre sí, usted podrá tocar notas que suenen armónicamente. Sin duda alguna, estas mismas notas pueden llegar a sonar como una pelea de gatos si usted toca con otros instrumentos respecto a los cuales no está afinado, pero mientras afine las cuerdas en relación las unas con las otras, la guitarra estará bien afinada respecto a sí misma.

Para afinar la guitarra utilizando el método relativo, elija una cuerda como punto de partida: por ejemplo la 6ª cuerda. Deje tal cual está la altura sonora de esa cuerda; afine entonces todas las demás cuerdas en relación con la 6ª cuerda.

El método del quinto traste

El popular *método del quinto traste*, probablemente el método más extendido de afinación de la guitarra, se denomina así debido a que tocamos una cuerda en el quinto traste y entonces comparamos el sonido de esa nota con el de la siguiente cuerda al aire. Pero tenga cuidado, porque el cuarto traste (el celoso actor suplente) hace una aparición inesperada hacia el final del proceso.

He aquí cómo afinar la guitarra siguiendo el método del quinto traste (fíjese en el diagrama de la figura 2-1, que muestra los cinco pasos):

1. **Toque la 6ª cuerda (*mi* grave; la cuerda más gruesa, la más cercana al techo) pulsándola sobre el quinto traste con la mano izquierda y a continuación toque al aire la 5ª cuerda (*la*; la que está al lado de la anterior).**

   Haga que ambas notas suenen juntas. Su altura sonora debería ser exactamente la misma. Si no parecen bien ajustadas, determine si la 5ª cuerda suena por encima o por debajo de la 6ª cuerda pisada. Si la 5ª cuerda parece más baja, gire la correspondiente llave con la mano izquierda para elevar la nota. Si la 5ª cuerda parece más alta, use la llave para bajar la nota. Es posible pasarse con la llave si no se tiene cuidado: en tal caso, hay que invertir los movimientos. De hecho, si usted es *incapaz* de decidir si la 5ª cuerda está más alta o más baja, afínela un poco por debajo adrede, y vuelva después a subir hasta la altura deseada.

2. **Toque la 5ª cuerda (*la*) pulsándola sobre el quinto traste y a continuación toque al aire la 4ª cuerda (*re*).**

   Haga que ambas notas suenen juntas. Si la 4ª cuerda suena más alta o más baja en relación con la 5ª cuerda pisada, utilice la llave de afinación de la 4ª cuerda para ajustar la altura como corresponda. Nuevamente, si usted no está seguro de si la 4ª cuerda está más alta o más baja, pásese queriendo (mejor hacerlo hacia abajo) para volver a continuación.

3. **Toque la 4ª cuerda** *(re)* **pulsándola sobre el quinto traste y a continuación toque al aire la 3ª cuerda** *(sol)*.

Haga sonar juntas ambas notas. Si la 3ª cuerda parece más alta o más baja en relación con la 5ª cuerda pisada, utilice la llave de afinación de la 3ª cuerda para ajustar la altura como corresponda.

4. **Toque la 3ª cuerda** *(sol)* **pulsándola sobre el cuarto traste (¡no el quinto!) y a continuación toque al aire la 2ª cuerda** *(si)*.

Haga sonar juntas ambas cuerdas. Si la 2ª cuerda parece más alta o más baja, utilice la llave de afinación de la 2ª cuerda para ajustar la altura.

5. **Toque la 2ª cuerda pulsándola sobre el quinto traste (sí, volvemos al quinto) y a continuación toque al aire la 1ª cuerda** *(mi* **agudo).**

Haga sonar juntas ambas notas. Si la 1ª cuerda parece más alta o más baja, utilice su llave de afinación para ajustar la altura como corresponda. Si ha quedado satisfecho con el sonido al unísono de las dos cuerdas, ya ha conseguido afinar las cinco cuerdas superiores (en altura) de la guitarra en relación con la 6ª cuerda fija (sin afinar). Ahora su guitarra ya está afinada respecto a sí misma.

Es recomendable repetir el proceso desde el principio ya que alguna cuerda puede haberse desviado de la afinación.

Generalmente cuando se afina, se utiliza la mano izquierda para girar la clavija. Pero después de retirar el dedo de la cuerda que se está pisando, la cuerda deja de sonar; por lo tanto, ya no se puede oír la cuerda que se está usando como referencia (la cuerda pisada) para afinar la cuerda al aire. Sin embargo, existe un modo de afinar la cuerda al aire mientras se mantiene puesto el dedo de la mano izquierda.

Figura 2-1:
Coloque los dedos en los trastes como en el diagrama, comparando la nota producida con la siguiente cuerda al aire

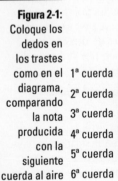

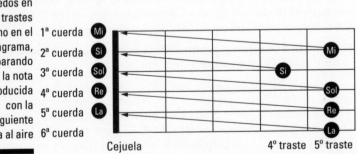

¡Basta con usar la mano derecha! Después de pulsar las dos cuerdas sucesivamente (la cuerda pisada y la cuerda al aire), pase la mano derecha por encima de la izquierda (que se mantiene quieta pulsando la cuerda) para girar la correspondiente llave hasta que ambas cuerdas suenen exactamente igual.

Por deferencia a una referencia: afinar respecto a una fuente fija

Hacer que la guitarra esté afinada consigo mismo según el método relativo es bueno para su oído, pero no resulta excesivamente práctico si usted va a tocar con otros instrumentos o voces acostumbradas a usar referencias de afinación estándar (véase más adelante en este mismo capítulo la sección "Afinar con diapasón"). Si quiere que su guitarra conozca el mundo exterior y a sus habitantes, necesitará saber afinarla respecto a una fuente fija, tal como un piano, un pito de afinar, un diapasón o un afinador electrónico. Utilizar una de estas fuentes nos garantiza que todos los músicos estén en una misma afinación. Además, tanto su guitarra como sus cuerdas están fabricadas para producir un sonido óptimo en la afinación estándar.

Las secciones siguientes describen algunas de las maneras de afinar la guitarra mediante el uso de referencias fijas. Estos métodos no sólo le permitirán tener su guitarra afinada, sino también interactuar musicalmente con otros músicos e instrumentos.

Afinar con un piano

Precisamente porque mantiene la afinación tan bien (sólo necesita ser afinado una o dos veces al año, según las condiciones), el piano es una valiosa herramienta que puede ser utilizada para afinar una guitarra. Suponiendo que usted tenga disponible un teclado eléctrico o un piano bien afinado, no necesita más que equiparar las cuerdas al aire de la guitarra a las teclas apropiadas del piano. La figura 2-2 muestra el teclado de un piano y las correspondientes cuerdas al aire en la guitarra.

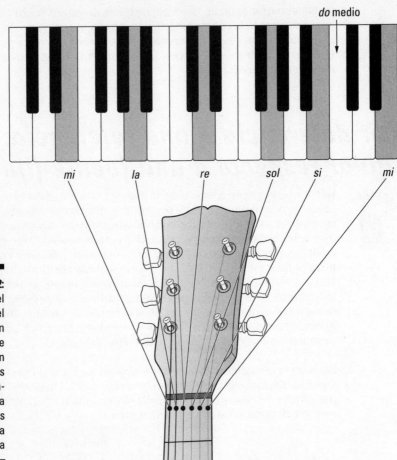

Figura 2-2:
Vista del teclado del piano, en el que se señalan las teclas correspondientes a las cuerdas al aire de la guitarra

Afinar con un pito de afinar

Lógicamente, si usted quiere ir a la playa con su guitarra, no le apetecerá meter un piano en su maletero, por muy exigente que sea con la afinación de su instrumento. Así que necesitará un mecanismo más pequeño y práctico que le proporcione las notas de referencia para la afinación. Y aquí entra en escena el *pito de afinar*. El pito de afinar nos trae a la mente imágenes de un severo director de coro que con sus labios de ciruela en torno a una armónica circular produce un débil pitido que al instante pone firmes a los chavales. Pero los pitos de afinar tienen su función.

Existen unos pitos de afinar especiales para los guitarristas cuyos tubos producen únicamente las notas de las cuerdas al aire de la guitarra (las mismas notas en una octava más alta), y ninguna de las notas intermedias. La desventaja del pito de afinar es que a veces lleva algún tiempo acostumbrarse a oír una nota de viento en contraste con una nota de cuerda pulsada, pero con la práctica es posible afinar con un pito con la misma facilidad que con un piano. ¡Y no nos hace falta un camión, lo podemos llevar en el bolsillo! En el capítulo 16 puede ver una ilustración de un pito de afinar.

Afinar con un diapasón

Una vez que distinga las notas con cierta facilidad, le bastará una única referencia para afinar toda la guitarra. El diapasón (no confundir este artefacto en forma de horquilla con el diapasón o trastero de la guitarra) ofrece una única nota: *la* (el *la* superior al *do* medio, que vibra a 440 ciclos por segundo, conocido como *la*-440). En realidad esa nota es todo lo que usted necesita. Si usted afina la 5ª cuerda al aire (*la*) según el *la* del diapasón (aunque en realidad el *la* de la guitarra suene por debajo), podrá afinar todas las demás cuerdas partiendo del referente *la*, utilizando el método de afinación relativa ya descrito en la sección «Todo es relativo: afinar la guitarra respecto a ella misma», en este mismo capítulo.

Usar un diapasón requiere cierta sutileza. Hay que golpearlo contra una superficie dura, como el tablero de una mesa o una rodilla y acercarlo al oído o colocar la base (el mango, no las puntas) sobre algo que resuene. El resonador puede ser nuevamente el tablero de la mesa, o incluso la tapa de la guitarra. (¡Incluso se puede sostener el diapasón con los dientes, lo cual deja libres las manos!) Usted debe ser capaz de tocar un *la* y al mismo tiempo afinarlo respecto a la nota del diapasón. Es algo semejante a cuando tenemos que sacar la llave del bolsillo y llevamos las manos cargadas con las compras del mercado. Puede que no sea fácil, pero practicando uno termina siendo un experto.

Probar el afinador electrónico

El modo más rápido y preciso de afinar es empleando un *afinador electrónico*. Este práctico aparato parece tener poderes de brujería. Los afinadores electrónicos más modernos, fabricados especialmente para las guitarras, pueden percibir qué cuerda estamos tocando, decirnos cuál es la nota más cercana e indicarnos si estamos por encima o por debajo de la nota correspondiente. Lo único que estos aparatos no hacen por usted es girar las clavijas de la guitarra (aunque seguramente ya haya alguien trabajando en ello). Algunos afinadores más antiguos, de tipo gráfico, incluyen un conmutador que selecciona la cuerda que queremos afinar. La figura 2-3 muestra un afinador electrónico típico.

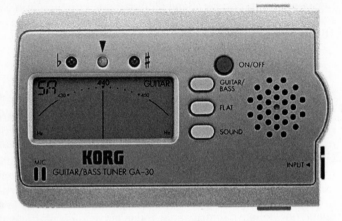

Figura 2-3:
Con un afinador electrónico la afinación es muy fácil

Usted puede enchufar la guitarra al afinador (si está usando un instrumento eléctrico) o bien usar el micrófono incorporado al afinador para afinar un instrumento acústico. En ambos tipos de afinadores (los que necesitan que seleccionemos la cuerda y los que la perciben automáticamente), la pantalla indica dos cosas: cuál es la nota más cercana a la que tocamos (*mi, la, re, sol, si, mi,* que suelen aparecer respectivamente en inglés como E, A, D, G, B, E), y si estamos por encima o por debajo de dicha nota.

Los afinadores eléctricos normalmente funcionan con una pila de 9 voltios o con dos pilas AA, que pueden durar un año con un uso continuado (y hasta dos o tres con un uso ocasional). Hay afinadores electrónicos muy económicos (por menos de veinte euros), y es una inversión que realmente vale la pena. (Para más información sobre afinadores, véase el capítulo 16.)

Utilización de los archivos MP3

Antes de que se nos olvide, usted tiene a su disposición una última fuente fija para la afinación: un MP3 de *Guitarra para Dummies*.

Para mayor comodidad en el momento de afinar, hemos grabado las notas al aire de la guitarra en la pista 1 de los archivos de audio en nuestra página web (www.paradummies.com.mx) que refuerzan este libro. Escuche atentamente cada una de las notas, una por una (de la 1ª a la 6ª, o de la más fina a la más gruesa), y afine las cuerdas de su guitarra en función del referente que le ofrecemos en el MP3. Use el botón de retroceso de pista de su reproductor de MP3 del ordenador para volver al comienzo de la pista 1 y repetir las notas de afinación tantas veces como sean necesarias para afinar las cuerdas de su guitarra exactamente como las cuerdas del MP3.

A diferencia de una casete (en realidad, de cualquier sistema analógico), un MP3 siempre reproduce la altura exacta que registra y nunca se desafina, ni siquiera una pizca. Así que puede usar este archivo de *Guitarra para Dummies* en cualquier ordenador para tener en todo momento unas notas perfectamente afinadas.

Capítulo 3

Preparados, listos... Aún no: desarrollar las herramientas y técnicas para tocar

En este capítulo

▶ Sentado y de pie con la guitarra

▶ Posición de las manos

▶ Leer diagramas de acordes y tablaturas

▶ Tocar acordes

*L*a guitarra es un instrumento fácil de utilizar. En general, encaja sin problemas entre nuestros brazos, y el modo en que las dos manos se colocan sobre las cuerdas de forma natural es prácticamente la posición en la que debemos tocar. En este capítulo le explicaremos cuál es la postura más adecuada y cómo poner las manos, igual que si estuviéramos en una escuela para señoritas de la alta sociedad.

Bromeamos, pero estas cuestiones son muy importantes. No debe olvidar que la postura adecuada le ahorrará no sólo tensiones excesivas y mucho cansancio, sino que puede ayudarle a desarrollar unos hábitos de concentración y una mayor definición en su sonido. Una vez que domine su postura y la posición de las manos en la guitarra, examinaremos algunas técnicas básicas de desciframiento musical y le enseñaremos a tocar un acorde.

Posición de las manos y postura

La guitarra se puede tocar tanto sentado como de pie, la postura que usted elija prácticamente no afectará a su sonido ni a su técnica. La mayoría de la gente prefiere practicar sentada pero tocar de pie en el momento de actuar en público. La única excepción en la disyuntiva entre sentarse y estar de pie es la guitarra clásica, que normalmente se toca sentado. Lo ortodoxo es tocar sentado, pero esto no significa que *no pueda* tocar una guitarra clásica ni tocar música clásica estando de pie, aunque si quiere practicar seriamente la guitarra clásica será necesario que se siente para tocar.

Posición sentada

Para sostener la guitarra estando sentado, coloque la cintura de la guitarra sobre su pierna derecha. (La cintura es la parte arqueada hacia adentro, situada entre las curvas salientes superior e inferior, que recuerdan a un busto humano con sus hombros y sus caderas.) Separe ligeramente los pies. Equilibre la guitarra apoyando suavemente su antebrazo derecho sobre la parte superior, tal como se muestra en la figura 3-1. No emplee la mano izquierda para sostener el mástil. Debe ser capaz de retirar por completo la mano izquierda del mástil sin que la guitarra baje hacia el suelo.

Figura 3-1:
Postura
típica en
posición
sentada

La técnica de la guitarra clásica, por otra parte, exige que se sostenga el instrumento sobre la *pierna izquierda*, no la derecha. Esta posición sitúa el centro del instrumento más cerca del centro de su cuerpo, facilitando las complejas digitaciones de la guitarra clásica, especialmente para la mano izquierda. En el capítulo 13 le explicamos la postura propia de la guitarra clásica.

La guitarra clásica también exige elevar el instrumento, esto lo puede hacer subiendo la pierna izquierda por medio de un *taburete de guitarrista* especialmente diseñado para ello (método tradicional), o bien utilizando un *brazo de apoyo* situado entre su muslo izquierdo y la parte inferior de la guitarra (método moderno). Este recurso permite a su pie izquierdo permanecer en el suelo mientras la guitarra se mantiene elevada.

Posición de pie

Para tocar la guitarra de pie, necesita una correa que esté sujeta firmemente a los dos clavos o enganches de la guitarra (o atada a la guitarra de otro modo). Esta correa le permitirá estar de pie cómodamente y comprobar frente a un espejo el efecto resultón que produce verse con una guitarra colgando de sus hombros. Posiblemente necesite ajustar la correa para conseguir la altura idónea para tocar con comodidad.

Figura 3-2:
Postura típica para tocar de pie

Si su guitarra se desengancha mientras está tocando de pie, tiene aproximadamente un cincuenta por ciento de probabilidades de aga-rrarla al vuelo antes de que caiga al suelo (dependiendo de la rapidez de sus reflejos y de su experiencia con guitarras escurridizas). Así que no arriesgue su guitarra usando una correa vieja y desgastada con agujeros demasiado grandes para los enganches. Las guitarras no re-botan en el suelo, Pete Townshend (The Who) ya se ocupó de demos-trarlo empíricamente.

Su cuerpo se reajusta naturalmente al levantarse de una silla y poner-se de pie. Así que al levantarse no trate de analizar demasiado dónde quedan sus brazos en comparación con su postura sentado. Simple-mente relájese, y sobre todo, *lúzcase*. (¡Ya es usted un guitarrista!) La figura 3-2 muestra la postura más normal para tocar de pie.

Posición de la mano izquierda: digitación para principiantes

Para hacerse una idea de cómo colocar la mano izquierda sobre el mástil extienda la mano izquierda boca arriba, ciérrela sin forzar formando un puño y dejando el pulgar aproximadamente entre el ín-dice y el corazón. Todos los nudillos deben estar doblados. Su mano deberá tener más o menos ese mismo aspecto cuando sostenga el mástil de la guitarra. El dedo pulgar se desliza por detrás del mástil, más levantado que si estuviera formando un puño, pero no rígido. Los nudillos permanecen doblados tanto si están pisando alguna cuerda como si están en reposo. Como dijimos antes, su mano izquierda de-bería adoptar la posición correcta sobre el mástil de un modo natural, como si usted estuviera tomando un instrumento fabricado *ex profeso* que hubiera estado usando toda su vida.

Para *digitar* o *pisar* una nota, oprima contra un traste una cuerda con la yema del dedo, manteniendo los dedos flexionados. Trate de colocar la yema del dedo en perpendicular a la cuerda, no inclinada. Así ejercerá una mayor presión sobre la cuerda y evitará que el dedo toque también las cuerdas adyacentes —lo que puede causar zumbi-dos o *apagar* el sonido (al silenciar la cuerda o evitar que resuene). Emplee el pulgar desde su posición tras el mástil para ayudarse a "apretar" los trastes y sujetarlos con más firmeza.

Al tocar un traste determinado, recuerde que no tiene que colocar el dedo directamente sobre el traste metálico, sino entre los dos trastes (o entre la cejuela y el primer traste metálico). Por ejemplo, si está tocando el quinto traste, coloque el dedo en la casilla situada entre los trastes metálicos cuarto y quinto. No lo coloque en el centro del traste (a medio camino entre los dos trastes metálicos), sino más cerca del traste metálico superior (más cercano a la caja). Esta técnica proporciona un sonido más claro y previene zumbidos.

La digitación de la mano izquierda requiere fuerza, pero no caiga en la tentación de tratar de acelerar el proceso fortaleciendo sus manos por medios artificiales. Aumentar la fuerza de la mano izquierda lleva su tiempo. Es posible que vea anuncios de aparatos para fortalecer las manos y que crea que estos productos aumentarán la firmeza de su mano izquierda. Aunque no podemos afirmar la inutilidad de estos artefactos (lo mismo ocurre con el método casero de "estrujar" una pelota de tenis), una cosa está clara: nada le ayudará más ni mejor a aumentar la fuerza de su mano izquierda que la propia práctica de la guitarra.

Debido a la fuerza que ejerce la mano izquierda al digitar, puede que se tensen otras partes de su cuerpo para compensar. Para prevenirlo, vaya comprobando que tiene relajado el hombro izquierdo, que tiende a elevarse mientras se practica la digitación, y tómese breves descansos para relajar los hombros. Compruebe asimismo que su codo izquierdo no esté levantado, tal y como lo estaría el de un comensal poco educado. Procure mantener la parte superior del brazo y paralela a su costado y relaje el codo de manera que permanezca junto al costado.

Lo más importante que hay que recordar para conseguir una buena posición de la mano izquierda es que es necesario que la posición sea cómoda y natural. Si la mano le empieza a doler, *pare de tocar y tómese un descanso*. Como ocurre con cualquier otra actividad que implica desarrollo muscular, el descanso permite a su cuerpo recuperarse.

Compañía eléctrica

Los mástiles de las guitarras eléctricas son más estrechos (de la 1ª cuerda a la 6ª) y finos (del diapasón a la parte trasera del mástil) que los de las guitarras acústicas. Es más cómodo, por lo tanto, digitar con una guitarra eléctrica. Pero el espacio entre cada cuerda es menor, de manera que es más fácil que toque y silencie una cuerda adyacente con el dedo que está pisando la cuerda. La mayor diferencia, sin embargo, entre la digitación en una guitarra eléctrica y en una guitarra acústica de cordaje metálico, es la acción.

La *acción* de una guitarra se refiere a la altura que alcanzan las cuerdas por encima de los trastes y, en menor grado, a lo fácil que es oprimir las cuerdas contra los trastes. En una guitarra eléctrica, digitar las cuerdas es como cortar mantequilla con un cuchillo caliente. La acción más fácil de una guitarra eléctrica le permite posicionar la mano izquierda de forma más relajada que en una acústica, con la palma de la mano izquierda ligeramente vuelta hacia el exterior. La figura 3-3 muestra una foto de la mano izquierda descansando sobre el diapasón de una guitarra eléctrica mientras pisa una cuerda.

Figura 3-3:
El mástil de la guitarra eléctrica, cómodamente colocado entre el pulgar y el primer dedo, mientras el primer dedo pisa una nota

Condiciones clásicas

Como las guitarras de cuerdas de nailon tienen un diapasón ancho y son el modelo que se elige para la música clásica, sus mástiles requieren por parte de la mano izquierda un tratamiento un poco más (¡ejem!) formal. Intente conseguir que la parte superior de la palma de la mano (la que une los dedos con la palma) esté cercana y paralela al lateral del mástil, de manera que todos los dedos estén perpendicularmente situados respecto a las cuerdas y a la misma distancia del mástil. (Si la mano no está totalmente paralela, el dedo meñique se "cae", o está más lejos del mástil que el índice.) La figura 3-4 muestra la posición correcta de la mano izquierda en las guitarras de cuerdas de nailon.

Figura 3-4:
Posición correcta de la mano izquierda en la guitarra clásica

Posición de la mano derecha

Si sostiene la guitarra en su regazo tapando con el brazo derecho la cadera superior de la guitarra, la mano derecha, extendida pero relajada, cruzará las cuerdas en un ángulo de aproximadamente 60 grados. Esta posición es buena para tocar con una púa. Para tocar con los dedos, tiene que poner la mano derecha de forma más perpendicular respecto a las cuerdas. En la guitarra clásica se debe mantener la mano derecha lo más cercana posible a un ángulo de 90 grados.

Si está utilizando púa

La guitarra eléctrica suele tocarse con una púa, ya se trate de tocar rock, blues, jazz, country o pop. La acústica, se puede tocar con una púa o bien con los dedos. Tanto en la eléctrica como en la acústica, casi siempre la *guitarra rítmica* (acompañamiento basado en acordes) y prácticamente siempre la *guitarra solista* (melodías de notas sueltas) se toca sosteniendo la púa o *plectro* (el término antiguo) entre los dedos pulgar e índice. La figura 3-5 muestra el modo correcto de sostener una púa: sólo sobresale la punta, perpendicularmente al pulgar.

Si estamos *rasgueando* (tocando guitarra rítmica), pulsamos las cuerdas con la púa mediante el movimiento de la muñeca y el codo. Cuanto más enérgico sea el rasgueo, más codo habrá que añadir a la mezcla. Para tocar la guitarra solista utilizamos sólo el movimiento de muñeca, más económico. No sujete la púa demasiado firmemente al tocar, y cuente con que se le caerá a menudo durante las primeras semanas.

Figura 3-5:
Técnica
correcta
para sujetar
la púa

Las púas tienen diversos *calibres*. El calibre de la púa indica su grosor y rigidez. Las púas más finas son más fáciles de manejar para el principiante. Las púas de calibre medio están más extendidas, porque son suficientemente flexibles como para tocar la guitarra rítmica con comodidad pero tienen suficiente rigidez para los solos. Las púas de calibre grueso pueden parecer difíciles de manejar al principio, pero son las que eligen los profesionales y al final todos los instrumentistas expertos se pasan a ellas (aunque hay algunas celebridades que se resisten: Neil Young es un buen ejemplo).

Si usa los dedos

Si renuncia a utilizar la púa y cualquier otro artificio y prefiere usar los dedos de la mano derecha, estará usted punteando (también existen unas púas que se ajustan individualmente a cada dedo y que —de manera bastante confusa— se llaman *púas de dedo*). *Puntear* significa tocar la guitarra pulsando las cuerdas con los dedos de la mano derecha. El pulgar toca las cuerdas graves o bajas, y los demás dedos tocan las cuerdas agudas o altas. En el punteo se usan las yemas de los dedos o las uñas para tocar las cuerdas, colocando la mano sobre la roseta (si la guitarra es acústica) y dejando la muñeca firme pero no rígida. Es bueno mantener un ligero arqueo en la muñeca para que los dedos caigan sobre las cuerdas de un modo más vertical. El capítulo 12 contiene más información sobre la técnica del punteo con los dedos e incluye figuras que muestran la posición adecuada de la mano.

Debido a los golpes especiales de la mano derecha que utilizamos al tocar la guitarra clásica (*tirando* y *apoyando*), es preciso mantener los dedos casi totalmente perpendiculares a las cuerdas para ejecutar la técnica correctamente. Una orientación perpendicular permite a los dedos atacar las cuerdas con la máxima fuerza. Para más información sobre las técnicas del apoyando y el tirando véase el capítulo 13.

No hace falta saber solfeo para entender la notación de la guitarra

Aunque usted no es necesario saber leer música para tocar la guitarra, los músicos han desarrollado con el tiempo unos cuantos trucos sencillos que ayudan a comunicar algunas ideas básicas, como la estructura de la canción, la construcción de los acordes, las progresiones de acordes y las figuras rítmicas importantes. Vaya aprendiendo la taquigrafía musical de los *diagramas de acordes*, los *cifrados rítmicos de barras* y las *tablaturas* (que describimos en las secciones siguientes), y seguro que empieza a aprender *licks* más rápido que un punteo de Roy Clark después de tomarse tres cafés.

Le prometemos que usted no necesita saber solfeo para tocar la guitarra. Con la ayuda de los diagramas de acordes, los cifrados rítmicos de barras y las tablaturas, que explicamos en esta sección, a lo que tenemos que añadir *oír cómo suena todo este material gracias a la tecnología mágica del MP3*, podrá aprender todo lo que necesita para entender y tocar la guitarra. A partir del capítulo 4, escuche atentamente el archivo de audio y siga los ejemplos escritos correspondientes para asegurarse de que entiende cómo se relacionan entre sí.

Avanzar con la pequeña ayuda de un diagrama de acordes

No se preocupe: leer un diagrama de acordes *no* es como el solfeo, es mucho más sencillo. Lo único que necesita es entender dónde poner los dedos para formar un acorde. Un *acorde* se puede definir como el sonido simultáneo de tres o más notas.

La figura 3-6 muestra la anatomía de un diagrama de acordes, y la siguiente lista explica brevemente lo que significan las diferentes partes:

✔ *La rejilla de seis líneas verticales y cinco horizontales* representa el diapasón de la guitarra, como si pusiera la guitarra de pie sobre el suelo o una silla y mirara directa y frontalmente la parte de arriba del mástil.

✔ Las *líneas verticales* representan las cuerdas de la guitarra. La línea vertical situada más a la izquierda es la 6ª cuerda (la más grave), y la línea vertical que hay a la derecha es la 1ª cuerda (la más aguda).

✔ Las *líneas horizontales* representan los trastes. La línea horizontal gruesa de la parte de arriba es la *cejuela* de la guitarra, donde termina el diapasón. Así que el primer traste es en realidad la segunda línea horizontal desde arriba. (No deje que las palabras le confundan, simplemente mire la guitarra.)

✔ Los *puntos* que aparecen en las líneas verticales (de las cuerdas) y entre las líneas horizontales (de los trastes) representan las notas que hay que digitar.

✔ Los *números* colocados justo debajo de cada línea de cuerda (justo debajo de la última línea horizontal de traste) indican qué dedo de la mano izquierda debemos utilizar para pisar esa nota. En la mano izquierda, 1 = dedo índice, 2 = dedo medio (corazón), 3 = dedo anular y 4 = dedo meñique. El pulgar sólo se emplea para tocar en raras circunstancias.

✔ Los símbolos X y O colocados justo encima de algunas líneas de cuerda indican las cuerdas que dejamos sonar al aire (sin digitar) o que no tocamos. Una X sobre una cuerda (que no aparece en la figura 3-6) significa que no pulsamos esa cuerda con la mano derecha. Una O indica una cuerda al aire que sí se toca.

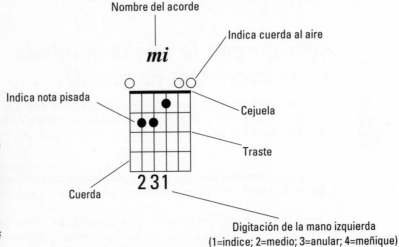

Figura 3-6: Diagrama de acordes estándar de un acorde de *mi*

Si un acorde empieza en un traste *que no sea* el primer traste (como veremos en los capítulos 10 y 11), aparece un número a la derecha del diagrama, junto a la línea de trastes más alta, para indicar en qué traste empezamos realmente. (En tales casos, la línea más alta *no* es la cejuela.) En la mayoría de los casos, sin embargo, tocaremos acordes que ocupan los cuatro primeros trastes de la guitarra. Los acordes que caben en los cuatro primeros trastes suelen utilizar cuerdas al aire, por lo cual se llaman acordes con cuerdas al aire o *acordes abiertos*.

Leer cifrados rítmicos de barras

Los músicos emplean diferentes trucos taquigráficos para transcribir determinadas indicaciones musicales. Emplean esta taquigrafía porque, a pesar de que los conceptos musicales son a menudo bastante

sencillos, representar esa idea con la notación musical estándar puede ser excesivamente complicado e incómodo. Por lo tanto, utilizan
algo así como una chuleta o un mapa con el que consiguen explicarse
sin tener que recurrir al solfeo.

Los *cifrados rítmicos de barras* (/) simplemente nos indican qué tocar
rítmicamente, pero no qué tocar armónicamente, de eso se ocupa
el diagrama de acordes, que nos dice qué acorde tocar con la mano
izquierda. Para verlo con un ejemplo, ¿Qué tal si le echa un vistazo al
diagrama que aparece en la figura 3-7?

Figura 3-7:
Un compás
de un
acorde de
mi

Si usted ve un símbolo de acorde así con cuatro barras oblicuas a su
lado, como se muestra en la figura, sabrá que tiene que utilizar una
digitación de acorde de *mi* y rasguearlo cuatro veces. Lo que no verá,
sin embargo, son varias notas colocadas en diferentes líneas de un
pentagrama musical, incluidas varias blancas (esas notas huecas) y
un montón de negras (las que están llenas); en resumen, todo aquel
rollazo que había que aprender de memoria en la escuela sólo para
tocar canciones aburridísimas con la flauta. Lo único que tiene que
recordar al ver este diagrama en concreto es "tocar un acorde de Mi"
cuatro veces. Sencillo, ¿no?

Eche un vistazo a las tablaturas

Las *tablaturas* (también llamadas *tabs* o tabulaciones) son un sistema
de notación que representa gráficamente los trastes y las cuerdas de
la guitarra. Mientras que los diagramas de acordes lo hacen de una
manera estática, las tablaturas muestran qué notas tocar a lo largo
de un período de tiempo. En todos los ejemplos musicales que se encuentran en este libro aparece una tablatura debajo del pentagrama
de notación estándar. Esta segunda representación es un reflejo exac-
to de lo que está ocurriendo en el pentagrama que tiene encima, pero
en el *lenguaje guitarrístico*. La tablatura está ideada específicamente
para la guitarra; de hecho, muchos la llaman *tablatura de guitarra*. La
tablatura no le dice *qué* nota tocar (como *do*, *fa* sostenido o *mi* bemol). Sin embargo, sí le dice exactamente qué *cuerda* pulsar y en qué
traste pisar la cuerda sobre el diapasón.

La figura 3-8 le muestra la notación en tablatura, así como algunas notas de muestra y un acorde. La línea más alta de la tablatura representa la 1ª cuerda de la guitarra (*mi* agudo). La línea más baja de la tablatura corresponde a la 6ª cuerda de la guitarra (*mi* grave). Las demás líneas representan las cuatro cuerdas centrales (la segunda línea por debajo es la 5ª cuerda, y así sucesivamente). Un número que aparezca sobre cualquier línea dada nos indica que pisemos esa cuerda en ese traste numerado. Por ejemplo, si ve el número 2 en la segunda línea desde arriba, debemos presionar la 2ª cuerda en el segundo traste desde la cejuela (en realidad, en el espacio situado entre el primer y el segundo traste metálico). Un 0 en una línea significa que tenemos que tocar la cuerda al aire.

Figura 3-8:
Tres
ejemplos de
representa-
ción en
tablaturas

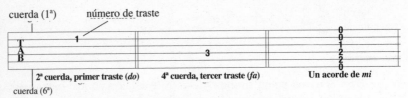

Cómo tocar un acorde

Los acordes son los ladrillos con los que se construyen las canciones. Se puede tocar un acorde (el sonido simultáneo de tres o más notas) de varias maneras *rasgueando* (arrastrando la púa o el dorso de las uñas por las cuerdas en un único y rápido movimiento), rasgueando (con todos los dedos de la mano derecha) o incluso golpeando las cuerdas con la mano abierta o con el puño (pero bueno, eso es poco frecuente, salvo que toquemos en una banda de heavy metal). Pero no basta con tocar *cualquier* conjunto de notas; hay que tocar un grupo de notas organizadas de algún modo y con sentido musical. Eso significa aprender algunos acordes.

Digitación de un acorde

Una vez que usted crea haber entendido (más o menos) el método de notación para guitarra descrito en las secciones anteriores, lo mejor que puede hacer es sencillamente ponerse a ello sin dilación y tocar su primer acorde. Le proponemos que empiece con *mi* mayor, porque es un acorde especialmente fácil en la guitarra y uno de los que más se utilizan.

Una vez que le haya pillado el tranquillo a lo de tocar acordes, se dará cuenta de que puede cambiar de posición varios dedos a la vez. Por ahora, sin embargo, limítese a poner los dedos de uno en uno en los trastes y cuerdas como indican las siguientes instrucciones (también puede fijarse en la figura 3-6):

1. **Coloque el primer dedo (índice) sobre la 3ª cuerda en el primer traste (en realidad entre la cejuela y el primer traste metálico, pero más cerca del traste metálico).**

   No apriete fuerte hasta que tenga colocados los demás dedos. Aplique sólo la presión necesaria para impedir que el dedo se aparte de la cuerda.

2. **Coloque el segundo dedo (corazón o medio) sobre la 5ª cuerda (saltándose la 4ª cuerda) en el segundo traste.**

   De nuevo, aplique sólo la presión suficiente para mantener los dedos en su sitio. Ahora tiene dos dedos en la guitarra, en las cuerdas 3ª y 5ª, quedando en medio y sin digitar la 4ª cuerda.

3. **Coloque el tercer dedo (anular) sobre la 4ª cuerda en el segundo traste.**

   Puede que necesite mover un poco el dedo anular para conseguir que encaje entre los dedos primero y segundo sin llegar al traste metálico. La figura 3-9 muestra el aspecto que debe tener su acorde de *mi* una vez que todos sus dedos estén colocados correctamente.

Ahora que tiene colocados los dedos, rasgué las seis cuerdas con la mano derecha para oír su primer acorde, *mi*.

Figura 3-9: Observe cómo se curvan los dedos en un acorde de *mi*

Evitar los zumbidos

Una de las cosas más difíciles de hacer al tocar acordes es evitar los zumbidos. El zumbido se produce si no se está apretando con la suficiente fuerza al digitar. Un zumbido también puede aparecer si un dedo de los que componen el acorde entra en contacto de manera accidental con una cuerda adyacente, impidiendo que esa cuerda suene libremente. Sin quitar los dedos de los trastes, trate de mover los dedos sobre las yemas para evitar todo zumbido al rasguear el acorde.

Parte II

Empiece a tocar: lo básico

The 5th Wave   **Rich Tennant**

"Sheldon, te dejo. Me voy a vivir con tu mejor amigo y me llevo los muebles, el coche y el perro. A lo mejor esto te ayuda a aprender de una vez todos esos acordes menores"

En esta parte...

*É*sta es la parte del libro en la que de verdad empiezan a suceder cosas, igual que sucedieron cosas en Woodstock (de hecho, si desea llamar a esta parte la parte Woodstock, por nosotros no hay ningún problema). Ahora es cuando usted va a empezar realmente a tocar la guitarra. El capítulo 4 le presenta algunos elementos que serán sus primeros y mejores amigos: los acordes mayores y menores en posición abierta. Esas criaturas son la forma más rápida y más fácil de empezar a tocar música reconocible con la guitarra y son un elemento constante en la música de guitarra. Si sólo piensa trabajar duro a lo largo de un capítulo de este libro, que sea el capítulo 4. El capítulo 5 le proporciona algunos principios de las melodías con notas sueltas, para que pueda poner algo de melodía a su música. Por último, terminaremos esta parte dándole un poco más de sabor al asunto con los acordes de séptima.

Capítulo 4

La forma más fácil de tocar: acordes mayores y menores básicos

• •

En este capítulo

Tocar acordes de la familia de *la*

▶ Tocar acordes de la familia de *re*

▶ Tocar acordes de la familia de *sol*

▶ Tocar acordes de la familia de *do*

▶ Tocar canciones usando acordes mayores y menores básicos

▶ Volver a los clásicos

• •

Acompañarnos a nosotros mismos cantando nuestras canciones favoritas (o a otra persona si nuestra voz es, digamos, poco melodiosa) es una de las mejores maneras para aprender lo acordes básicos de la guitarra. Si sabe tocar acordes básicos, podrá tocar muchas canciones conocidas sin ningún problema.

En este capítulo, ordenamos los acordes mayores y menores en familias. Una *familia de acordes* es simplemente un grupo de acordes que están relacionados entre sí. Decimos que están *relacionados* porque a menudo se utilizan estos acordes juntos para tocar canciones. El concepto es parecido al de combinar los colores de la ropa o reunir un grupo de alimentos para crear una comida equilibrada. Los acordes de una familia combinan como las almendras y el chocolate (eso sí, los acordes son menos grasientos). Paso a paso le ayudaremos a ampliar su vocabulario de notación de guitarra al mismo tiempo que vaya usted desarrollando sus destrezas con los acordes y el rasgueo.

Visualice la familia de acordes como una planta. Si uno de los acordes (el que se percibe como la base de la canción y normalmente aquél con que empieza y termina) es la raíz de la planta, los demás acordes de la familia son los diferentes brotes que crecen a partir de esa misma raíz. Todos juntos, la raíz y los brotes forman la familia. Póngalos todos juntos y tendrá un florido jardín... perdón, una bonita *canción*. Por cierto, el término técnico no es familia sino *tonalidad*. Así que puede decirse que una canción "utiliza acordes de la familia de *la*" o que "su tonalidad es *la*".

Tocar acordes de la familia de la

La familia de *la* es bastante habitual en el momento de tocar canciones con la guitarra porque, como otras familias que le presentaremos en este capítulo, sus acordes son fáciles de tocar. Eso se debe a que los acordes de la familia de *la* contienen *cuerdas al aire* (cuerdas que se tocan sin presionar ninguna nota). Los acordes que contienen cuerdas al aire se llaman *acordes con cuerdas al aire* o *acordes abiertos*. Escuche *Fire and Rain*, de James Taylor, para oír cómo suena una canción que utiliza acordes de la familia de *la*.

Los acordes básicos de la familia de *la* son *la, re* y *mi*. Los tres acordes son lo que se conoce como *acordes mayores*. Un acorde cuyo nombre es sólo el nombre de la nota, como éstos (*la, re* y *mi*) es siempre mayor. (Para una explicación sobre los diferentes tipos de acordes véase el recuadro "Carácter del acorde", en este mismo capítulo,)

Digitación de los acordes de la familia de la

Recuerde que al digitar acordes usamos la "bola" de la yema del dedo, colocándola justo detrás del traste (del lado más cercano a la caja). Arquee los dedos de manera que las yemas caigan perpendiculares al mástil. Asegúrese de que las uñas de los dedos de la mano izquierda estén cortas para que no le impidan apretar correctamente las cuerdas contra el diapasón. La figura 4-1 muestra la digitación de los acordes de *la, re* y *mi*, es decir, los acordes básicos de la familia de *la*. (Si se pierde al leer los diagramas de acordes, revise la información del capítulo 3 acerca de los diagramas de acordes.)

Dar el callo con la guitarra

Tocar acordes puede ser un poco doloroso al principio. (Queremos decir para usted, no para la gente que le oiga: no somos *tan* malos.) Si no había tocado la guitarra anteriormente, da igual lo duro que usted sea, las yemas de los dedos de las manos son *sensibles*. Al apretar las cuerdas de la guitarra con las yemas de los dedos tendrá, al principio, la misma sensación que si estuviera clavando clavos con las yemas de los dedos (¡ay!).

En pocas palabras, *presionar la cuerda hace daño*. Esto no tiene nada de raro; de hecho es bastante normal en los guitarristas principiantes. (También habrá gente para la que esto no sea un problema, pues siempre hay alguien a quien le *gusta* el dolor.) Le tendrán que salir unos bonitos y gruesos callos en las yemas de los dedos antes de que tocar la guitarra sea una experiencia totalmente natural. Puede que pasen semanas, incluso meses, antes de que se le forme una buena

capa protectora de piel muerta; eso dependerá de la frecuencia e intensidad con que practique. Pero cuando por fin se gane sus callos, nunca los perderá (al menos del todo). Ser guitarrista es un cargo vitalicio.

Puede usted ir adquiriendo sus callos tocando los acordes básicos de este capítulo una y otra vez. A medida que vaya progresando, también ganará fuerza en las manos y dedos y se irá sintiendo cada vez más cómodo al tocar la guitarra. Antes de que se dé cuenta, apretar las cuerdas de una guitarra será algo tan natural para usted como darle la mano a su mejor amigo.

Como con cualquier rutina de acondicionamiento físico, no olvide pararse para descansar si empieza a sentir debilidad o dolor en los dedos o en las manos. Labrarse esos callos lleva su tiempo, y no se puede acelerar el tiempo (ni el amor, ya lo dijo Diana Ross).

No toque ninguna cuerda marcada con una X (la 6ª cuerda en el acorde de *la* y las cuerdas quinta y sexta en el acorde de *re*). Toque sólo las cinco cuerdas más agudas (de la 5ª a la 1ª) en el acorde de *la* y las cuatro cuerdas más agudas (de la cuarta a la primera) en el acorde de *re*. Tocar las cuerdas de manera selectiva puede ser difícil al principio, pero persevere en ello y le cogerá el tranquillo. Si toca una cuerda marcada con una X y le pillamos, prepárese porque vamos a por usted.

Rasguear acordes de la familia de la

Utilice la mano derecha para rasguear estos acordes de la familia de *la* con uno de los siguientes elementos:

✔ una púa;

✔ el pulgar, y

✔ el dorso de los demás dedos (rasgueando las cuerdas en un movimiento descendente).

Figura 4-1: Diagramas de acordes que muestran los acordes de *la, re* y *mi*. Fíjese en cómo los diagramas expresan gráficamente la posición de mano izquierda de las fotos

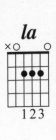

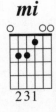

Empiece por la cuerda mas grave del acorde (la cuerda del acorde más cercana al techo) y rasguee hacia el suelo.

Carácter del acorde

Los acordes tienen diferentes características y cualidades (¡igual que las personas!). Se puede definir el *carácter* del acorde como la *relación* entre las diferentes notas que lo conforman –o simplemente cómo suena el acorde.

Además del carácter mayor, otros acordes presentan carácter *menor, de séptima, de séptima menor* y *de séptima mayor*. La lista siguiente describe cada uno de esos tipos de acordes:

✔ **Acordes mayores:** Son acordes sencillos que tienen un sonido estable.

✔ **Acordes menores:** Son acordes sencillos que tienen un sonido suave y a veces triste.

✔ **Acordes de séptima:** Son acordes con un aire de blues o funk.

✔ **Acordes de séptima menor:** Estos acordes tienen un sonido melodioso y vivaz.

✔ **Acordes de séptima mayor:** Estos acordes tienen un sonido brillante y vivaz.

Cada tipo o carácter de acorde tiene unas cualidades sonoras diferentes y se puede distinguir el tipo de acorde simplemente con oírlo. Escuche, por ejemplo, el sonido de un acorde mayor rasgueando *la, re* y *la.* (Para más información sobre los acordes de séptima, de séptima menor y de séptima mayor, eche un vistazo al capítulo 6.)

Una *progresión* o *sucesión* es simplemente una serie de acordes que se tocan uno tras otro. La figura 4-2 presenta una progresión sencilla en la tonalidad de *la*, y le indica que rasguee cada uno de los acordes (en el orden mostrado, de izquierda a derecha) cuatro veces. Utilice en todo momento golpes *púa abajo* (arrastrando la púa sobre las cuerdas de forma descendente).

Escuche el ejemplo del MP3 para oír el ritmo de esta progresión e intentar a la vez.

Figura 4-2:
Una sencilla
progresión
de acordes
en la
tonalidad de
la (sólo con
acordes en
la familia
de *la*)

Pista 2, 0:00

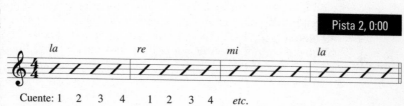

Después de rasguear cada uno de los acordes cuatro veces, hay una línea vertical en la notación que está a continuación de los cuatro símbolos de rasgueo. Esta línea es una *barra de compás*. No es algo que se tenga que tocar. Las barras de compás dividen visualmente la música en secciones más pequeñas conocidas como *compases*. Los compases hacen que la música escrita se comprenda más fácilmente, al dividir la música en partes pequeñas y fáciles de digerir. Para más información sobre las barras de compás véase el apéndice A .

No dude ni se pare ante la barra de compás. Mantenga la misma velocidad de rasgueo todo el tiempo, incluso "entre compases", es decir, en el "espacio" imaginario entre el final de un compás y el principio del siguiente que representa la barra de compás. Empiece tocando todo lo despacio que haga falta para conseguir mantener regular el ritmo. Siempre puede acelerar a medida que se vaya sintiendo más seguro con el rasgueo y los cambios de acorde.

Al tocar una progresión una y otra vez se empieza a adquirir fuerza en la mano izquierda y callos en las yemas de los dedos. Practíquelo (y siga practicando...).

Si quiere tocar una canción enseguida, puede hacerlo. Salte a la sección "Tocar canciones con acordes básicos mayores y menores", al final de este capítulo. Ahora que conoce los acordes abiertos básicos de la familia de *la*, puede tocar *Kumbaya*. ¡Que empiece la música!

Tocar acordes de la familia de re

Los acordes básicos que conforman la familia de *re* son: *re*, *mi* menor, *sol* y *la*. La familia de *re*, por lo tanto, comparte dos acordes abiertos básicos con la familia de *la* (*re* y *la*), y presenta dos nuevos: *mi* menor y *sol*. Sabiendo ya cómo tocar *re* y *la*, aprendidos en la sección anterior ("Tocar acordes de la familia de *la*"), sólo necesitará trabajar dos acordes más para añadir la familia de *re* a su repertorio: *mi* menor y *sol*. Escuche *Here Comes the Sun*, de los Beatles, para oír cómo suena una canción que utiliza acordes de la familia de *re*.

Practicar y mejorar

Puede que suene obvio decir que cuanto más practique mejor lo irá haciendo, pero es verdad. Sin embargo, quizá sea incluso más importante esta idea: *Cuanto más practique, más rápido mejorará*. Aunque no está establecido el tiempo de práctica necesaria para "mejorar", una buena regla general es practicar un mínimo de treinta minutos al día. Hay consenso general en cuanto a que practicar a intervalos regulares es mejor que concentrar toda la práctica de la semana (por ejemplo, tres horas y media) en una única sesión de práctica.

Si al principio encuentra una nueva técnica difícil de dominar, insista en ella, al final conseguirá dominarla. Para mejorar realmente con la guitarra, le proponemos lo siguiente:

✔   Reserve un determinado momento del día para practicar.

✔   Reúnase con amigos que toquen la guitarra y deje que escuchen lo que está haciendo.

✔   Cree un ambiente para practicar en el que tenga intimidad, apartado de las distracciones (televisión, conversaciones, los gritos de su madre llamándole a la cena... y todas esas cosas de la vida).

✔   Vea vídeos de guitarristas que toquen el tipo de música que le gusta y que querría aprender.

Menor describe el carácter de un tipo de acorde. Un acorde menor tiene un sonido que es claramente diferente del de un acorde mayor. Podríamos calificar el sonido de un acorde menor como *triste, melancólico, inquietante* o incluso *siniestro*. Recuerde que la relación de las notas que forman el acorde determina un carácter del acorde. Un acorde cuyo nombre consiste en una nota seguida de una "m" minúscula es siempre menor.

Digitación de los acordes de la familia de re

La figura 4-3 le muestra cómo rasguear los dos acordes básicos de la familia de *re* que no están en la familia de *la*. A lo mejor ya se ha dado cuenta de que ninguna de las cuerdas lleva un símbolo de X en los diagramas de acordes, eso significa que tiene que tocar todas las cuerdas cuando rasgue un acorde de *sol* o de *mi* m. Si le gusta, siga adelante y diviértase arrastrando su púa o los dedos de la mano derecha por las cuerdas en un gran *carrraaaang*.

Figura 4-3:
Los acordes
de *mi* m
y de *sol*.
Fíjese en
que las seis
cuerdas
están
disponibles
para tocar
en ambos
acordes

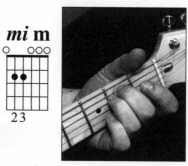

mi **m**

2 3

sol

2 1   3
(32   4)

Intente el siguiente truco para aprender rápidamente a tocar *mi* m y percibir la diferencia de carácter entre el acorde mayor y el menor: toque *mi*, que es un acorde mayor, y después levante el índice de la 3ª cuerda. Ahora está tocando *mi* m, que es la versión en acorde menor de *mi*. Alternando entre los dos acordes puede oír fácilmente la diferencia en carácter entre un acorde mayor y un acorde menor.

Fíjese también en la digitación alternativa para *sol* (2-3-4 en lugar de 1-2-3). A medida que la mano se fortalece y se hace más flexible, conviene cambiar a la digitación 2-3-4 en lugar de la digitación 1-2-3, inicialmente más fácil (la versión mostrada en la figura 4-3). Se puede cambiar a otros acordes con mayor facilidad y eficacia utilizando la digitación 2-3-4 para *sol*.

Rasguear acordes de la familia de re

En la figura 4-4 se toca una progresión de acorde sencilla utilizando acordes de la familia de *re*. Fíjese en la diferencia en el rasgueo entre esta figura y la de la figura 4-2. En la figura 4-2 se rasguea cada acorde cuatro veces por compás. Cada rasgueo es una parte o tiempo. La figura 4-4 divide el segundo rasgueo de cada compás (o la segunda parte) en dos rasgueos, arriba y abajo, los cuales juntos ocupan el tiempo de una parte, lo que significa que usted tiene que tocar cada rasgueo de la segunda parte el doble de rápido que en un rasgueo normal.

El símbolo adicional unido al símbolo de rasgueo quiere decir que el rasgueo es descendente, hacia el suelo, y significa que hay que rasguear hacia arriba), hacia el techo. (Si usted toca la guitarra calzando botas antigravedad, sin embargo, tendrá que dar la vuelta a estas dos últimas indicaciones.) El término *sim.* es una abreviatura de la palabra italiana *simile*, que le indica que siga tocando de una manera parecida; en este caso, siga rasgueando según el esquema *abajo, abajo-arriba, abajo, abajo*.

Figura 4-4:
Esta progresión contiene acordes que se encuentran habitualmente en la tonalidad de *re*

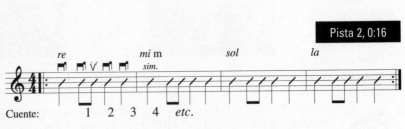

Si sólo está empleando los dedos para rasguear, dé golpes ascendentes con el dorso de la uña del pulgar siempre que vea el símbolo.

Conocer los acordes abiertos básicos de la familia de *re* (*re*, *mi* m, *sol* y *la*) le permitirá tocar una canción en la tonalidad de *re* de inmediato. Si pasa a la sección "Tocar canciones con acordes básicos mayores y menores", más adelante en este capítulo, podrá tocar la canción *Swing Low, Sweet Charlot* ahora mismo. ¡Al ataque!

Tocar acordes de la familia de sol

Al abordar las familias de acordes relacionadas (como lo son las de *la, re* y *sol*), su conocimiento de una familia le servirá para la siguiente gracias a los acordes que ya conoce. Los acordes básicos que forman la familia de *sol* son *sol, la* m, *do, re* y *mi* m. Si ya conoce *sol, re* y *mi* m (que fueron descritos en las secciones anteriores de las familias de *la* y de *re*), ahora puede intentar *la* m y *do*. Escuche *You've Got a Friend*, tocada por James Taylor, para oír una canción que utiliza acordes de la familia de *sol*.

Digitación de los acordes de la familia de sol

En la figura 4-5 puede ver las digitaciones para *la* m y *do*, los nuevos acordes necesarios para tocar en la familia de *sol*. Fíjese en que la digitación de estos dos acordes es similar: los dos tienen el dedo 1 en la 2ª cuerda, primer traste, y el dedo 2 en la 4ª cuerda, segundo traste. (Sólo el dedo 3 cambia –poniéndolo o quitándolo– para pasar de un acorde a otro.) Al moverlos entre estos acordes, mantenga estos dos primeros dedos colocados sobre las cuerdas. Cambiar de acordes siempre es más fácil si no tiene que mover todos los dedos hacia nuevas posiciones. Las notas que comparten acordes diferentes son conocidas como *notas comunes*. Fíjese en la X de la 6ª cuerda en ambos acordes. No toque esta cuerda mientras esté rasgueando *do* o *la* m. (¡Va en serio!)

Figura 4-5: La digitación para los acordes de *la* m y *do*

la m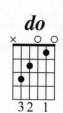

do

Rasquear acordes de la familia de sol

La figura 4-6 muestra una progresión de acordes sencilla que puede tocar utilizando los acordes de la familia de *sol*. Practique esta progresión una y otra vez para acostumbrarse a cambiar de acordes y para labrarse esos valiosos callos en la mano izquierda. Le *prometemos* que poco a poco le será más fácil.

Tenga en cuenta que, en cada compás, se tocan los tiempos 2 y 3 como rasgueos de "abajo-arriba". Escuche el MP3 para oír este sonido.

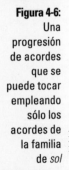

Figura 4-6:
Una progresión de acordes que se puede tocar empleando sólo los acordes de la familia de *sol*

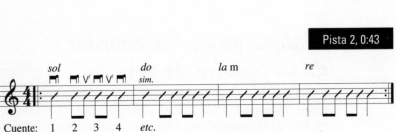

Pista 2, 0:43

Conociendo los acordes abiertos básicos de la familia de *sol* (*sol*, *la* m, *do*, *re* y *mi* m) puede tocar ya mismo una canción en la tonalidad de *sol*. Pase a la sección "Tocar con acordes básicos mayores y menores", más adelante en este capítulo, y podrá tocar *Auld Lang Syne*.

Tocar acordes de la familia de do

La última familia de acordes de la que es preciso hablar es la de *do*. Alguna gente dice que *do* es la tonalidad en la que se toca más fácilmente. Eso es porque *do* emplea sólo las notas de las teclas blancas del piano en su escala musical, y por eso es como la casilla de salida en la teoría musical, el punto en el que todo empieza (todo y casi todos).

Hemos elegido colocar la familia de *do* al final de este capítulo porque es tan fácil, tan fácil... que tiene un montón de acordes, demasiados para dominarlos de una vez.

Los acordes básicos que conforman la familia de *do* son *do*, *re* m, *mi* m, *fa*, *sol* y *la* m. Habiendo practicado las anteriores secciones, usted ya debería conocer los acordes de la familia de *la, re* y *sol* y saber las digitaciones de *do*, *mi* m, *sol* y *la* m. (Si no, repáselos.) Así que en esta sección sólo tendrá que aprender dos acordes: *re* m y *fa*. Cuando se sepa estos dos acordes, tendrá aprenditos todos los acordes mayores y menores básicos que describimos en este capítulo. Escuche *Dust in the Wind* de Kansas o *The Boxer* de Simon and Garfunkel para canciones que emplean acordes de la familia de *do*.

Digitación de los acordes de la familia de do

En la figura 4-7 encontrará los acordes que tiene que tocar de la familia de *do*. Fíjese en que los acordes de *re* m y *fa* tienen el segundo dedo en la 3ª cuerda, segundo traste. Mantenga esta nota común mientras hace el cambio entre estos dos acordes.

Para muchos, el acorde de *fa* es el acorde más difícil de tocar de todos los acordes abiertos mayores y menores. Eso es porque *fa* no lleva cuerdas al aire y requiere la técnica de la cejilla. Una *cejilla* es lo que

Figura 4-7:
Los acordes de *re* m y *fa*. Fíjese en la indicación (⌒) en el diagrama del acorde de *fa*, que le indica que pise (o haga cejilla en) dos cuerdas con un dedo

se toca cuando se pisan dos o más cuerdas a la vez con un solo dedo de la mano izquierda. Para tocar el acorde de *fa*, por ejemplo, use el primer dedo para presionar al mismo tiempo tanto la primera como la 2ª cuerda en el primer traste.

Para tocar con cejilla hay que ejercer una presión adicional con el dedo. Al principio puede que se encuentre con que, al rasguear el acorde (golpeando sólo las cuatro cuerdas más agudas, como indican las X del diagrama del acorde), oye algunos zumbidos o cuerdas silenciadas. Experimente moviendo levemente el dedo índice, intente ajustar el ángulo del dedo o intente girarlo un poco lateralmente. Siga intentándolo hasta que encuentre una posición para el primer dedo que permita que las cuatro cuerdas suenen con claridad cuando las toque.

Rasguear acordes de la familia de do

La figura 4-8 muestra una sencilla progresión de acordes que usted puede tocar utilizando acordes de la familia de Do. Toque la progresión una y otra vez para acostumbrarse a cambiar entre los acordes de esta familia y, por supuesto, para trabajar esos imprescindibles callos.

Figura 4-8:
Sencilla progresión de acordes que puede tocar usando los acordes de la familia de *do*

Pista 2, 1:10

Mire la figura 4-8. Fíjese en la pequeña línea curva que une la segunda mitad de la parte 2 con la parte 3. Esta línea es conocida como ligadura. Una *ligadura* le indica que no debe pulsar la segunda nota de las dos notas ligadas (en este caso, la del tiempo 3). En su lugar, simplemente siga manteniendo el acorde en esa parte (dejándolo sonar) sin volver a tocarlo con la mano derecha.

Escuche el MP3 para oír el sonido de este esquema de rasgueo. Este efecto rítmico ligeramente discordante se denomina *síncopa*. En la síncopa, el músico bien toca una nota (o acorde) donde no se espera oírlos o bien deja de tocar una nota (o acorde) que sí se esperaba oír.

Es probable que usted espere tocar notas en los cuatro tiempos del compás (1, 2, 3, 4). En el ejemplo de la figura 4-8, sin embargo, le indicamos que no toque ningún acorde en el tiempo 3. Esa variación en el esquema de rasgueo hace que el acorde del tiempo 2 ½ dé la sensación de estar *acentuado*. Esta acentuación interrumpe el ritmo normal (esperado) de la música y da como resultado una síncopa (o ritmo sincopado). La síncopa rompe el esquema regular de los tiempos para introducir diseños rítmicos inesperados. El equilibrio entre lo esperado y la sorpresa en música es lo que mantiene el interés del oyente. (Bueno, eso y las copas que sirven en el intermedio.)

Para tocar inmediatamente una canción con acordes de la familia de *do*, échele un vistazo a la canción *Michael, Row the Boat Ashore*, en la sección "Tocar canciones con acordes básicos mayores y menores", más adelante en este capítulo. ¡Feliz odisea!

Tocar canciones con acordes básicos mayores y menores

Ésta es la sección en la que llega la auténtica música (ya sabe, las *canciones*). Si los títulos que aquí aparecen le trasladan a sus días mozos y a las añoradas acampadas de su juventud en torno a una hoguera, no tema, corazón joven. Estas canciones, aunque aparentemente sencillas, ilustran principios universales que han llegado a los géneros musicales más modernos. Aprenda primero estas canciones y seguro que en poco tiempo estará tocando su música preferida, ¡se lo prometemos!

Puede que se dé cuenta de que todos los ejemplos de rasgueo que proporcionamos en este capítulo tienen sólo cuatro compases de longitud. Y puede que se pregunte si todos sus ejercicios han de estar igualmente limitados. No, pero los compositores de canciones suelen escribir música en frases de cuatro compases, así que la longitud de estos ejercicios le prepara para tocar canciones de verdad. Puede también que se dé cuenta de que todos los ejemplos de rasgueo están en compás de 4/4 (cuatro por cuatro), lo que quiere decir que cada uno de los compases contiene cuatro tiempos. ¿Hay alguna razón? Sí:

la mayoría de las canciones de la música popular contienen cuatro tiempos por compás, así que el compás 4/4 de los ejercicios también le prepara para tocar canciones de verdad. (Para más información sobre los compases véase el apéndice A.)

En los ejemplos que se encuentran en las secciones anteriores de este capítulo, cada acorde se toca durante un compás completo. Pero en la sección de canciones, a veces tocará un solo acorde durante más de un compás y otras veces cambiará de acordes dentro de un solo compás. Escuche el MP3 para oír el ritmo de los cambios de acorde a medida que siga la progresión numérica (1, 2, 3, 4), que aparecen debajo de la notación para guitarra.

Una vez que sea capaz de abrirse camino cómodamente entre estas canciones, intente aprendérselas de memoria. De esa manera no necesitará mirar el libro mientras va puliendo el ritmo.

Si se aburre con estas canciones (o del modo en que *usted* toca estas canciones), muestre su música a un amigo que toque la guitarra y pídale que toque las mismas canciones empleando los patrones de rasgueo y las posiciones de acordes que nosotros indicamos. Escuchar tocar a otra persona ayuda a oír las canciones de manera objetiva, y si su amigo tiene un poco de estilo, puede que usted aprenda uno o dos truquillos. Trate de dar un poco de personalidad a su interpretación, aunque tan sólo esté rasgueando una sencilla canción folk.

Aquí le aportamos información concreta para ayudarle a tocar las canciones de esta sección:

✔ *Kumbaya*: Para tocar *Kumbaya* (la principal canción de campamento), es necesario que sepa cómo tocar los acordes de *la, re* y *mi* (véase la sección "Digitación de los acordes de la familia de *la*", en este capítulo); cómo rasguear usando sólo golpes descendentes, y cómo hacer fuego valiéndose sólo de dos palos y unas cuantas hojas secas.

El primer compás de esta canción se conoce como *compás de anacrusa*, y es un compás de preparación que está incompleto; empieza la canción a falta de un tiempo o más que han desaparecido; en este caso, los dos primeros. Durante la anacrusa, la parte de la guitarra muestra un descanso musical: un silencio. No toque durante el silencio; empiece tocando en la sílaba "ya" en la parte 1. Fíjese también en que en el último compás faltan dos tiempos: los tiempos 3 y 4. Los tiempos desaparecidos del último compás le permiten repetir la anacrusa al tocar la canción repetidamente, y hace que ese compás, junto con el primer compás incompleto, sume los cuatro tiempos requeridos.

✔ ***Swing Low, Sweet Chariot:*** Para tocar *Swing Low, Sweet Chariot*, necesita saber cómo tocar los acordes de *re*, *mi* m, *sol* y *la* (véase la sección "Rasguear acordes de la familia de Re", en este capítulo); cómo tocar rasgueos hacia abajo y abajo-arriba, y cómo cantar con una voz cavernosa como la de James Earl Jones.

Esta canción empieza con una anacrusa de un tiempo, durante el cual la guitarra guarda silencio. Fíjese que el segundo tiempo de los compases 2, 4 y 6 contiene dos rasgueos en lugar de uno. Rasguee esos tiempos abajo-arriba (⊓ y ∨) doblando la velocidad respecto a un rasgueo normal.

✔ ***Auld Lang Syne:*** Para tocar *Auld Lang Syne* ha de saber cómo tocar los acordes de *sol*, *la* m, *do*, *re* y *mi* m (véase la sección "Rasguear acordes de la familia de Sol", en este capítulo); cómo tocar rasgueos hacia abajo y abajo-arriba, y qué demonios significa *Auld Lang Syne*.

El compás 8 es un poco peliagudo, porque se tocan tres acordes diferentes en el mismo compás (*mi* m, *la* m y *re*). En la segunda mitad del compás, usted cambia de acorde en cada tiempo (un golpe por acorde). Practique tocando sólo el compás 8 lentamente, una y otra vez. Después toque la canción. Nota: al cambiar entre *sol* y *do* (compases 4-6 y 12-19), la digitación de *sol* con los dedos 2, 3 y 4, en lugar de 1, 2 y 3, hará más fácil el cambio de acorde. Si rasguea el acorde de esa manera, los dedos segundo y tercero simplemente han de moverse sobre una cuerda.

✔ ***Michael, Row the Boat Ashore:*** Para tocar *Michael, Row the Boat Ashore,* necesita saber cómo tocar los acordes de *do*, *re* m, *mi* m, *fa* y *sol* (Véase la sección "Rasguear acordes de la familia de *do*", en este capítulo); cómo tocar un rasgueo sincopado con corcheas (véase la sección "Rasguear acordes de la familia de *do*", anteriormente en este capítulo), y qué era un *hootenanny*.

El esquema de rasgueo aquí es *sincopado*. El rasgueo que normalmente habría de ejecutar en el tercer tiempo está *anticipado*, lo que significa que en realidad llega medio tiempo antes. Esta clase de síncopa le da a la canción un aire latino. Escuche el MP3 para oír el ritmo del rasgueo. Recuerde, en los acordes de *re* m y *fa* no se tocan las dos cuerdas más bajas (la 5ª y la 6ª). Para el acorde de *do*, no toque la cuerda más baja (la 6ª).

Pista 3

Kumbaya

Swing Low, Sweet Chariot

Auld Lang Syne

Pista 6

Michael, Row the Boat Ashore

Diviértase con los acordes básicos mayores y menores: la progresión "clásica"

Como prometíamos en la introducción de este capítulo, conociendo los acordes básicos mayores y menores usted podrá tocar muchas canciones conocidas. Algo fantástico que puede hacer ahora mismo es tocar canciones clásicas de finales de los años cincuenta y principios de los sesenta, como *Stay* y *All I Have to Do Is Dream*. Estas canciones utilizan una progresión que llamaremos *progresión clásica*, porque muchos temas clásicos del pop están basados en ella. La progresión clásica es una serie de cuatro acordes que se repiten una y otra vez componiendo el acompañamiento de una canción.

Puede tocar la progresión clásica en cualquier tonalidad, pero las mejores tonalidades para esta progresión, en guitarra, son *do* y *sol*. En la tonalidad de *do*, los cuatro acordes que conforman la progresión son *do-la* m-*fa-sol*. En la tonalidad de *sol*, los acordes son *sol-mi* m-*do-re*. Intente ejecutar la progresión en las dos tonalidades tocando cuatro rasgueos descendentes por acorde. Toque los cuatro acordes repetidamente siguiendo la secuencia presentada. Si necesita ayuda con las digitaciones de estos acordes, revise las secciones "Tocar acordes de la familia de *do*" y "Tocar acordes de la familia de *sol*", en este capítulo.

Una vez se ponga a cantar estos temas clásicos acompañándose a sí mismo con la guitarra siguiendo la progresión clásica, le garantizamos momentos de pura diversión. Al cantar una canción determinada, se encontrará con que una de las tonalidades (*do* o *sol*) se adapta mejor a su ámbito vocal (la altura de su voz), así que use esa tonalidad. Tocar clásicos se puede convertir en algo adictivo y lo bueno es que, si no es capaz de parar, desarrollará esos callos muy rápidamente.

En algunas canciones se rasguean cuatro veces los acordes (un acorde por compás); en otras se rasguean ocho o dos. Aquí tiene una lista de canciones que puede tocar ahora mismo con la progresión clásica. Junto a ellas le mostramos cuántas veces se rasguea cada acorde. No se olvide de cantar. ¡Diviértase!

> ✔ *All I Have to Do Is Dream.* Dos rasgueos por acorde.
>
> ✔ *Blue Moon.* Dos rasgueos por acorde.
>
> ✔ *Breaking Up Is Hard to Do.* Dos rasgueos por acorde.

✔ *Come Go with Me.* Dos rasgueos por acorde.

✔ *Duke of Earl.* Cuatro rasgueos por acorde.

✔ *Earth Angel.* Dos rasgueos por acorde.

✔ *Heart and Soul.* Dos rasgueos por acorde.

✔ *Hey Paula.* Dos rasgueos por acorde.

✔ *In the Still of the Night.* (La de los Five Satins, no la de Cole Porter.) Cuatro rasgueos por acorde.

✔ *Little Darlin'.* Ocho rasgueos por acorde.

✔ *Poor little Fool.* Cuatro rasgueos por acorde.

✔ *Runaround Sue.* Ocho rasgueos por acorde.

✔ *Sherry.* Dos rasgueos por acorde.

✔ *Silhouettes.* Dos rasgueos por acorde.

✔ *Stay.* Dos rasgueos por acorde.

✔ *Take Good Care of My Baby.* Cuatro rasgueos por acorde.

✔ *Tears on My Pillow.* Dos rasgueos por acorde.

✔ *Teenager in Love.* Cuatro rasgueos por acorde.

✔ *What's Your Name.* Dos rasgueos por acorde.

✔ *Why Do Fools Fall in Love?* Dos rasgueos por acorde.

✔ *You Send Me.* Dos rasgueos por acorde.

Capítulo 5

Tocar melodías sin leer música

En este capítulo

▶ Leer tablaturas

▶ Digitar correctamente con la mano izquierda

▶ Usar el puntero alternativo

▶ Tocar canciones con notas sueltas

La mayoría de los libros de guitarra le presentan melodías como un medio para enseñarle a leer música. A veces, el objetivo básico de muchos manuales de guitarra no es que usted aprenda realmente a tocar la guitarra, sino enseñarle solfeo por medio de la guitarra. La diferencia es sustancial.

Si usted aprende a tocar la guitarra mediante un manual, acabará tocando cancioncillas infantiles rítmicamente cuadradas. Pero si aprende a tocar como lo hacen muchos guitarristas (gracias a amigos que les enseñan trucos o de oído), acabará tocando *Smoke on the Water, Sunshine of Your Love, Blackbird* y el repertorio completo de Neil Young. Con esto queremos recordarle (de nuevo) que no hace falta saber solfeo para tocar la guitarra.

A ver, tampoco nos engañemos, leer música es una habilidad muy positiva. Pero el propósito de este capítulo no es el de enseñarle a leer música, sino conseguir que toque. Si tenemos que enseñarle un *lick* o una frase musical, utilizaremos la tablatura, un sistema de notación especial pensado especialmente para enseñar a *tocar la guitarra*. O le remitiremos al MP3 para que pueda oír ese fragmento. O las dos cosas.

En este capítulo le presentamos algunas melodías, principalmente para que sus manos se vayan acostumbrando a tocar notas sueltas.

De ese modo, cuando usted decida que quiere tocar como un guita-rrista *de verdad* —alguien capaz de combinar acordes, melodías, *riffs* y *licks* en un todo integrado— ya estará preparado para la acción.

Por cierto, un *lick* es una frase melódica corta, a menudo improvisada y que se toca sólo una vez. Un *riff* es una frase melódica corta que a menudo es compuesta para ser la principal figura de acompañamiento de una canción (ahora ya entenderá a alguien que le pregunte: "¿Sabes tocar el *riff* de *Day Tripper*?").

Leer tablaturas mientras escucha los archivo MP3 de la web

Los números colocados en la tablatura le indican qué trastes y qué cuerdas tiene que pisar con la mano izquierda. Un 0 indica una cuer-da al aire. Si escucha el MP3, oirá cuándo tiene que tocar las notas indicadas. Y para estar más seguros y ser más concienzudos, también incluimos la notación estándar por las siguientes razones:

✔ Para aquellos que ya saben solfeo.

✔ Para aquellos que tienen pensado leer el apéndice A (sobre cómo leer música) y aplicar lo que aprendan.

✔ Para aquellos que quieran aprender a leer música de forma gra-dual (al menos, si no por un estudio riguroso, por ósmosis) escu-chando el MP3 y siguiendo la notación rítmica.

✔ Para nosotros, los autores, porque nos pagan por página.

¿Arriba o abajo?

La música de este libro está transcrita con una doble notación: el pentagrama arriba y la tablatura abajo. El pentagrama es para los que sepan solfeo o estén interesados en la notación estándar. La represen-tación que hay debajo del pentagrama muestra la misma información (menos el ritmo) en forma de tablatura. He aquí cómo funciona la tablatura.

La línea de arriba de la tablatura representa la cuerda *más aguda* de la guitarra (*mi* agudo). Este posicionamiento de las cuerdas en la ta-blatura puede desconcertarle por un momento, al ser en realidad la cuerda más alta de la tablatura (la 1ª) la cuerda más cercana al suelo cuando sostenemos la guitarra en posición de tocar. Pero créanos, el sistema es más intuitivo de esta manera; una vez que se haya hecho a la idea no volverá a pensar en ello. Por cierto, si sostiene la guitarra tumbada sobre su regazo, con el diapasón orientado hacia al techo, la *1ª* cuerda es la más alejada de usted, como lo está la línea superior usted mira la tablatura en la página. Revise la "Guía rápida" al principio del libro y verá en ella una representación visual de este concepto.

Sigamos adelante: la segunda línea desde arriba representa la 2ª cuerda (*si*) y así hasta llegar abajo a la última línea de la tablatura, que representa la 6ª cuerda (*mi* grave) de la guitarra.

En las tablaturas, las líneas representan cuerdas y los números representan los trastes. Sin embargo, las tablaturas no nos dicen qué dedos de la mano izquierda debemos usar. (Tampoco lo hace la notación estándar.) Pero más adelante hablaremos sobre las digitaciones.

¿Derecha o izquierda?

Igual que cuando leemos un texto o una partitura, al leer una tablatura empezamos por la izquierda y avanzamos hacia la derecha. Si tomamos la figura 5-1 como ejemplo, empiece con la 1ª nota, que se toca sobre el primer traste en la 2ª cuerda. La colocación del número de tablatura en la segunda línea le indica que debe tocar la cuerda de Si (la que está al lado del *mi* agudo), y el número 1 le indica que debe colocar el dedo en el primer traste. Adelante, toque esa nota y a continuación prosiga con la siguiente nota, que está también en la 2ª cuerda, primer traste. Siga leyendo hacia la derecha, tocando las notas en orden, hasta que llegue al final. (No se preocupe por ahora por los símbolos que hay encima de los números: los explicamos en la sección "Punteo alternado", más adelante en este mismo capítulo.) Las líneas verticales que aparecen en la tablatura después de unas cuantas notas son *barras de compás*. Dividen el esquema en pequeñas unidades de tiempo llamadas *compases*. Los compases le ayudan a contar los tiempos y a dividir la música en unidades más pequeñas y manejables. En la figura 5-1 aparecen cuatro compases de cuatro tiempos cada uno. Para más información sobre tiempos y compases véase el apéndice A .

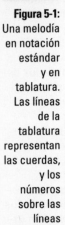

Figura 5-1:
Una melodía
en notación
estándar
y en
tablatura.
Las líneas
de la
tablatura
representan
las cuerdas,
y los
números
sobre las
líneas
representan
los números
de traste

Una vez entendidos los conceptos de arriba y abajo e izquierda y derecha en la tablatura, y también que las líneas indican cuerdas y los números sobre las líneas señalan la posición en el diapasón, puede escuchar el MP3 y seguir (y tocar) con facilidad las tablaturas. Los dos medios, el MP3 y la página impresa, se refuerzan mutuamente. Por si todavía no se ha percatado, está usted aprendiendo a tocar la guitarra de forma multimedia. (Envíenos por correo un comprobante de compra y nosotros le enviaremos también unas gafas de realidad virtual. ¡No se asuste, estamos bromeando!)

Digitación con la mano izquierda

Una vez que haya entendido cómo leer tablaturas, ya sabrá qué trastes presionar, pero puede que todavía no tenga ni idea de qué dedos emplear para presionar en los trastes. Bien, podemos aclarárselo bastante rápido. A menudo no es necesaria ninguna notación que le aclare qué dedos hay que utilizar, porque la mayoría de las veces usted toca en posición. Espere un momentito y entenderá.

En guitarra, una *posición* es un grupo de cuatro trastes consecutivos; por ejemplo, los trastes 1, 2, 3, y 4, ó 5, 6, 7 y 8. El primer traste de la serie de cuatro marca el comienzo de una nueva posición; por ejemplo, los trastes 2, 3, 4 y 5 o los trastes 3, 4, 5 y 6, etcétera, también son posiciones. La manera más fácil para empezar a tocar melodías con la guitarra es hacerlo en *primera* o *segunda posición* (es decir, utilizando los trastes del 1 al 4 o los trastes del 2 al 5), porque estas posiciones están cerca de la cejuela, lo que le permite alternar con facilidad las cuerdas al aire con las notas pisadas para tocar una melodía.

La *posición abierta*, o *al aire*, consiste en la combinación de todas las cuerdas al aire más las notas de la primera o segunda posición, del mismo modo que los acordes que tocamos en la parte baja del diapasón usando cuerdas al aire (*la*, *re*, *mi* m, etcétera) son conocidos como *acordes abiertos* o *acordes al aire*. (Para más información sobre los acordes abiertos, véase el capítulo 4.)

En cualquier posición, cada uno de los dedos toca las notas de un traste concreto y sólo de ese traste. El dedo índice siempre toca las notas del traste más bajo en esa posición (es decir, más cercano a la cejuela), con los demás dedos cubriendo los trastes siguientes en orden sucesivo. En la primera posición, por ejemplo, los números de los trastes se corresponden con los dedos: el primer dedo (el dedo índice) toca notas del primer traste; el segundo dedo (el dedo medio o corazón) toca las notas del segundo traste, y así sucesivamente. Utilizar un dedo por traste permite cambiar rápidamente de una nota a otra.

Cuando toque las melodías en posición abierta de este capítulo, asegúrese de colocar correctamente los dedos de la mano izquierda, como indicamos aquí:

✔ Presione la cuerda con la yema del dedo justo *delante* del traste metálico (del lado más próximo a la caja).

✔ Mantenga la última falange del dedo perpendicularmente (o lo más perpendicular posible) al diapasón.

Punteo alternado

Para tocar una canción empleamos las dos manos a la vez. Después de decidir qué notas tocar con la mano izquierda, necesitamos saber cómo golpear las cuerdas con la mano derecha.

Podemos usar una púa o los dedos de la mano derecha para tocar notas sueltas; de momento utilice la púa, sosteniéndola con firmeza entre el dedo pulgar y el índice (perpendicular al pulgar y con sólo la punta sobresaliendo). Vea el capítulo 3 para más información sobre cómo sujetar la púa. (Explicaremos cómo se toca con los dedos en los capítulos 12 y 13.)

El *punteo alternado* es una técnica de punteo con la mano derecha que emplea tanto *golpes descendentes* (o púa abajo, hacia el suelo) como *golpes ascendentes* (o púa arriba, hacia el techo). La ventaja del punteo alternado es que le permite tocar notas rápidas y sucesivas de una manera fluida. Cuando tenga que tocar notas individuales con relativa rapidez casi siempre será necesario el punteo alternado.

Trate de llevar a cabo el siguiente experimento:

1. **Sujete la púa entre el dedo pulgar y el dedo índice de la mano derecha.**

   De nuevo, consulte el capítulo 3 para más información sobre cómo sostener la púa.

2. **Utilizando sólo golpes descendentes, puntee la 1ª cuerda al aire repetidamente tan rápido como pueda (abajo-abajo-abajo-abajo, etcétera).**

   Intente tocar lo más suave y uniformemente posible.

3. **Ahora intente hacer lo mismo pero alternando golpes descendentes y golpes ascendentes (abajo-arriba-abajo-arriba, etcétera).**

   Este movimiento alterno es mucho más rápido y suave, ¿verdad?

La razón por la que se puede tocar más rápido con el punteo alterno está clara. Para ejecutar dos golpes descendentes sucesivos hace falta hacer pasar la púa por encima de la cuerda de Mi. Pero si, en lugar de esquivar la cuerda, la pulsa con la púa en el camino de vuelta (utilizando un golpe ascendente), podrá usted alcanzar una velocidad considerable.

Compruebe que entiende el concepto de punteo alternado siguiendo los pasos siguientes. Los símbolos de golpe descendente (púa abajo) y golpe ascendente (púa arriba) son los mismos que se emplearon para el rasgueo en el capítulo 4.

Para ejecutar un golpe descendente (el símbolo ⊓ por encima de la tablatura) siga estos pasos:

1. **Empiece con la púa ligeramente por encima de la cuerda (hacia el techo).**

2. **Pulse la cuerda con la púa en un movimiento descendente (hacia el suelo).**

Para tocar un golpe ascendente (el símbolo por encima de la tablatura), siga estos pasos:

1. **Empiece con la púa debajo de la cuerda (hacia el suelo).**

2. **Pulse la cuerda con la púa en un movimiento ascendente (hacia el techo).**

La melodía que usamos como ejemplo de tablatura en la figura 5-1 es la melodía de *Old Macdonald Had a Farm*. Intente tocar esa melodía para ver cómo suena. Primero toque la melodía lentamente, empleando sólo golpes descendentes. Después tóquela más rápidamente, utilizando el punteo alternado, como indican los símbolos situados sobre la tablatura. Púa aquí, púa allá...

Tocar canciones con melodías sencillas

Todas los compases o ritmos de las canciones del capítulo 4 son 4/4. Las canciones de este capítulo, en cambio, están en diversos compases. (El compás nos indica cuántos tiempos hay en cada compás o medida: 4, 3, 2, etc.; consulte el apéndice A para más información sobre tiempos y compases.) Todas estas canciones se tocan en posición abierta. (Véase la sección "Digitación con la mano izquierda", en este mismo capítulo.)

Posiblemente ya conozca las canciones de este capítulo, pero nunca habrá pensado en ellas en un sentido musical (en qué compás están y qué ritmos utilizan), y casi seguro que nunca se le ocurrió verlas en "I-A-I-A-O", una alternancia de golpes descendentes y ascendentes.

El hecho de que un puñado de canciones tradicionales supuestamente sencillas (melodías sobre las que nunca había vacilado anteriormente) ahora le hagan sentirse lento y torpe al intentar tocarlas puede resultar un poquito desalentador. Pero el aprendizaje de la guitarra es un proceso acumulativo. Toda técnica que aprenda, aunque sea a base de canciones infantiles, es aplicable a *todas* las canciones que utilicen esas mismas técnicas, desde Van Morrison hasta Beethoven, desde *Moondance* hasta la sonata *Claro de Luna*. Afronte con firmeza la parte técnica y todo llegará, ya lo verá.

Aquí le ayudamos ofreciéndole algunas informaciones útiles sobre las canciones:

✔ *Little Brown Jug:* Para tocar esta canción, necesita saber contar dos tiempos por compás (véase el apéndice A y escuche el MP3); cómo tocar notas en primera posición (véase la sección "Digitación con la mano izquierda", en este capítulo), y cómo hacer que una canción sobre la borrachera suene como si fuera para niños pequeños.

Esta canción tiene sólo dos tiempos por compás (no cuatro). La indicación de compás (2/4) así se lo indica. Toque todas las notas de la primera posición usando cada uno de los dedos de la mano izquierda sobre el traste correspondiente (es decir, utilice el primer dedo para el primer traste, el segundo dedo para el segundo traste, etc.). Siga las indicaciones ⊓ y V que aparecen sobre los números de tablatura para saber cuándo tocar púa abajo o púa arriba. La abreviatura *sim.* quiere decir que debe seguir el mismo patrón de punteo el resto de la canción.

✔ *On Top of Old Smoky:* Para tocar esta canción es preciso que cuente tres tiempos por compás (vea el apéndice A y escuche el MP3); tocar notas en primera posición (véase la sección "Digitación con la mano izquierda", en este capítulo), y hacer que una canción sobre la infidelidad suene ingenua y caprichosa.

Esta vieja y conocida canción tiene tres tiempos por compás, como indica el compás (3/4). Se toca en posición abierta es decir, aquella que combina la primera posición con las cuerdas al aire. Coloque los dedos de la mano izquierda sobre los trastes correspondientes. En esta canción no incluimos ningún símbolo para los punteos arriba-abajo; siga su propio criterio y toque las notas de la forma que le resulte más natural. Algunas de estas notas se pueden tocar empleando tanto golpes ascendentes como descendentes.

✔ *Swanee River:* Para tocar esta canción es preciso que sepa contar cuatro tiempos por compás (vea el apéndice A y escuche el MP3); cómo digitar notas en segunda posición (véase la sección "Digitación con la mano izquierda", en este capítulo), y cómo sonar políticamente correcto al tocar una canción sobre una vieja plantación sureña.

Esta añeja melodía del Sur de Estados Unidos tiene cuatro tiempos por compás, como puede apreciar en la indicación de compás (4/4). Toque la canción usando la posición abierta que combina la *segunda posición* con las cuerdas al aire, es decir, el primer dedo toca las notas del segundo traste, el segundo dedo toca las notas del tercer traste, y el tercer dedo toca las notas del cuarto traste. También puede tocar la canción empleando la *primera posición* con cuerdas al aire, pero tocarla de esta manera es mucho más difícil. (Los dedos 1 y 3 son más fuertes que los dedos 2 y 4.) Trate de hacerlo si no nos cree. ¿Lo ve? ¡Se lo dijimos! (Ah, y consulte la sección "Digitación con la mano izquierda", en este capítulo, si no tiene ni idea de las posiciones en que tiene que tocar aquí.)

Fíjese en los símbolos para el punteo arriba-abajo que están sobre la tablatura. Toque golpes descendentes ⊓ en las notas que coinciden con los tiempos del compás y golpes ascendentes V en las que caen entre tiempos. De nuevo, *sim.* significa que siga tocando según el mismo patrón de punteo hasta el final. Por cierto, el verdadero título de esta canción escrita por Stephen Foster es *Old Folks at Home*, pero la mayoría de la gente la conoce simplemente como *Swanee River*.

Pista 8

Little Brown Jug

Pista 9

On Top of Old Smoky

Pista 10

Swanee River (Old Folks at Home)

Capítulo 6

Un poco de sabor: acordes de séptima básicos

- -

En este capítulo

▶ Acordes de séptima de dominante

▶ Acordes de séptima menor

▶ Acordes de séptima mayor

▶ Canciones que emplean acordes de séptima

▶ Diviértase con los acordes de séptima

- -

En este capítulo le enseñaremos cómo tocar lo que se conoce como *acordes de séptima* en posición abierta. Los acordes de séptima no son más difíciles de tocar que los sencillos acordes mayores o menores que describimos en el capítulo 4, pero su *sonido* es más complejo que el de los acordes mayores o menores (porque están formados por cuatro notas diferentes en lugar de tres) y su uso en música es un poco más especializado.

Es parecido a lo que sucede con los cuchillos de cocina. Con un cuchillo grande y afilado puede cortar tanto una pizza como una piña, pero si pasa mucho tiempo cortando alguna de estas dos cosas, se dará cuenta de que le vendrá mejor el cuchillo de filo circular para la pizza y el cuchillo de carnicero para la piña. Puede que estos utensilios no sean tan versátiles o tan habituales como los cuchillos de uso general, pero si queremos preparar una pizza al estilo hawaiano, son insuperables. Cuanto más avance en sus habilidades culinarias, más apreciará la cubertería especializada. Y cuanto más desarrolle sus habilidades auditivas, mejor entenderá cuándo conviene sustituir los acordes mayores y menores habituales por acordes de séptima. Los diferentes acordes de séptima son los responsables de hacer que el blues "suene a blues" y el jazz "suene a jazz".

Existen diferentes tipos de acordes de séptima, cada uno de ellos tiene su sonido o carácter particular. En este capítulo le presentaremos los tres tipos más importantes de acordes de séptima que encontrará a lo largo de su trayectoria guitarrística: los de séptima dominante, los de séptima menor y los de séptima mayor.

Acordes de séptima dominante

Dominante es un nombre técnico bastante curioso para un acorde, ¿verdad? Se refiere a aquellos acordes cuyo nombre se compone del nombre de la nota y un "siete" añadido. Al referirnos a *do* 7 ("*do* séptima") o *la* 7 ("*la* séptima"), por ejemplo, estamos hablando de acordes de séptima dominante.

En realidad, el término *dominante* hace referencia al quinto grado de una escala mayor, pero no se preocupe por la teoría.

Lo importante es que llame por su nombre a los acordes de "séptima dominante" para distinguirlos de otros tipos de acordes de séptima (séptimas menores y séptimas mayores). Por cierto, el término "dominante" no tiene nada que ver con collares de pinchos ni otros artilugios de cuero. Puede oír el sonido de los acordes de séptima dominante en canciones como *Wooly Bully*, de Sam the Sham and the Pharaohs, y *I Saw Her Standing There*, de los Beatles.

re 7, sol 7 y do 7

Los acordes de *re* 7, *sol* 7 y *do* 7 se encuentran entre los acordes abiertos de séptima dominante más comunes. (Para más información sobre acordes abiertos, véase el capítulo 4.) La figura 6-1 le muestra los diagramas de estos tres acordes, que los guitarristas a menudo utilizan juntos al tocar canciones.

Si ya sabe tocar *do* (que le fue presentado en el capítulo 4), puede tocar *do* 7 simplemente añadiendo el meñique en la 3ª cuerda (en el tercer traste).

Tenga en cuenta la presencia de las X en las cuerdas 5ª y 6ª en el acorde de *re* 7. No pulse esas cuerdas al rasguear. Del mismo modo, evite tocar la 6ª cuerda en el acorde de *do* 7.

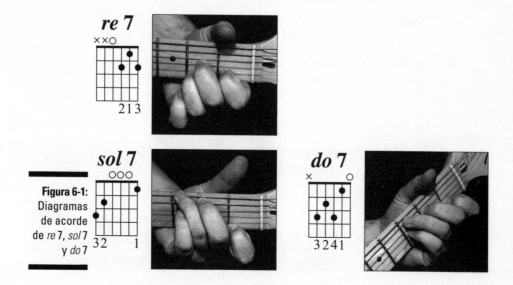

Figura 6-1:
Diagramas
de acorde
de *re* 7, *sol* 7
y *do* 7

Practique rasgueando *re* 7, *sol* 7 y *do* 7. Para este ejercicio no necesita tener la música por escrito, nos fiamos de usted. Intente rasguear *re* 7 cuatro veces, *sol* 7 cuatro veces y *do* 7 otras cuatro veces. Su mano izquierda se tiene que acostumbrar a sentir y diferenciar las cuerdas por sí misma y a moverse por ellas.

Si quiere tocar una canción inmediatamente usando estos nuevos acordes, vaya a la sección "Tocar canciones con acordes de séptima", más adelante en este capítulo. Puede tocar por ejemplo *Home on the Range* con los acordes que acaba de aprender.

mi 7 y *la* 7

Otros dos acordes de séptima que a menudo usados juntos para tocar canciones son los acordes de *mi* 7 y *la* 7. La figura 6-2 muestra cómo tocar estos dos acordes de séptima al aire.

Si sabe cómo tocar *mi* (revise el capítulo 4), puede formar mi 7 simplemente quitando el tercer dedo de la 4ª cuerda.

Esta versión del acorde de *mi* 7, como muestra la figura, sólo necesita dos dedos. Puede tocar también un acorde de *mi* 7 en posición abierta con cuatro dedos (como explicamos en la siguiente sección). Por ahora, sin embargo, toque la versión con dos dedos del acorde, es más fácil de digitar rápidamente, especialmente si está usted empezando.

Practique *mi* 7 y *la* 7 rasgueando cada acorde cuatro veces. Recuerde que tiene que evitar pulsar la 6ª cuerda en el acorde de *la* 7.

Si quiere tocar ahora mismo una canción que utilice estos dos acordes abiertos de séptima, acuda a la sección "Tocar canciones con acordes de séptima", más adelante en este capítulo, y toque *All Through the Night*.

 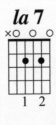 

Figura 6-2:
Diagramas
de acorde
de *mi* 7 y
la 7

Mi 7 (con cuatro dedos) y si 7

Dos de los acordes de séptima abiertos más utilizados son la versión con cuatro dedos del acorde de *mi* 7 y el acorde de *si* 7. La figura 6-3 le indica cómo digitar los acordes de *mi* 7 (4 dedos) y *si* 7. La mayoría de la gente piensa que este *mi* 7 tiene una *disposición de voces* (esto es, la ordenación vertical de las notas) mejor que el *mi* 7 de dos dedos. A menudo se usa el acorde de *si* 7 junto con el de *mi* 7 para tocar algunas canciones. Recuerde que tiene que evitar pulsar la 6ª cuerda en el acorde de *si* 7.

Si ya sabe cómo tocar el acorde *mi* (véase el capítulo 4), puede formar *mi* 7 añadiendo simplemente su meñique al tercer traste de la 2ª cuerda.

Practique estos acordes rasgueando cada uno cuatro veces, alternando una y otra vez. Al hacerlo, fíjese en cómo el segundo dedo toca la misma nota en el mismo traste en los dos acordes, en el segundo traste de la 5ª cuerda. Es una nota común (es decir, compartida por los dos acordes). Al cambiar de un acorde al otro, mantenga siempre el dedo apretando la 5ª cuerda (así el cambio será más fácil). Atención: mantenga siempre las notas comunes cuando esté cambiando entre acordes. Proporcionan estabilidad a la mano izquierda.

Para aplicar estos acordes a una canción, salte a la sección "Tocar canciones con acordes de séptima", más adelante en este capítulo, y toque *Over the River and Through the Woods*.

Figura 6-3:
Diagramas
de acorde
de *mi* 7
(versión
con cuatro
dedos) y *si* 7

mi 7

si 7

Acordes de séptima menor: Re 7, Mi m 7 y La m 7

Los acordes de séptima menor difieren de los acordes de séptima dominante en que su carácter es más dulce y suave, como de jazz. Puede escuchar acordes de séptima menor en *Moondance*, de Van Morrison, o *Light My Fire*, de the Doors.

La figura 6-4 muestra diagramas para los tres acordes de séptima menor en posición abierta. (Véase el capítulo 8 y el apéndice B para más acordes de séptima menor.)

Observe que *re* m 7 requiere una *cejilla* de dos cuerdas, es decir, pisar dos cuerdas con un solo dedo (el primer dedo, en este caso) en el primer traste. Inclinar el dedo ligeramente o hacerlo girar sobre su costado puede ayudarle a pisar esas notas firmemente y a eliminar cualquier zumbido al tocar el acorde. Las cuerdas 5ª y 6ª presentan sendas X encima. No pulse esas cuerdas al rasguear.

La digitación del acorde de *la* m 7 es bastante similar a la del acorde de Do que le mostramos en el capítulo 4; simplemente levante el tercer dedo del acorde de *do* y ya tiene un acorde de *la* m 7. Al cambiar entre los acordes de *do* y *la* m, recuerde mantener las dos notas comunes con los dedos primero y segundo, de esta manera podrá cambiar de acordes con mayor rapidez. Y si ya sabe tocar el acorde de *fa* (véase el capítulo 4), puede formar el de *re* m 7 con sólo retirar el tercer dedo.

re m 7

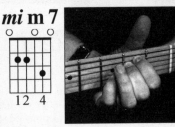

Figura 6-4:
Diagramas
de acorde
de *re* m 7,
mi m 7 y
la m 7

mi m 7

la m 7

Acordes de séptima mayor: *do* M 7, *fa* M 7, *la* M 7 y *re* M 7

Los acordes de séptima mayor difieren de los acordes de séptima dominante y de los acordes de séptima menor en que su carácter es brillante y animado. Puede oír este tipo de acorde al principio de *Ventura Highway*, de América, y de *Don't Let the Sun Catch You Crying*, de Gerry and the Pacemakers.

La figura 6-5 muestra cuatro acordes de séptima mayor en posición abierta. (Para más acordes de séptima mayor, véanse el capítulo 8 y el apéndice B.)

Fíjese en que *re* M 7 usa una cejilla de tres cuerdas con el primer dedo. Si hace girar levemente el primer dedo sobre su lado, el acorde será algo más fácil de tocar. No toque las cuerdas 6ª o 5ª al tocar *re* M 7 o *fa* M 7 (fíjese en las X en los diagramas de la figura 6-5). Y no toque la 6ª cuerda en *la* M 7 ni en *do* M 7.

Al pasar de *do* M 7 a *fa* M 7 y viceversa, fíjese en que los dedos segundo y tercero se mueven de forma similar. El primer dedo no pisa ninguna cuerda en el acorde de *do* M 7, pero manténgalo doblado y preparado para pisar el primer traste de la 2ª cuerda, de modo que pueda bajarlo rápidamente al pasar a *fa* M 7.

Practique pasando una y otra vez (rasgueando cuatro veces cada uno) de *do* M 7 y *fa* M 7 y de *la* M 7 y *re* M 7.

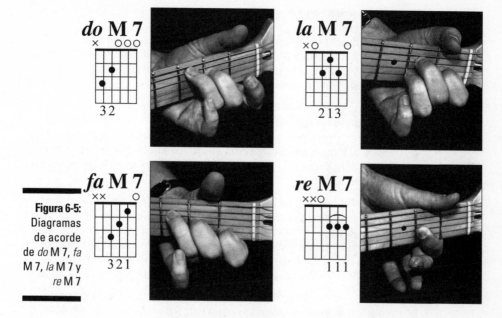

Figura 6-5:
Diagramas
de acorde
de *do* M 7, *fa*
M 7, *la* M 7 y
re M 7

Canciones con acordes de séptima

Escuche el MP3 para oír el ritmo de los rasgueos de estas canciones mientras sigue el cifrado rítmico de barras en la parte de la guitarra. Si tiene dificultades para recordar cómo rasguear los acordes, arranque la "Guía rápida" que se encuentra al principio del libro y consulte el dorso de la hoja (no se preocupe, está pensada para ser arrancada). No intente tocar la línea vocal. Aparece sólo a modo de referencia.

Aquí le ofrecemos alguna información de utilidad sobre las canciones:

✔ ***Home on the Range:*** Para tocar *Home on the Range* es necesario que sepa tocar los acordes de *do*, *do* 7, *fa*, *re* 7 y *sol* 7 (consulte el capítulo 4 para los acordes de *do* y *fa*, y la sección "Acordes de séptima dominante", en este mismo capítulo, para los demás); cómo tocar un patrón "bajo rasgueo rasgueo", y cómo aullar como un coyote.

Sobre las barras rítmicas oblicuas de la notación musical puede ver las palabras *Bajo rasgueo rasgueo*. En lugar de rasguear el acorde en los tres tiempos, toque sólo la nota más grave del acorde en el primer tiempo, y después rasguee las restantes notas del acorde en los tiempos 2 y 3. El *sim.* quiere decir que siga tocando según esta pauta.

✔ *All Through the Night:* Para tocar *All Through the Night* tiene que saber cómo se tocan los acordes de *re*, *mi* 7, *la* 7 y *sol* (consulte el capítulo 4 para los acordes de *re* y de *sol*, así como la sección sobre los acordes de *mi* 7 y *la* 7 en este capítulo); cómo leer los símbolos de repetición, y cómo no quedarse dormido al son de esta canción de cuna.

En la notación de la música verá unos símbolos de repetición, le indican que toque determinados compases dos veces. En este caso, se tocan los compases 1, 2, 3 y 4 y después los compases 1, 2, 3 y 5. Para más información sobre los símbolos de repetición véase el apéndice A. Para esta canción use el acorde de *mi* 7 con dos dedos.

✔ *Over the River and Through the Woods:* Para tocar *Over the River and Through the Woods* necesitará saber cómo se tocan los acordes de *la*, *re*, *mi* 7 y *si* 7 (consulte el capítulo 4 para los acordes de *la* y de *re* y la sección sobre *si* 7 y la versión con cuatro dedos de *mi* 7, en este capítulo); cómo rasguear en compás de 6/8 (véase el siguiente párrafo), y cómo llegar a casa de la abuela.

El compás de 6/8 le da un aire cantarín a la canción (algo así como si la música trotara o cojeara). *When Johnny Comes Marching Home Again* es otra canción conocida que se toca en compás de 6/8. (Consulte el apéndice A para más información sobre compases.) Cuente sólo dos tiempos por compás y no seis (a no ser que quiera sonar como un conejo que se ha tomado tres cafés). Emplee el acorde de *mi* 7 con cuatro dedos en esta canción.

✔ *It's Raining, It's Pouring:* Para tocar "It's Raining, It's Pouring", tiene que saber tocar los acordes de *la* M 7 y *re* M 7 (consulte la sección "Acordes de séptima mayor", en este capítulo) y también cantar con una voz quejumbrosa y hasta molesta.

Esta canción es una versión sofisticadas de la vieja canción infantil *It's Raining, It's Pouring,* también conocida como el sonsonete "Pepito es un gallina" (o cualquier otro suplicio infantil que usted recuerde). Los acordes de séptima mayor de esta canción suenan animados y pueden darle un toque de modernidad a cualquier canción. Utilice sólo golpes descendentes en los rasgueos.

✔ *Oh, Susanna:* Para tocar *Oh, Susanna* necesita saber tocar los acordes de *do* M 7, *re* m 7, *mi* m 7, *fa* M 7, *la* m 7, *re* 7, *re* m 7, *sol* 7 y *do* (consulte el capítulo 4 para el acorde de *do* y varias secciones anteriores de este capítulo para los diferentes acordes de séptima) y cómo viajar por el Sur de Estados Unidos con un banjo y un sombrero de vaquero.

Este arreglo de *Oh, Susanna,* emplea tres tipos de acordes de séptima: acordes de séptima dominante (*re* 7 y *sol* 7), de séptima menor (*re* m 7, *mi* m 7 y *la* m 7) y de séptima mayor (*do* M 7 y *fa* M 7). El empleo de acordes de séptima menor y de séptima mayor le da a la canción un sonido innovador. Para que no piense que nos hemos sacado de la manga este intento de "animar" una sencilla canción folk, escuche la hermosa interpretación que James Taylor hace de *Oh, Susanna* en su álbum *Sweet Baby James* (1970); podrá oír una interpretación similar del tema. Hasta consigue decir "banjo" sin parecer sensiblero. Para rasguear, utilice sólo golpes descendentes.

Pista 11

Home on the Range

Pista 12

All Through the Night

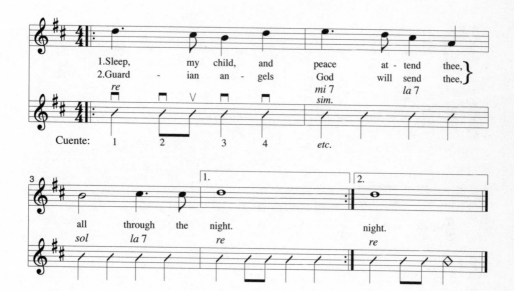

1.Sleep, my child, and peace at - tend thee,}
2.Guard - ian an - gels God will send thee,}

re *mi 7* *la 7*
sim.

Cuente: 1 2 3 4 etc.

all through the night. night.
sol *la 7* *re* *re*

Pista 13

Over the River and Through the Woods

Pista 14

It's Raining, It's Pouring

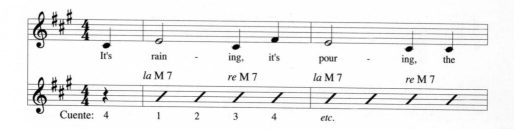

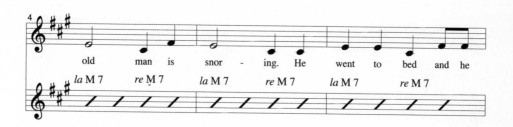

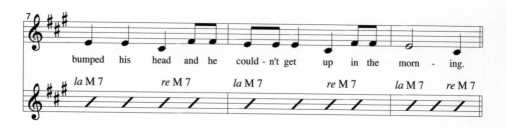

Pista 15

Oh, Susana

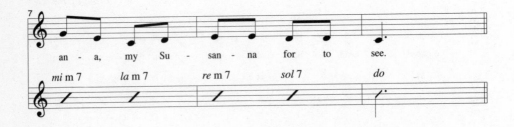

Diviértase con los acordes de séptima: el blues de doce compases

En esto de tocar la guitarra no todo son canciones populares o infantiles, ¿sabe? A veces puede aprender cosas muy interesantes. ¿Y qué hay más interesante que el blues? Sólo con conocer unos cuantos acordes de séptima dominante y con ser capaz de rasguear cuatro tiempos por compás, ya tiene usted los fundamentos básicos para tocar el 99 por ciento de los blues que se han escrito hasta hoy.

¿El 99 por ciento? ¡Pues sí! El blues de doce compases sigue una sencilla fórmula de acordes o *progresión* que incluye tres séptimas dominantes. Para esta progresión no necesita aprender ningún nuevo acorde o técnica; sólo es necesario que sepa qué tres acordes de séptima dominante debe tocar y en qué orden.

Tocar el blues de doce compases

La tonalidad de *mi* es una de las tonalidades más cómodas para tocar blues con la guitarra. La figura 6-6 muestra la progresión de acordes para un blues de doce compases en *mi*. Practique este patrón y familiarícese con la manera en que cambian los acordes en una progresión de blues.

Pista 16

Figura 6-6:
Una
progresión
de blues
de doce
compases
en *mi*

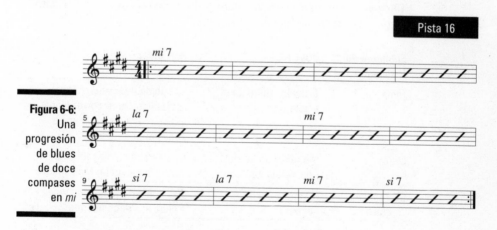

Entre los blues de doce compases más famosos se encuentran *Rock Around the Clock, Blue Suede Shoes, Roll Over Beethoven, Long Tall Sally, Kansas City, The Twist, The Peppermint Twist* y *Johnny B. Goode.* Puede tocar cualquiera de estas canciones inmediatamente con sólo cantarla y seguir el patrón indicado en la figura 6-6 con la guitarra. (Para más información sobre el blues de doce compases, consulte los capítulos 10 y 11.)

Escriba su propio blues

Es fácil escribir la letra de un blues. (Piense en cualquiera de las canciones de Little Richard.) Normalmente se trata de repetir un verso y después concluir con un último verso revelador:

Mi chica se ha ido y me ha robado a mi mejor amigo. Mi chica se ha ido y me ha robado a mi mejor amigo. Ahora estoy solo y llorando, la echo mucho de menos.

Intente componer una letra usted mismo, improvise una melodía y aplíquelas a la progresión de blues que hemos descrito aquí.

Como regla general, un buen blues tiene que incluir los siguientes elementos:

✔ Un tema relativo a las dificultades o injusticias.

✔ Un lugar o situación que lleva a la desgracia.

✔ Errores gramaticales.

Utilice la siguiente tabla para encontrar elementos que pueda combinar para sus propios blues.

Elemento de la canción	Buen blues	Mal blues
Tema	Traición, infidelidad, amuletos mágicos	La subida de los tipos de interés, la inminente corrección del mercado, la escasez de subvenciones
Lugar	Memphis, delta del Misisipi, la cárcel	Una estación de esquí, el palacio de la Zarzuela, McDonald's
Corrección lingüística	Mi chica me ha "dejao"	"Mi compañera ha sido insensible a mis necesidades"

¿Por qué no compone una canción usted mismo? Puede llamarla el *Blues del callo de la mano izquierda* y hablar de cómo esas viejas cuerdas le han destrozado las yemas de sus pobres dedos. Después consulte el capítulo 11 para más información sobre el blues.

Parte III

Más allá de lo básico: empiece a sonar bien

The 5th Wave   Rich Tennant

JIMI HENDRIX ELIGIENDO GUITARRA

En esta parte...

Una vez haya conseguido hacerse con los conocimientos básicos para tocar la guitarra y que sus dedos ya no chillen de dolor después de cada sesión de práctica, seguramente quiera querrá adentrarse en nuevos territorios. ¡Éste es el lugar adecuado para hacerlo! En el capítulo 7 aprenderá a tocar en diferentes posiciones para no verse obligado a dejar algunas cuerdas al aire. En el capítulo 8 le explicaremos todo lo referente a los acordes con cejilla, sumamente útiles porque, cuando los domine, podrá mover esos acordes a lo largo del diapasón para crear nuevos acordes. En el capítulo 9 encontrará algunos *licks* especiales para lucirse de verdad.

Capítulo 7

Toque melodías en posición y con dobles cuerdas

......

En este capítulo

▶ Tocar notas sueltas en posición

▶ Tocar dobles cuerdas por parejas de cuerdas

▶ Tocar dobles cuerdas a lo ancho del mástil

▶ Tocar canciones en posición y con dobles cuerdas

......

Una de las cosas por las que es posible detectar a un guitarrista principiante es porque sólo sabe tocar en la parte baja del mástil, en posición abierta, y sólo toca melodías con una única cuerda. A medida que uno va conociendo mejor a su guitarra, se da cuenta de que puede utilizar todo el mástil para expresar sus ideas musicales y de que no tiene porqué limitarse a puntear sólo notas sueltas.

En este capítulo le ayudaremos a aventurarse fuera del campamento base (posición abierta) para subir a las cumbres (otras posiciones). Por el camino también aprenderá la técnica de tocar dobles cuerdas.

Tocar en posición

Al escuchar la complicada música que tocan los virtuosos de la guitarra, posiblemente imagine una mano izquierda saltando desenfrenada por el diapasón. Pero por lo general, si ve a esos guitarristas en un escenario o en la televisión, descubrirá que la mano izquierda apenas se mueve. Esos guitarristas están tocando en posición.

Tocar en posición significa que la mano izquierda permanece en una posición fija en el mástil, con los dedos asignados de manera más o menos permanente a un traste concreto, y que se digitan todas las notas (no se toca ninguna cuerda al aire). Si se está tocando en *quinta posición*, por ejemplo, el primer dedo toca el quinto traste, el segundo dedo toca el sexto traste, el tercer dedo toca el séptimo traste y el cuarto dedo toca el octavo traste. Cada *posición*, por lo tanto, lleva el nombre del traste que toca el primer dedo.

Además de permitirle tocar notas donde mejor quedan y suenan en el diapasón, y no simplemente allí donde son más fáciles (como las notas en posición abierta). Su apariencia, al tocar en posición, será otra: ¡parecerá un experto! Piénselo así: en baloncesto, un tiro libre y un mate son dos puntos igualmente válidos, pero sólo con este último grita el locutor: "¡El público se ha vuelto loco!".

Tocar en posición vs tocar con cuerdas al aire

¿Por qué tocar en posición? ¿Por qué no utilizar siempre la posición abierta y las cuerdas al aire? Podemos darle dos motivos clave:

✔ **Es más fácil tocar melodías con notas altas.** Tocar en posición abierta le permite tocar sólo hasta el cuarto o quinto traste. Si quiere tocar más agudo, ejecutar en posición le permite tocar las notas de manera más suave y con mayor economía de movimientos.

✔ **Con un simple movimiento de la mano a otra posición puede transponer al momento cualquier patrón o frase que conozca a otra tonalidad.** Como tocar en posición supone que no haya cuerdas al aire, todo lo que usted toque en posición tendrá mayor *movilidad*.

La gente cree que tocar la guitarra en las posiciones más bajas es más fácil que tocarla en las posiciones más altas. Sin embargo, las notas más altas no son más difíciles de tocar; son sólo más difíciles de leer en la notación estándar si uno no ha llegado demasiado lejos en los manuales de técnica convencional (en los que se suele dejar para el final la lectura de las notas altas). Pero aquí usted no está centrándose en leer música, sino simplemente en tocar la guitarra, así que ya sabe, las notas altas le están esperando.

Tocar ejercicios en posición

La escala mayor (ya sabe, el conocido sonido *do-re-mi-fa-sol-la-si-do* que se obtiene tocando las teclas blancas del piano empezando por *do*) es un buen punto de partida para empezar a practicar las habilidades necesarias para tocar en posición. La figura 7-1 muestra una escala de *do* mayor en segunda posición. Aunque se puede tocar esta escala en posición abierta, tóquela como le indica la tablatura para empezar a practicar escalas en posición.

Figura 7-1:
Una octava de la escala de *do* mayor en segunda posición

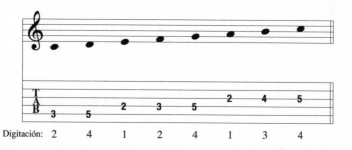

Digitación: 2   4   1   2   4   1   3   4

Lo más importante en lo que respecta a tocar en posición es la posición de la mano izquierda, y concretamente la de sus dedos. La lista siguiente contiene una serie de consejos para posicionar la mano izquierda y los dedos:

✔ **Mantenga los dedos sobre los trastes apropiados todo el tiempo que esté tocando.** Está en segunda posición en esta escala, así que mantenga en todo momento el primer dedo sobre el segundo traste, el segundo dedo sobre el tercer traste, el tercer dedo sobre el cuarto traste y el cuarto dedo sobre el quinto traste; hágalo *aunque no estén pisando ninguna nota* en ese momento.

✔ **Mantenga todos los dedos cerca del diapasón, listos para tocar.** Al principio puede que sus dedos tiendan a enderezarse y levantarse del diapasón. Esta tendencia es natural, así que trabaje para mantenerlos doblados y para que presionen los trastes que les corresponden en la posición.

✔ **¡Relájese!** Aunque crea necesario concentrar toda su energía para realizar correctamente esta maniobra o para posicionar ese dedo de una determinada manera, no es así. El verdadero objetivo de su trabajo es simplemente el de adoptar la actitud más natural y relajada en el momento de tocar la guitarra. (Ahora mismo seguro que no le parece tan natural, pero al final acabará entendiéndolo, ya verá.) Tómeselo con calma, pero sea consciente en todo momento de sus movimientos. ¿Su hombro izquierdo, por ejemplo, se empeña en subir como si fuera usted Quasimodo? Fíjese en él de vez en cuando para asegurarse de que está libre de tensión. Y no olvide respirar profundamente a menudo, especialmente si nota que se está tensando.

Mire la figura 7-1 y observe cómo la notación indica la digitación (posición de los dedos) de la mano izquierda debajo de los números de la tablatura. Estos indicadores no son imprescindibles porque la propia posición dicta estas digitaciones. Pero si quiere puede leer los números de los dedos (en lugar de los números de la tablatura) y tocar la escala de *do* de esa manera (con un ojo en la tablatura para saber con seguridad en qué cuerda está). Entonces, si se aprende de memoria las digitaciones, tendrá un *patrón móvil* que le permitirá tocar una escala mayor en cualquier tonalidad.

Toque la *escala una octava* (es decir, una extensión o ámbito de sólo ocho notas), tal y como aparece en la figura 7-1, utilizando golpes tanto ascendentes como descendentes (es decir, utilizando punteo alterno, púa arriba y púa abajo). Pruebe la escala también a la inversa (se deben practicar todas las escalas de las dos formas, ascendente y descendente). (Para más información sobre el punteo alterno véase el capítulo 5.) Esta escala no está en el MP3; usted ya sabe cómo suena, es el *do-re-mi-fa-sol-la-si-do* de toda la vida.

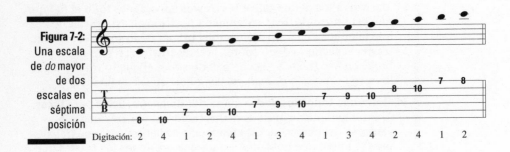

Figura 7-2:
Una escala de *do* mayor de dos escalas en séptima posición

Digitación: 2   4   1   2   4   1   3   4   1   3   4   2   4   1   2

La figura 7-2 muestra una escala de *do* mayor de dos octavas (con un ámbito de quince notas) en la séptima posición. Como verá, esta escala le exige que toque en las seis cuerdas.

Para que no olvide mantener siempre los dedos cercanos al diapasón y encima de los trastes apropiados, incluso aunque no estén tocando en ese momento, a ver qué le parece este precepto: tenga a sus amigos cerca, a sus enemigos más cerca y a sus trastes aún más cerca.

Practique tocando la escala que aparece en la figura 7-2 más arriba o más abajo en el mástil, empleando punteo alternado (véase el capítulo 5). Si se aprende de memoria un patrón de digitación (que aparece bajo los números de la tablatura), podrá tocar cualquier escala mayor simplemente subiendo o bajando la mano hasta una posición diferente. Pruebe a hacerlo. Y después rete al pianista que tenga más a mano a una competición de *transposición* (cambio de tonalidad) empleando la escala mayor.

Toque las escalas lentamente para asegurarse de que sus notas suenan con claridad y uniformidad (luche a muerte contra los zumbidos) después aumente gradualmente su velocidad.

Posiciones cambiantes

La música no es tan simple como para que toda pueda tocarse en una única posición; y la vida sería bastante aburrida si así fuera. En la vida real, a menudo hay que tocar un pasaje ininterrumpido que le lleva por diferentes posiciones. Para hacer esto de forma satisfactoria, necesitará dominar el arte del *cambio de posición* con el mismo aplomo que un político experimentado.

Andrés Segovia, la leyenda de la guitarra clásica, ideó digitaciones para las doce escalas mayores y menores. (Consulte el capítulo 19 para saber más sobre genio de la música.) La figura 7-3 muestra cómo Segovia tocaba la escala de *do* mayor en dos octavas. Difiere de las dos escalas de la sección anterior en que en esta ocasión se requiere un cambio de posición en mitad de la escala.

Figura 7-3:
Una escala
de *do* mayor
de dos
octavas con
cambio de
posición

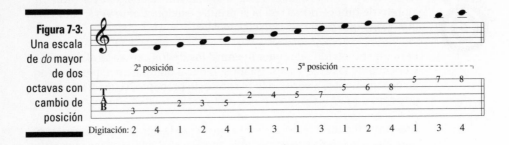

Toque las primeras siete notas en la segunda posición y después cambie hasta la quinta posición deslizando suavemente el primer dedo hasta el quinto traste (3ª cuerda). Al tocar la escala hacia abajo, toque las primeras ocho notas en quinta posición y a continuación cambie a la segunda posición deslizando con suavidad el tercer dedo hasta el cuarto traste (3ª cuerda). Lo importante es que el cambio de posición suene de un modo continuado.

Quien escuche no debe ser capaz de saber si usted está cambiando de posición. La clave está en el suave deslizamiento del primer dedo (al ascender) o del tercero (al descender).

Tiene usted que practicar este suave deslizamiento para hacer que suene ininterrumpido y sin trabas. Aísle las dos notas que participan (la 3ª cuerda, cuarto traste, y la 3ª cuerda, quinto traste) y tóquelas una y otra vez como se muestra en la escala hasta que pueda hacerlas sonar como si no estuviera haciendo ningún cambio de posición.

Conseguir fuerza y destreza tocando en posición

Alguna gente hace todo tipo de ejercicios para desarrollar su técnica de tocar en posición. Se compran manuales que no contienen más que ejercicios para tocar en posición. Algunos de estos libros pretenden desarrollar habilidades de lectura a primera vista, y otros tienen como objetivo adquirir fuerza y destreza en los dedos de la mano izquierda. Pero usted realmente no necesita esos libros. Puede inventarse sus propios ejercicios para ganar fuerza y destreza en los dedos. (Y la lectura a primera vista no le concierne en absoluto, porque usted está leyendo tablaturas.)

Para crear sus propios ejercicios, sólo tiene que tomar la escala mayor de dos octavas que se mostraba en la figura 7-2 y numerar las quince notas de la escala del 1 al 15. Después invéntese unas cuantas combinaciones matemáticas sencillas que pueda practicar tocando. A continuación le ofrecemos algunos ejemplos:

✔ 1-2-3-1, 2-3-4-2, 3-4-5-3, 4-5-6-4, etcétera. (Véase la figura 7-4a.)

✔ 1-3-2-4, 3-5-4-6, 5-7-6-8, 7-9-8-10, etcétera. (Véase la figura 7-4b.)

✔ 15-14-13, 14-13-12, 13-12-11, 12-11-10, etcétera. (Véase la figura 7-4c.)

La figura 7-4 muestra el aspecto que tienen estos números en partitura y en tablatura. Recuerde, estas notas son sólo esquemas que proponemos para memorizar y ayudar a desarrollar su destreza.

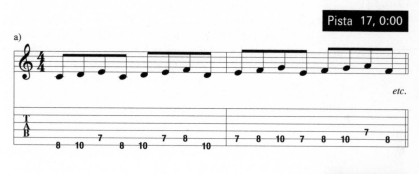

Figura 7-4:
Tres ejemplos de esquemas para ayudar a fortalecer la mano izquierda

Ya ha captado la idea. Puede inventarse literalmente cientos de permutaciones y practicarlas hasta la saciedad... o hasta que se aburra. Los estudiantes de piano tienen un libro llamado *Hanon* que contiene muchas permutaciones de escalas para ayudar a desarrollar la fuerza y la independencia de los dedos. Puede consultar ese libro para encontrar ideas de permutación, pero inventarse las suyas propias es probablemente igual de fácil.

Dobles cuerdas

El término *dobles cuerdas* no se refiere a cómo debe atar su perro a un árbol para entrar en una tienda. Las *dobles cuerdas*, en la jerga de la guitarra, no son otra cosa que tocar dos notas al mismo tiempo, algo que la guitarra puede hacer con relativa facilidad pero que es imposible en los instrumentos de viento habituales y pocas veces obtiene un resultado satisfactorio en los instrumentos de cuerda que se tocan con arco. (En realidad, los guitarristas tomaron el término de la técnica propia del violín, pero pronto hicieron suyas las dobles cuerdas.) Por cierto, no hay que hacer nada especial para pisar las notas en las dobles cuerdas. Digite del mismo modo en que lo hace con los acordes y las notas sueltas.

Experimentamos las posibilidades que nos ofrece la guitarra para tocar más de una nota a la vez cuando tocamos un acorde, pero también podemos tocar más de una nota en un contexto melódico. Tocar dobles cuerdas es una buena manera de tocar en armonía con uno mismo. La guitarra se adapta tan bien a la técnica de las dobles cuerdas que, de hecho, algunos estilos musicales (como el rock de los años cincuenta, el country y hasta la música mariachi) enarbolan las dobles cuerdas como uno de sus sellos característicos.

Entender las dobles cuerdas

Las dobles cuerdas no son nada más que dos notas tocadas al mismo tiempo. Están a medio camino entre la nota suelta (una nota) y el acorde (tres o más notas). Se pueden tocar dobles cuerdas usando cuerdas adyacentes o en cuerdas no adyacentes (saltándose cuerdas). Los ejemplos y las canciones que encontrará en este capítulo, sin embargo, implican sólo dobles cuerdas en cuerdas adyacentes, porque son las más fáciles de tocar.

Si tocamos una melodía con dobles cuerdas, sonará más dulce, más intensa y más bonita, además de más completa que si la tocamos utilizando sólo notas sueltas. Y si toca un *riff* con dobles cuerdas, verá cómo suena más audaz y más potente: simplemente, las dobles cuerdas crean un sonido más envolvente. Fíjese en los *riffs* de Chuck Berry (*Johnny B. Goode,* por ejemplo), y podrá oír cómo suenan las dobles cuerdas.

Practique ejercicios con dobles cuerdas

Hay dos formas básicas de tocar dobles cuerdas. O bien tocando pasajes de dobles cuerdas utilizando sólo *un único par* de cuerdas (las dos primeras cuerdas, por ejemplo); en ese caso subimos y bajamos las dobles cuerdas por el mástil. O bien podemos, en una zona del mástil, emplear *diferentes pares* de cuerdas y mover las dobles cuerdas a lo ancho del mástil (tocando primero las cuerdas 5ª y 4ª, por ejemplo, y después la 4ª y la 3ª, etcétera).

Tocar dobles cuerdas subiendo y bajando por el mástil

Empecemos con una escala mayor de *do* que tocaremos con dobles cuerdas por *terceras* (notas que están separadas entre sí por otra nota, como *do-mi*, *re-fa*, etcétera), ascendiendo por el mástil exclusivamente con las dos primeras cuerdas. Este tipo de patrón de dobles cuerdas aparece en la figura 7-5. La digitación de la mano izquierda no aparece bajo los números de tablatura en esta partitura, pero no es difícil imaginársela. Empiece con el primer dedo en las primeras dobles cuerdas. (Sólo necesita un dedo para pisar esas primeras dos cuerdas, porque la 1ª cuerda queda al aire.) Después, para todas las demás dobles cuerdas de la escala, utilice los dedos 1 y 3 si las notas están separadas entre sí por dos trastes (las segundas y las terceras dobles cuerdas, por ejemplo) y emplee los dedos 1 y 2 si las notas están separadas por un traste (las cuartas y quintas dobles cuerdas, por ejemplo). Con la mano derecha pulse sólo la 1ª y la 2ª cuerda.

Figura 7-5:
Una escala
de *do* mayor
tocada
con dobles
cuerdas,
ascendiendo
por el mástil
sobre un
único par de
cuerdas

Pista 18, 0:00

Tocar dobles cuerdas a lo ancho del mástil

Tocar dobles cuerdas a lo ancho del mástil es probablemente más
habitual que subir o bajar por el mástil sobre un par de cuerdas. La
figura 7-6 muestra una escala de *do* mayor que se toca por terceras en
posición abierta, moviéndose a lo ancho del mástil.

Figura 7-6:
Una escala
de *do* mayor
tocada
con dobles
cuerdas,
moviéndose
a lo ancho
del mástil
en posición
abierta

Pista 18, 0:11

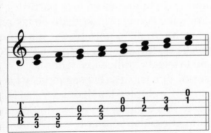

Lo que resulta especialmente habitual en las canciones de rock y de
blues es tocar unas dobles cuerdas a lo ancho del mástil en las que las
dos notas que forman las dobles cuerdas están en el mismo traste (lo
cual se toca como una cejilla de dos cuerdas). Consulte los capítulos
10 y 11 para más información sobre el rock y el blues.

De nuevo, el ejemplo de la figura 7-6 no muestra las digitaciones para las dobles cuerdas. Pero puede utilizar los dedos 1 y 2 si las notas están separadas por un traste, y los dedos 1 y 3 si las notas están separadas por dos trastes.

Si quiere oír dobles cuerdas en acción, escuche el principio de *Margaritaville*, de Jimmy Buffet, la versión que hizo Leo Kottke de *Little Martha*, de los Allman Brothers, *Brown-Eyed Girl* de Van Morrison, *Johnny B. Goode* de Chuck Berry y las introducciones de *Homeward Bound* y *Bookends*, de Simon and Garfunkel.

Tocar canciones en posición y con dobles cuerdas

Algunas tonalidades coinciden bien con determinadas posiciones en la guitarra. Las canciones están basadas en tonalidades, así que si toca una canción en una tonalidad concreta, la canción también quedará bien en una determinada posición. Puede ver con claridad meridiana la importancia de tocar en posición en los distintos capítulos de la parte IV de este libro. La interpretación solista de rock, jazz, blues y country exige en todos los casos unas posiciones determinadas con el fin de crear un sonido auténtico.

Decirle que la melodía de una canción suena mejor si usted toca en una posición que en otra puede parecerle un poco arbitrario, pero créanos: tocar un *lick* de Chuck Berry es casi imposible *si no es* en la quinta posición. Los *licks* de country que se tocan en *la*, por otra parte, se tocan más cómodamente en la segunda posición, y tratar de tocarlas de cualquier otro modo es simplemente complicarse la vida.

Ésa es una de las grandes cosas de la guitarra: la mejor posición para un estilo determinado no sólo suena mejor a sus oídos, sino que también es la más natural para sus manos. Y eso es lo que hace que tocar la guitarra sea tan divertido.

Toque estas canciones leyendo los números de la tablatura y escuchando el MP3; fíjese en lo gratificante que es tocar en la parte alta del mástil en lugar de tocar por allá abajo, en posición abierta, donde tocan los principiantes.

Cuando esté tocando en posición, recuerde mantener la mano izquierda en una postura fija, perpendicular al mástil, con el primer dedo colocado en un determinado traste y los demás dedos siguiéndole en orden, uno por traste. Mantenga los dedos sobre los trastes apropiados y muy cercanos al diapasón, aunque no estén pisando ninguna nota en ese momento.

Aquí tiene alguna información que le será de utilidad para tocar las canciones:

✔ **Simple Gifts.** Para tocar esta canción necesita saber cómo tocar en cuarta posición (véase la sección "Tocar en posición", anteriormente en este capítulo) y qué son esas palabrejas, *'tis* y *'twill.*

   Esta canción está en la tonalidad de *la*, lo que hace que sea idónea la cuarta posición, porque todas las notas están entre los trastes cuarto y séptimo. Como no se tocan cuerdas al aire en esta canción, usted puede aprenderse la digitación y después probar a tocar la misma melodía en otras posiciones y tonalidades. La digitación es la misma en todas las posiciones, aunque cambien los números de la tablatura. Adelante, haga la prueba.

✔ **Turkey in the Straw.** Para tocar esta canción, necesita saber tocar en la séptima posición (consulte la sección "Tocar en posición", en este capítulo) y qué diantre quiere decir *day-day to the wagon tongue.*

✔ **Aura Lee.** Para tocar esta canción, necesita saber cómo tocar dobles cuerdas subiendo y bajando por el mástil en las cuerdas 1ª y 2ª (véase la sección titulada "Tocar dobles cuerdas subiendo y bajando por el mástil", anteriormente en este capítulo) y cómo girar la pelvis mientras levanta, ladeándolo, el labio superior.

   Este arreglo de *Aura Lee* (canción que Elvis Presley popularizó como *Love Me Tender*) se toca exclusivamente en las dos primeras cuerdas, subiendo y bajando por el mástil. En las escalas de dobles cuerdas que usted practicó en las figuras 7-5 y 7-6, las dos notas de las dobles cuerdas se mueven de forma conjunta. En *Aura Lee,* las dos notas de las dobles cuerdas unas veces se mueven en la misma dirección y otras en dirección contraria. Otras veces, una de las notas sube o baja mientras la otra permanece estacionaria. Mezclar direcciones hace que un arreglo resulte más interesante. Toque y escuche *Aura Lee* y verá lo que queremos decir.

   Observe cómo las digitaciones de la mano izquierda aparecen bajo los números de la tablatura. Si el mismo dedo toca notas sucesivas pero en trastes diferentes, una línea inclinada indica el cambio de posición (como en los compases 5, 7 y 9). Para el punteo de la mano derecha, emplee sólo golpes descendentes.

Recuerde repetir los primeros cuatro compases (como indican los símbolos de repetición que los rodean) antes de continuar con el compás 5. (Mire el apéndice A para más información sobre los símbolos de repetición.) Y llene la canción de ternura, como hacía Elvis.

✔ ***The Streets of Laredo.*** Para cantar esta canción, es preciso que sepa cómo tocar dobles cuerdas a lo ancho del mástil (véase la sección "Tocar dobles cuerdas a lo ancho del mástil", anteriormente en este capitulo) y cómo sonar desenfadado tocando una canción mientras conversa con un cadáver.

En este arreglo se tocan dobles cuerdas a lo ancho del mástil, hacia la parte baja del diapasón. Las dobles cuerdas le dan a la canción un sonido dulce y denso, ideal para una conversación íntima entre un transeúnte y un vaquero momificado. La tablatura no indica la digitación, pero puede emplear los dedos 1 y 2 para las dobles cuerdas que están separadas por un traste y los dedos 1 y 3 para las dobles cuerdas que están separadas por dos trastes. Para el punteo de la mano derecha, use sólo golpes descendentes.

Pista 19

Simple Gifts

Turkey in the Straw

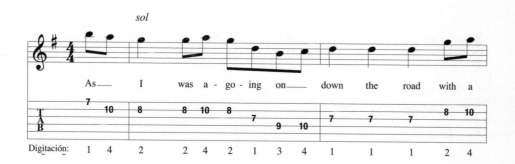

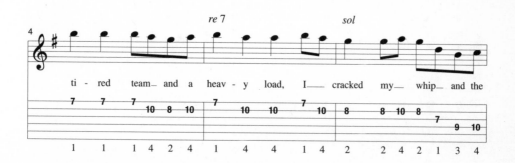

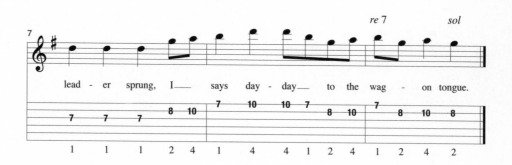

Pista 21

Aura Lee

Pista 22

The Streets of Laredo

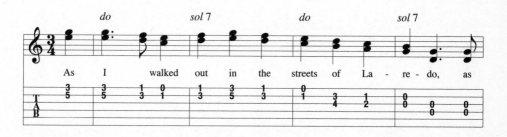

Capítulo 8

Extiéndase:
acordes con cejilla

- - - - - - - - - - - - - - -

En este capítulo

▶ Acordes de cejilla basados en *mi*

▶ Acordes de cejilla basados en *la*

▶ Acordes de potencia

▶ Toque canciones con acordes de cejilla y acordes de potencia

- - - - - - - - - - - - - - -

En este capítulo le enseñaremos a tocar un tipo de acordes que usted podrá mover a lo largo del mástil. A diferencia de los acordes en posición abierta, que sólo pueden tocarse en un sitio, los *acordes móviles* pueden tocarse en cualquier traste. En la mayoría de estos acordes móviles estaremos tocando lo que se conoce como una *cejilla*.

Al tocar una cejilla, uno de los dedos de la mano izquierda (normalmente el índice) pisa todas, o la mayoría, de las cuerdas en un traste determinado, permitiendo a los demás dedos formar un acorde inmediatamente por encima (más cerca del cuerpo de la guitarra) del dedo que actúa como cejilla. Piense en el dedo que hace cejilla como una especie de cejuela móvil; de hecho, existe un artilugio que también se llama cejilla y que es esto mismo, una cejuela móvil. Los dedos restantes actúan como si estuvieran tocando acordes en posición abierta por encima de esta cejilla. (Vea el capítulo 12 si no está seguro de cómo funciona el artilugio llamado cejilla.) Un acorde móvil con cejilla no contiene cuerdas al aire, sólo notas pisadas. Puede subir o bajar estas notas por el mástil hacia diferentes posiciones, con lo que producirá acordes del mismo carácter.

Los acordes móviles con cejilla pueden estar basados en *mi*, con lo que tomarán su nombre de la nota que toquemos en la 6ª cuerda (*mi* grave), o bien basados en *la*, con lo que se su nombre dependerá de la nota que toquemos en la cuerda 5ª (*la*). En este capítulo le explicaremos los dos tipos de acordes. También le daremos una rápida lección sobre los acordes de potencia.

Acordes de cejilla mayores basados en mi

Uno de los acordes móviles de cejilla más útiles es el que está basado en el acorde de *mi* abierto. (Consulte el capítulo 4 si no recuerda cómo es el acorde de *mi* con cuerdas al aire.) El mejor modo de dominar este acorde con cejilla es empezar con un acorde de *mi* en posición abierta. Siga estos pasos (como muestra la figura 8-1):

1. **Toque un acorde de *mi* al aire, pero en lugar de utilizar la digitación normal de la mano izquierda, 2-3-1, utilice la digitación 3-4-2.**

    Esta digitación le deja libre el primer dedo (el índice), que queda suspendido sobre las cuerdas.

2. **Pose el primer dedo de modo que pise las seis cuerdas *al otro lado de la cejuela* (en el lado del clavijero).**

    Colocar el dedo índice pisando las cuerdas en esta posición no afecta al sonido del acorde, porque las cuerdas no vibran de ese lado de la cejuela. Sin embargo, extender el primer dedo de forma perpendicular a las cuerdas le ayudará a "sentir" la posición del acorde con cejilla. No apriete demasiado fuerte con ninguno de los dedos, porque se trata de mover el acorde a continuación.

3. **Tome la forma completa de la mano izquierda del paso 2 y deslícela un traste hacia arriba (hacia el cuerpo de la guitarra), de manera que la cejilla esté posicionada en el primer traste y los dedos del acorde de *mi* hayan avanzado también un traste.**

    Ahora tiene puesto un acorde de *fa* (porque *fa* está un traste por encima de *mi*) y puede apretar todas las cuerdas con el dedo índice.

4. **Intente tocar las notas del acorde cuerda por cuerda (desde la 6ª cuerda hasta la 1ª), para ver si todas las notas suenan con claridad.**

    Las primeras veces que intente este acorde, es bastante posible que algunas de las notas no suenen con claridad y que le duelan los dedos de la mano izquierda.

Puede utilizar esta técnica de "deslizarse desde un acorde en posición abierta" para formar todos los acordes con cejilla de este capítulo. (Pero también le proporcionamos otro método en secciones posteriores.)

Figura 8-1:
El sutil
acorde con
cejilla de *fa*

Es normal tener dificultades al principio al formar una cejilla en *fa* (quizá desalentador, pero normal). Así que, antes de que deje la guitarra y se dedique a la tuba, aquí le ofrecemos algunos consejos para ayudarle a atrapar este escurridizo acorde:

✔ Asegúrese de colocar el pulgar de la mano izquierda en el dorso del mástil, en un punto intermedio entre el primer y el segundo dedo. Esta posición le dará más fuerza al apretar.

✔ En lugar de mantener el primer dedo totalmente recto, ladéelo un poco hacia el costado.

✔ Acerque el codo izquierdo al tronco, incluso hasta el punto de tocarlo a la altura de la cintura. Habrá observado que, al tocar acordes en posición abierta, normalmente tiene el codo ligeramente separado del tronco. No ocurre así con los acordes con cejilla.

✔ Si oye cuerdas silenciadas, compruebe que los dedos de la mano izquierda estén tocando sólo las cuerdas adecuadas, evitando que toquen las cuerdas adyacentes. Inténtelo ejerciendo más presión con los dedos, y no se olvide de colocar sólo la punta de los dedos para obtener mayor claridad. Los callos y la experiencia mejorarán el sonido de sus acordes con cejilla, no se preocupe.

Es necesario ejercer más presión para pisar en la parte baja del diapasón (por ejemplo, en el primer traste) que la que empleamos, pongamos por caso, en el quinto traste. Pruebe a subir y bajar por los diferentes trastes del diapasón el acorde de *fa*; comprobará por sí mismo que tocar el acorde se hace más fácil a medida que sube por el mástil. Recuerde que la esencia de la forma de este acorde es que es *móvil*. Olvide lo que le decían en la escuela de que había que estarse quietecito: ¡muévase un poco!

Tocar acordes con cejilla en una guitarra eléctrica es más fácil que tocarlos en una guitarra acústica. El *calibre* (el grosor de las cuerdas) es menor en una guitarra eléctrica, igual que la *acción* (la distancia de las cuerdas al diapasón). Si está utilizando una acústica y está teniendo problemas con los acordes de cejilla, pruebe a tocarlos en una eléctrica y verá la diferencia (a no ser que sea una guitarra de ínfima calidad). Hacer esto puede animarle a seguir perseverando.

Encontrar el traste adecuado

Del mismo modo en que puede tocar el acorde de *fa* con cejilla, ahora, gracias al milagro de los acordes móviles, puede tocar *todos los acordes mayores* (los doce) simplemente subiendo por el mástil. Para saber el nombre de cada acorde, sólo tiene que saber qué nota (o sea, qué traste) está tocando con la 6ª cuerda (*mi* grave), porque el nombre de todos los acordes con cejilla basados en *mi* depende del traste donde pisemos la 6ª cuerda (igual que lo hace el acorde de *mi* al aire).

Recuerde que entre cada traste dista un semitono. De manera que si un acorde con cejilla en el primer traste es *fa*, el acorde con cejilla en el segundo trate será *fa* sostenido, el acorde del tercer traste será *sol*, el cuarto *sol* sostenido y así sucesivamente hasta el decimosegundo traste. Consulte el apéndice A para un listado de las notas de la cuerda de *mi* grave.

Una vez que hemos llegado al decimosegundo traste, las notas (y por lo tanto los acordes con cejilla en esos trastes) se repiten: el acorde con cejilla del traste decimotercero es el mismo que el del primero (*fa*); el del decimocuarto es el mismo que el del segundo (*fa* sostenido), etcétera. Los trastes funcionan un poco como si fueran un reloj: 13 es igual a 1, 14 es igual a 2, etcétera.

Tocar progresiones utilizando acordes mayores de cejilla basados en mi

Una buena manera de ganar en comodidad y seguridad al tocar acordes con cejilla es practicar una *progresión*, que es una serie de acordes. Escuche el MP3 para oír cómo suena una progresión (de cuatro compases) que emplea acordes mayores de cejilla basados en *mi*. La figura 8-2 muestra el ejercicio. Debajo del diagrama aparece el traste indicado para el primer dedo en cada acorde.

Figura 8-2:
Una progresión que utiliza acordes de cejilla mayores basados en *mi*

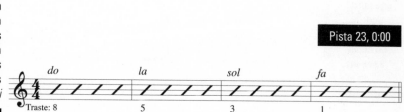

Pista 23, 0:00

En este ejercicio utilice sólo acordes con cejilla (y para todos los ejercicios de este capítulo), aunque sepa tocar estos acordes como acordes con cuerdas al aire. Toque el acorde de *do*, por ejemplo, haciendo cejilla en el octavo traste. Después toque La en el quinto traste, *sol* en el tercer traste y *fa* en el primer traste. Emplee la digitación del acorde de *fa* para todos estos acordes.

Tratar de hacer que las seis cuerdas suenen con claridad en todos los acordes puede ser un poco agotador. Puede dar un descanso a los dedos de la mano izquierda aflojando la presión al deslizarse de un acorde al siguiente. Esta acción de flexión y relajación puede ayudarle a desarrollar cierta sutileza y evitar que se canse tan fácilmente. No hace falta que oprima el mástil todo el tiempo, sólo mientras rasguea el acorde.

Aunque puede parar del todo si la mano se le empieza a agarrotar, trate de perseverar; como ocurre con cualquier esfuerzo físico, al final incrementará su fuerza y resistencia. Sin lugar a dudas, los acordes de cejilla son el triatlón de la guitarra, así que mírelo por el lado positivo: se ahorrará horas de gimnasio.

Para demostrar la versatilidad de las progresiones con acordes de cejilla, aquí tiene un ejemplo que contiene un rasgueo sincopado y recuerda un poco a la música de los Kinks. La síncopa consiste en tocar un acorde (o nota) allí donde no se espera oírlo, o bien en no tocar un acorde (o nota) allí donde sí se espera. (Los Kinks, por si no lo recuerda, fueron *el* grupo del proto-punk inglés de los sesenta, que nos dejaron clásicos como *You Really Got Me*, *So Tired* y *Lola*.) La figura 8-3 le muestra cómo tocar esta progresión utilizando acordes con cejilla. Como los dos acordes cambian con tanta rapidez, el *tiempo de relajación* (el momento durante el cual se puede relajar los dedos) es muy corto. Escuche el MP3 para oír cómo debe sonar este ejercicio, y pronto podrá prepararse para sustituir a Ray Davies en su próxima gira mundial.

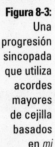

Figura 8-3: Una progresión sincopada que utiliza acordes mayores de cejilla basados en *mi*

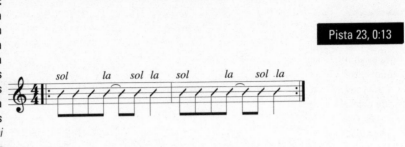

Pista 23, 0:13

Acordes de cejilla menores, de séptima dominante y de séptima menor basados en mi

Ahora que se ha familiarizado con la ejecución y el movimiento básico de los acordes mayores con cejilla, ya puede empezar a añadir otras clases de acordes a su repertorio (por si no lo sabía, cada músico tiene su propia "caja de herramientas").

La buena noticia es que todo lo que sabe sobre cómo mover los acordes por el mástil —cosas como el modo de conseguir un sonido claro en cada una de las notas del acorde (usted está practicando, ¿no es así?) y la flexión y relajación que se efectúan al tocar acordes mayores con cejilla —sirve también para las otras formas de acordes con cejilla. Tocar un acorde con cejilla menor, de séptima, o de séptima menor, no es físicamente más difícil que tocar un acorde mayor con cejilla, así que a medida que practique los distintos tipos de acordes con cejilla irá notando como las cosas se van poniendo un poquito más fáciles.

Acordes menores

Formar un acorde menor con cejilla basado en *mi* es parecido a formar un acorde mayor con cejilla, tal y como explicamos en los pasos de la sección "Tocar acordes mayores con cejilla basados en *mi*", en este mismo capítulo. Puede seguir esos mismos pasos, empezando con un acorde de *mi* m al aire pero pisándolo con los dedos 3 y 4 (en lugar del modo habitual de tocar el acorde, descrito en el capítulo 4). Después coloque el primer dedo sobre todas las cuerdas al otro lado de la cejuela, y a continuación deslice la forma de la mano un traste más arriba, produciendo un acorde de *fa* m.

Como ya explicamos en la sección "Tocar acordes mayores con cejilla basados en *mi*", en este mismo capítulo puede también practicar los movimientos de acordes a lo largo del mástil "deslizándose hacia arriba desde un acorde en posición abierta", para formar todos los acordes con cejilla de este capítulo. Pero no es necesario que pase por todo eso. Los sencillos pasos siguientes describen otra manera de abordar el acorde con cejilla de *fa* m:

1. Toque un acorde de *fa* mayor con cejilla.

Consulte la sección "Tocar acordes mayores con cejilla basados en *mi*", en este mismo capítulo.

2. Retire el segundo dedo de la 3ª cuerda.

La cejilla del primer dedo, que ya está presionando todas las cuerdas, pisa ahora también la nota que ha quedado liberada por el segundo dedo en la 3ª cuerda.

Esto es todo lo que necesita. Se puede cambiar de un acorde mayor a un acorde menor sólo con retirar un dedo. Ahora, utilizando otra vez como referencia la tabla de la cuerda de *mi* grave que aparece en el apéndice A, puede tocar cualquiera de los doce acordes menores moviendo el acorde de *fa* m al traste adecuado. Para tocar un acorde de *la* m con cejilla, por ejemplo, simplemente lleve la cejilla al quinto traste.

Si no está seguro de si está tocando un acorde de cejilla en el traste correcto, trate de alternar el acorde con su forma en posición abierta, tocando primero la forma con cejilla y después la forma al aire. Toque las dos versiones en rápida sucesión varias veces, podrá oír entonces si los dos acordes son el mismo o son diferentes.

Pruebe a tocar la sencilla progresión que aparece en la figura 8-4, que emplea acordes con cejilla tanto mayores como menores.

Los puntos que aparecen sobre las barras oblicuas en los compases 2 y 4 de la figura 8-4 son marcas de *staccato*. Le indican que acorte las notas. (En lugar de tocar *daa-daa-daa*, toque *di-di-di*). La mejor manera

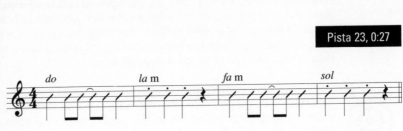

Pista 23, 0:27

de acortar estas notas es relajar levemente la presión de los dedos de la mano izquierda justo después de rasguear el acorde. Los símbolos que hay al final de los compases 2 y 4 se llaman *silencios*. No toque durante los silencios.

Ahora intente tocar la progresión que aparece en la figura 8-4 dos trastes por encima de lo que indica la figura. Esta variación en dos trastes nos da la progresión *re-si* m-*sol* m-*la*. Lo usted ha hecho ha sido *transportar* (cambiar la tonalidad de) la progresión de una manera fácil y rápida. ¡Todo ello gracias a la magia de los acordes móviles!

Acordes de séptima dominante

Los acordes de séptima de dominante tienen un sonido más llamativo y más complejo que los acordes mayores normales. (Para más información sobre las séptimas de dominante véase el capítulo 6) Cambiar a un acorde de séptima de dominante con cejilla, sin embargo, es tan fácil como cambiar de un acorde con cejilla mayor a otro menor: basta con levantar un solo dedo (aunque no es el mismo).

Para pasar del acorde de *fa* mayor con cejilla al acorde con cejilla de *fa* 7, siga estos pasos:

fa 7

1. **Coloque un acorde de *fa* mayor con cejilla, como se describe en la sección "Acordes mayores de cejilla basados en *mi*", en este capítulo.**

fa 7

2. **Retire el cuarto dedo de la 4ª cuerda.**

   La cejilla del primer dedo ahora pisa la nueva nota del acorde, liberada al quitar el cuarto dedo

Intente tocar la progresión sencilla que aparece en la figura 8-5 utilizando acordes mayores y de séptima dominante con cejilla.

Figura 8-5:
Una progresión que emplea acordes mayores y de séptima de dominante con cejilla

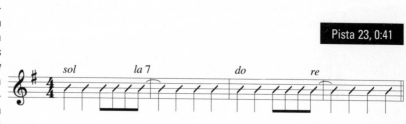

Pista 23, 0:41

Tocar la progresión de la figura 8-5 en diferentes tonalidades es tan sencillo como empezar en una posición diferente de la del tercer traste y moverse siguiendo las mismas pautas. Empiece donde empiece, sencillamente suba dos trastes para el segundo acorde, otros tres trastes para el tercer acorde, y después dos trastes más para el cuarto y último acorde.

Diga en voz alta los nombres de los acordes al tocarlos; esto le ayudará a asociar los nombres con las posiciones. Aunque los acordes móviles hacen que sea fácil transponer en la guitarra, la memorización sólo de las pautas de movimiento de la mano (sin el nombre de los acordes que está tocando) es demasiado fácil. Así que diga los nombres de los acordes mientras los toca. Después de insistir suficientes veces, usted acabará sabiendo instintivamente que un acorde de *si* 7 se toca en el séptimo traste.

Acordes de séptima menor

Los acordes de séptima menor poseen un sonido más suave, más animado y más complejo que los acordes menores normales. (Para más información sobre los acordes de séptima menor, véase capítulo 6 .) Podemos formar un acorde de séptima menor con cejilla basado en *mi* simplemente mediante la combinación de las acciones que llevamos a cabo para cambiar de mayor a menor y de mayor a séptima de dominante.

Para convertir un acorde de *fa* mayor con cejilla en un acorde de *fa* m 7 con cejilla, siga los siguientes pasos:

fa 7

fa m 7

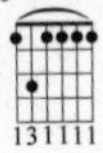

1. **Toque un acorde de *fa* mayor con cejilla, tal y como describimos en la sección, "Acordes mayores de cejilla basados en *mi*", en este capítulo.**

2. **Levante el segundo dedo de la 3ª cuerda y el cuarto dedo de la 4ª cuerda.**

   El primer dedo cejilla, que ya está pisando todas las cuerdas, pisa las nuevas notas de las cuerdas 3ª y 4ª, liberadas por los dedos tres y cuatro

Para ayudarle a acostumbrarse a los acordes de séptima menor con cejilla, hemos ideado el ejercicio que aparece en la figura 8-6. Escuche el MP3 para oír cómo suena.

Figura 8-6:
Una progresión que utiliza acordes mayores y de séptima menor con cejilla

Pista 23, 0:54

sol   *si* m 7   *la* m 7   *sol*

Puede tocar esta progresión en distintas tonalidades simplemente empezando desde un acorde que no sea el de *sol* y moviendo el mismo número relativo de trastes para hacer el siguiente acorde. Después del primer acorde, sólo tiene que moverse hacia arriba cuatro trastes para el segundo acorde y después hacia abajo dos para el tercer acorde; a continuación desplácese hacia abajo otros dos trastes para el último acorde. (Puede transponer las otras progresiones de esta sección de una manera parecida.)

Diga los nombres de los acordes cuando los toque. Dígalos en alto, no es broma. Tiene que llegar a estar tan harto de oír su propia voz cantando los nombres de estos acordes que *nunca* olvide que un *la* m 7 (el tercer acorde de esta progresión) se toca en el quinto traste.

¿Qué es ese ruido? ¡Parece el correteo de un reno sobre la nieve! En el siguiente ejercicio, que vemos en la figura 8-7, puede practicar por todo el mástil un montón de acordes con cejilla basados en *mi*; se trata de la progresión de acordes de la canción *We Wish You a Merry Christmas*.

Pista 24

sol	*do*	*la* 7	*re* 7	*si* 7
Fret: 3	8	5	10	7

Figura 8-7:
La progresión de acordes de *We Wish You a Merry Christmas*

mi m	*do*	*re* 7	*sol*	*mi* m	*si* m	*la* 7
12	8	10	3	12	7	5

re	*sol*	*re*	*la* 7	*re* 7	*sol*
10	3	10	5	10	3

Para echarle una mano con este ejercicio, le indicamos en cada acorde el número del traste en que el primer dedo forma la cejilla.

Si está tocando una guitarra acústica de cuerdas de nailon, no podrá tocar el acorde de *mi* m en el decimosegundo traste: el cuerpo de la guitarra se lo impide. (Incluso en una acústica de cuerdas de acero, este acorde es casi imposible de tocar.) Sustitúyalo por un acorde de *mi* m en posición abierta, pero tóquelo con los dedos 3 y 4 para mantener la mano en la formación de cejilla.

En la sección "Tocar canciones con acordes de cejilla y acordes de potencia", más adelante en este capítulo, puede encontrar otra versión de esta canción, con la melodía y la letra; pero por favor: ¡no salte hasta allí hasta que domine los acordes de cejilla *basados en la*!

Acordes mayores de cejilla basados en la

En las secciones siguientes presentamos otro importante grupo de acordes con cejilla, los acordes de cejilla basados en *la*. El acorde mayor *basado en la* parece un acorde de *la* al aire (pero con una digitación diferente, que indicamos en la siguiente sección); el nombre del acorde corresponderá a la nota pisada en la 5ª cuerda por la cejilla del primer dedo.

La teoría parece bastante sencilla, pero puede que se encuentre con que este acorde es un poco más difícil de tocar que el acorde mayor de cejilla basado en *mi*. No se preocupe, sin embargo, porque tenemos un sustituto esperándole que sólo requiere dos dedos. Pero por ahora permítanos que le indiquemos en la sección siguiente cómo colocar el acorde de cejilla basado en *la*.

Digitación del acorde de cejilla mayor basado en la

Para rasguear un acorde de cejilla mayor basado en *la*, siga estos pasos:

1. **Pise un acorde de *la* al aire, pero en lugar de usar la digitación normal 1-2-3, use la digitación 2-3-4.**

   Esta digitación deja el primer dedo (el índice) libre y listo para actuar como dedo de cejilla. (Si no está seguro de cómo es un acorde de *la* al aire, consulte el capítulo 4.)

2. **Coloque el primer dedo de manera que pise las seis cuerdas, justo al otro lado de la cejuela (del lado del clavijero).**

   Como usted sólo debe tocar las cinco cuerdas más agudas para los acordes de cejilla basados en *la*, *podría* poner el dedo sólo sobre las cinco cuerdas. Pero la mayoría de los guitarristas abarcan las seis cuerdas con la cejilla porque es más cómodo y se evita que la 6ª cuerda al aire pueda sonar accidentalmente.

   Colocar el dedo índice sobre las cuerdas en este momento no afecta al sonido del acorde porque las cuerdas no vibran en esta parte del mástil. Ahora mismo usted simplemente se está familiarizando con la posición del acorde. No presione demasiado fuerte con ninguno de los dedos, porque va a mover el acorde.

3. **Tome la forma completa de la mano izquierda del paso 2 y deslícela un traste más arriba, de manera que el primer dedo haga cejilla en el primer traste, produciendo un acorde de *si*♭, como aparece en la figura 8-8.**

Después de formar el acorde de *si*♭, trate de tocar las notas del acorde cuerda por cuerda (desde la 5ª cuerda hasta la 1ª) para comprobar si todas le suenan con claridad. Si encuentra que alguna de las notas está silenciada, compruebe que los dedos de la mano izquierda están tocando sólo las cuerdas adecuadas y que no están impidiendo sonar las adyacentes. Si el sonido todavía es demasiado sordo, será necesario que ejerza más presión con los dedos.

Figura 8-8:
El acorde
de *si*♭ con
cejilla

Encontrar el traste adecuado

Dado que usted puede tocar un acorde de *si*♭ como un acorde con cejilla, ya puede tocar los doce acordes mayores de cejilla basados en La; bueno, sólo si sabe los nombres de las notas de la 5ª cuerda. Todos los acordes de cejilla basados en La se llaman según la nota de la 5ª cuerda en la que se sitúe la cejilla (como lo hace el acorde de La al aire). Consulte el apéndice A para ver las notas de la 5ª cuerda.

Las notas y los trastes funcionan como una especie de reloj. Una vez que se pasa del 12 se repiten, así que el traste decimotercero es igual que el primero (*si*♭), el decimocuarto es igual que el segundo (*si*), etcétera.

Progresiones que utilizan acordes de cejilla mayores basados en la

Antes de tocar progresiones utilizando acordes de cejilla mayores basados en *la*, debe saber que la mayoría de los guitarristas no los forman como describimos anteriormente (figura 8-8). Eche un vistazo a la figura 8-9 para ver otro modo de tocar este acorde (utilizando como ejemplo el acorde de *si*♭ en el primer traste). Emplee el dedo anular para formar una cejilla con las tres notas del tercer traste.

Figura 8-9:
Digitación alternativa para el acorde mayor de cejilla basado en *la*

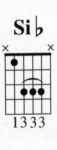

Lo peliagudo de la digitación de la figura 8-9 es que, para que la 1ª cuerda suene, hay que realizar una contorsión formidable con el tercer dedo y al mismo tiempo apartar el dedo medio (véase la fotografía). Algunas personas logran esta posición y otra no; es un poco como mover las orejas. Quien no pueda (nos referimos a levantar el dedo, no a mover las orejas) puede utilizar la digitación que aparece en la figura 8-10.

Figura 8-10:
Otra digitación alternativa para el acorde mayor de cejilla basado en *la*

Si toca el acorde de Si♭ con cejilla como aparece en la figura 8-10 (sin tocar la 1ª cuerda), asegúrese de que la 1ª cuerda no suene accidentalmente. Para mantener la 1ª cuerda silenciada puede evitar tocarla con la mano derecha, o bien silenciarla tocándola ligeramente con el primer dedo.

Pruebe con las tres digitaciones y escoja la que le parezca mejor, pero apostamos a que se decidirá por la forma que aparece en la figura 8-10.

El ejercicio que aparece en la figura 8-11 utiliza acordes mayores de cejilla basados en *la*, y su sonido recuerda un poco al primer rock. Puede conceder un descanso a los dedos de la mano izquierda aflojando la presión al deslizarse de un acorde a otro. No se olvide de que puede (y debe) transponer esta progresión a otras tonalidades moviendo el patrón completo a un nuevo punto de partida. Haga lo mismo en todos los ejercicios de este capítulo. Fíjese también en las marcas de *staccato* del compás 4 (tóquelo como *di-di-di*).

Figura 8-11:
Una progresión que utiliza acordes de cejilla mayores basados en *la*

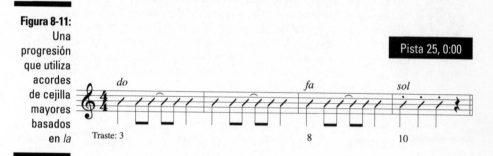

Pista 25, 0:00

Acordes de cejilla menores, de séptima de dominante, de séptima menor y de séptima mayor basados en la

Reconocemos que el acorde mayor con cejilla basado en *la* es una especie de bicho raro en lo que se refiere a la digitación de la mano izquierda. Pero todas las demás formas basadas en *la* son mucho más lógicas y cómodas en lo que a digitación se refiere.

En el resto de las formas basadas en *la* no encontrará más técnicas nuevas ni contorsiones raras. Lo único que tiene que hacer es aprender un grupo de formas y enriquecer con él su vocabulario de acordes.

Acordes menores

Para formar un acorde menor de cejilla basado en *la podríamos* seguir pasos parecidos a los que ya describimos en este capítulo en la sección "Tocar acordes de cejilla mayores basados en *la*". Para ello toque un acorde abierto de *la* m empleando una digitación 3-4-2 en lugar de 2-3-1 (vea el capítulo 4 si necesita ayuda con el acorde abierto de *la* m); coloque el primer dedo sobre todas las cuerdas al otro lado de la cejuela, después lleve la forma un traste más arriba y presione firmemente, eso es un acorde de *si* ♭ m.

Pero si usted quiere, puede formar el acorde de *si* ♭ m saltándose el proceso de "subir desde un acorde al aire" y simplemente colocar los dedos directamente sobre los trastes, como se indica en el primer diagrama de acordes de la figura 8-12. Compruebe que todas las cuerdas suenan con claridad y sin zumbidos. (Nos hemos permitido darle también en la figura 8-12 las digitaciones para los acordes de *si* ♭ 7, Si, *si* ♭ m 7 y *si* ♭ M 7. Encontrará más información sobre estos acordes en las secciones siguientes.)

Figura 8-12:
Acordes de cejilla de *si* ♭ m, *si* ♭ 7, *si* ♭ m 7 y *si* ♭ M 7

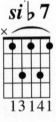

La progresión de la figura 8-13 es típica de una canción de rock, folk o country, y utiliza acordes de cejilla basados en *la* mayores como menores. Le remitimos al apéndice A si necesita saber cuál es el traste apropiado para cada acorde (fíjese en la cuerda de *la*).

Figura 8-13:
Una progresión que utiliza acordes de cejilla mayores y menores basados en *la*

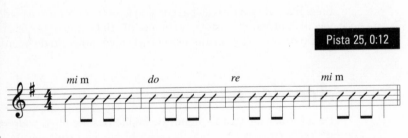

Acordes de séptima dominante

Los acordes de séptima dominante tienen un sonido que hace pensar en el blues e incluso el funk, sobre todo comparados con los acordes mayores. Consulte la figura 8-12 para ver la digitación del acorde de *si* ♭ 7 con cejilla (basado en *la*). Recuerde que puede "deslizarse" subiendo por el mástil hacia este acorde, desde un acorde de *la* 7 en posición abierta con dos dedos (pero sólo si utiliza la digitación 3-4 en el acorde de *la* 7).

Ahora, utilizando la tabla de la cuerda de *la* (en el apéndice A) para encontrar el traste adecuado para los acordes de cejilla basados en *la*, intente tocar la sencilla progresión mostrada en la figura 8-14, que emplea acordes de cejilla mayores, menores y de séptima dominante basados en *la*.

Figura 8-14: Una progresión que emplea acordes de cejilla mayores, menores y de séptima dominante

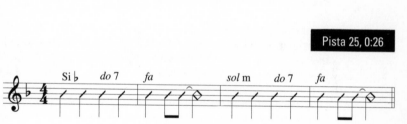

Pista 25, 0:26

Acordes de séptima menor

Los acordes de séptima menor suenan suaves y elegantes comparados con los acordes mayores. Puede formar el acorde de *si* ♭ m 7 "deslizándose" por el mástil desde un acorde de *la* m 7 en posición abierta (utilizando una digitación 3-2), o puede consultar el ejemplo que aparece en la figura 8-12 y colocar los dedos directamente sobre los trastes para el *si* ♭ m 7.

La sencilla progresión que muestra la figura 8-15 usa exclusivamente acordes de séptima menor basados en *la*. Si lo considera necesario, consulte el apéndice A para encontrar el traste adecuado para cada acorde.

Figura 8-15:
Una
progresión
que utiliza
acordes
de cejilla
de séptima
menor

Pista 25, 0:42

Acordes de séptima mayor

Los acordes de séptima mayor tienen un sonido brillante y animado comparados con los acordes mayores. (Puede que se haya dado cuenta de que, en la sección sobre los acordes de cejilla basados en *mi*, no hemos incluido el acorde de séptima mayor. Eso es porque estos acordes no se tocan en su forma con cejilla.)

Puede formar el acorde de *si♭* M 7 "deslizándose hacia arriba" desde un acorde de *la* M 7 en posición abierta (utilizando una digitación 3-2-4), o bien consultar el ejemplo de la figura 8-12 y colocar los dedos directamente sobre los trastes para el acorde con cejilla, como muestra dicha figura.

La sencilla progresión que aparece en la figura 8-16 utiliza acordes de séptima menor y de séptima mayor con cejilla basados en *la*. Si es necesario, consulte el apéndice A para hallar el traste adecuado para cada acorde.

El ejercicio que aparece en la figura 8-17 emplea la progresión de acordes de la canción *We Wish You a Merry Christmas*. Toque esta progre-

Figura 8-16:
Una
progresión
que utiliza
acordes
de cejilla
de séptima
menor y
de séptima
mayor

Pista 25, 0:55

sión empleando sólo acordes de cejilla basados en *la*. Para ayudarle a resolver este ejercicio, le indicamos en qué traste tiene que poner la cejilla en cada acorde. Quizá se haya dado cuenta de que los acordes son diferentes de los de la versión vista anteriormente de *We Wish You a Merry Christmas* (véase figura 8-7), pero eso se debe simplemente a que partimos de un acorde diferente.

Si está usted tocando una guitarra acústica de cuerdas de nailon, tendrá problemas para tocar el acorde de *la* m en el traste doce: se le interpondrá el cuerpo de la guitarra. (Y tocar el acorde tampoco es nada fácil en una acústica con cuerdas de acero.) Sustituya el acorde por un acorde de *la* m en posición abierta, pero utilice una digitación 3-4-2 para mantener la mano en la posición de la cejilla.

Posiblemente haya observado que, al tocar los ejercicios de este capítulo (y especialmente en los ejercicios de *We Wish You a Merry Christmas*), la mano izquierda se mueve con saltos repentinos y bruscos. Es porque está usted tocando todos los acordes mediante la utilización de una única una forma de acorde, aquella que se basa en *mi* o en *la*. Combinando distintas formas podrá basar su selección de acordes en la economía de movimiento. Los acordes de *fa* y de *si* ♭ están separados entre sí por cinco trastes si utilizamos la misma forma de acorde con cejilla, pero están en el mismo traste (el primero) si empleamos la forma de *fa* basada en *mi* y la forma de *si* ♭ basada en *la*. En realidad, y esto usted lo irá viendo a medida que progrese, tocar canciones se hace cada vez más fácil a medida que añadimos acordes adicionales a nuestro arsenal.

Pista 26

Figura 8-17:
Progresión
de acordes
para *We
Wish You
a Merry
Christmas*

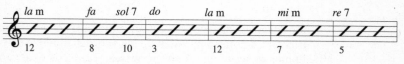

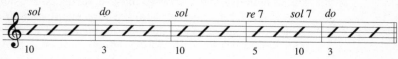

Para ver cuánto nos facilita las cosas tocar *We Wish You a Merry Christmas* utilizando juntos los acordes de cejilla basados en *la* y los basados en *mi*, consulte la sección "Tocar canciones con acordes de cejilla y acordes de potencia", al final de este capítulo.

Acordes de potencia

Un *acorde de potencia* normalmente no es otra cosa que las dos o tres notas más graves de un acorde normal con cuerdas al aire o con cejilla. Los guitarristas suelen usan los acordes de potencia en el rock para crear un sonido más grave. Los acordes de potencia son más fáciles de tocar que sus equivalentes en versión completa y no tienen carácter mayor ni menor, con lo que pueden sustituir a cualquier tipo de acorde. ¡Además son divertidísimos de tocar!

Digitación de los acordes de potencia

Un acorde de potencia consiste en sólo dos notas diferentes que están siempre separadas cinco tonos, como *la-mi* o *do-sol*. (Cuente las notas con los dedos para comprobar que entre *la* y *mi* y entre *do* y *sol* hay cinco tonos.) Pero el acorde real que toquemos puede incluir más de dos cuerdas, porque es posible *doblar* las notas que forman el acorde de potencia (o lo que es lo mismo, tocar las mismas notas en diferentes octavas –y en diferentes cuerdas).

Como ocurre con la mayoría de demás acordes, hay dos variedades de acordes de potencia:

✔ **En posición abierta:** Le mostramos los acordes de potencia en posición abierta más comunes: *mi* 5, *la* 5 y *re* 5 (en la figura 8-18). Estos acordes son simplemente las dos o tres notas más graves de los sencillos acordes al aire de *mi*, *la* y *re* que describimos en el capítulo 4.

✔ **Móviles:** Los acordes de potencia móviles son simplemente las dos o tres notas más bajas de los acordes móviles de cejilla que hemos descrito en las secciones anteriores de este capítulo. Como ocurre con los acordes móviles de cejilla, los acordes de potencia móviles pueden estar basados en *mi* y tomar su nombre de la nota toquemos en la 6ª cuerda (*mi* grave), o bien basarse en *la*, y nombrarse según la nota que toquemos en la 5ª cuerda (*la*). *la* figura 8-19 muestra los acordes de potencia *fa* 5 y *si* ♭ 5 que se tocan en el primer traste, pero puede mover estos acordes a cualquier traste, buscando el nombre en las tablas de las cuerdas de *mi* grave de *la* en el apéndice A. O mejor aún: puede aprenderse los nombres de las notas de las cuerdas 6ª y 5ª, y así no necesitará recurrir al apéndice.

	Versión con dos cuerdas	Versión con tres cuerdas	Versión con tres cuerdas, digitación alternativa
Acorde de potencia de *mi* 5 al aire	*mi* 5 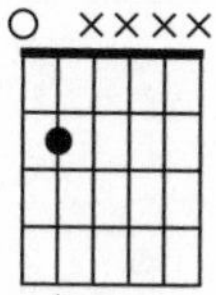 1	*mi* 5 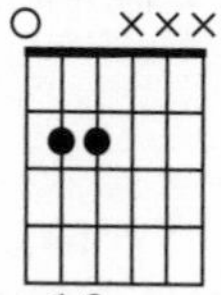 12	*mi* 5 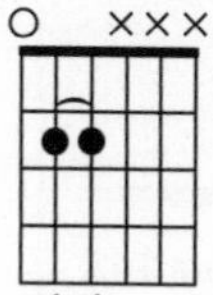 11
Acorde de potencia de *la* 5 al aire	*la* 5 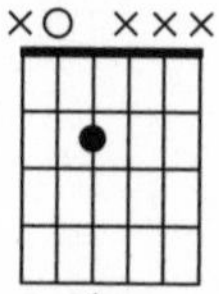 1	*la* 5 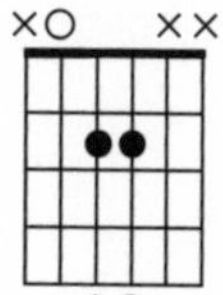 12	*la* 5 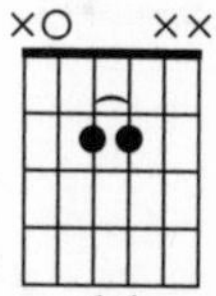 11
Acorde de potencia de *re* 5 al aire	*re* 5 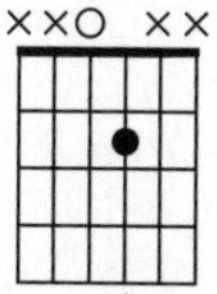 1	*re* 5 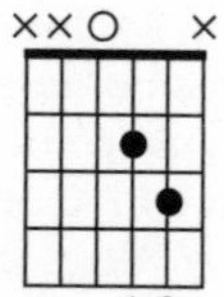 13	

Figura 8-18: Los acordes de potencia *mi* 5, *la* 5 y *re* 5

CONSEJO

En su mayoría, los acordes de potencia de dos y de tres cuerdas son intercambiables. Para algunas situaciones, como al tocar las figuras al estilo de Chuck Berry que presentaremos en el capítulo10, es preferible la versión de dos cuerdas.

	Versión con dos cuerdas	Versión con tres cuerdas	Versión con tres cuerdas, digitación alternativa
Acorde de potencia móvil basado en *mi*	*fa* 5 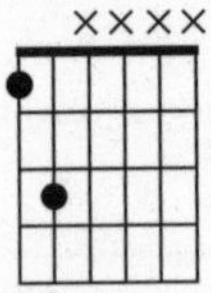	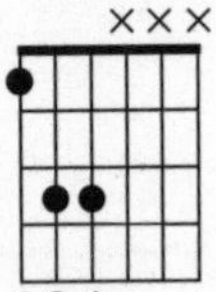 *fa* 5	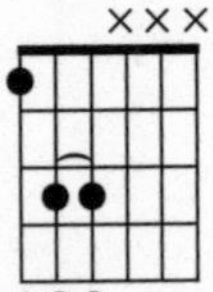 *fa* 5
Acorde de potencia móvil basado en *la*	*si* ♭ 5 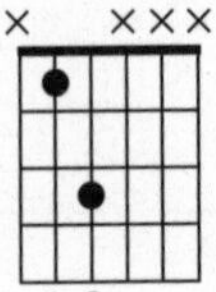	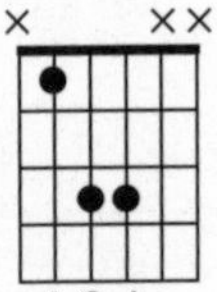 *si* ♭ 5	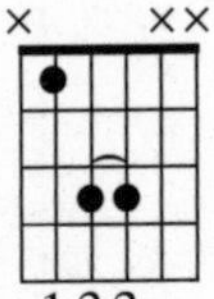 *si* ♭ 5

Figura 8-19: Los acordes de potencia (móviles) *fa* 5 y *si* ♭ 5

Cómo usar los acordes de potencia

En la música rock estándar (e incluso en la música pop), los guitarristas a menudo sustituyen los acordes completos por acordes de potencia para dar al acompañamiento (concretamente, a la guitarra rítmica) un sonido más escueto y sencillo que el que se obtiene con los acordes completos. Este procedimiento se usa a veces para permitir que la parte vocal destaque sobre la música. Puede oír esta clase de sonido con acordes de potencia en viejas canciones como *Johnny B. Goode* o *Peggy Sue*. La progresión que mostramos en la figura 8-20 ilustra los acordes de potencia que se utilizan para producir este tipo de sonido. Toque esta progresión empleando acordes de potencia de dos o de tres cuerdas.

Pista 27, 0:00

Figura 8-20:
Una
progresión
con acordes
de potencia
en *re*

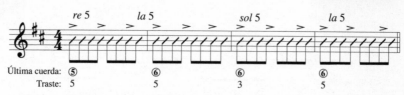

Última cuerda (6) significa un acorde basado en *mi*; última cuerda (5) significa un acorde basado en *la*.

El símbolo > es un *acento*. Indica que las notas acentuadas deben tocarse un poco más alto que las demás. A veces los acentos forman un patrón rítmico que le da a la canción un determinado sabor, como un sabor latino, un sabor a Bo Diddley, un sabor a polca o incluso un sabor a tutti-frutti.

En el rock duro y en el heavy metal, a los guitarristas a menudo les gusta crear un sonido pesado o siniestro en sus acordes. Consiguen crear este ambiente tocando notas graves con *distorsión* (una señal de sonido saturada que se produce cuando ésta es demasiado potente para su procesamiento por el sistema de circuitos de los amplificadores y los altavoces).

Los guitarristas de rock duro y heavy metal suelen también tocar acordes de potencia en lugar de acordes completos, ya que estos suenan más graves (principalmente porque no incluyen las cuerdas más agudas). Además, el efecto de la distorsión los limita a los acordes de potencia, ya que una fuerte distorsión hace que suenen excesivamente "sucios" los acordes completos (acordes con más de dos notas).

La progresión mostrada en la figura 8-21 ilustra un típico *riff* de heavy metal que utiliza acordes de potencia tanto móviles como en posición abierta. Si tiene usted una guitarra eléctrica y un amplificador o aparato de efectos que le permita *distorsionar* (consulte el capítulo 15), utilice este efecto para practicar esta progresión, como se oye en el MP3. Puede emplear tanto la versión de dos cuerdas de los acordes de potencia como la de tres, pero la de dos cuerdas es la que se aprecia en el MP3.

Figura 8-21:
Una
progresión
heavy
metal con
acordes de
potencia
para
menear
un poco la
cabeza

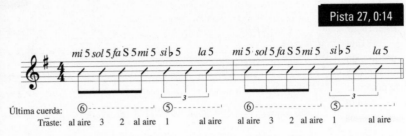

Pista 27, 0:14

Última cuerda (6) significa un acorde basado en *mi*; última cuerda (5) significa un acorde basado en *la*.

Para tocar ahora mismo una canción con acordes de potencia, salte a *Power Play*, en la siguiente sección ("Tocar canciones con acordes de cejilla y acordes de potencia").

Tocar canciones con acordes con cejilla y acordes de potencia

Ahora empieza la diversión. Volvamos a una canción que probablemente haya tocado (véanse las figuras 8-7 y 8-17, en este capítulo), pero en esta sección verá que tocar una canción es más fácil si se combinan diferentes formas de acordes.

He aquí algunas informaciones de utilidad sobre las canciones:

✔ **We Wish You a Merry Christmas.** Para tocar *We Wish You a Merry Christmas,* necesita saber tocar acordes de cejilla basados en *mi* (consulte las secciones "Tocar acordes de cejilla mayores basados en *mi*" y "Tocar acordes de cejilla menores, de séptima de dominante y de séptima menor basados en *mi*", en este capítulo); cómo tocar acordes con cejilla basados en *la* (consulte las secciones "Tocar acordes de cejilla mayores basados en *la*" y "Tocar acordes de cejilla menores, de séptima de dominante, de séptima menor y de séptima mayor basados en *la*", en este capítulo), y cómo tocar la guitarra enfundado en un traje rojo asfixiante y con una almohada atada a la barriga.

Los progresiones de acordes de esta canción aparecen dos veces en los ejercicios de este capítulo, primero en el ejercicio en la figura 8-7, como práctica de los acordes de cejilla basados en *mi*, y de nuevo en el ejercicio de la figura 8-17, como práctica para los acordes de cejilla basados en *la*. En ambos ejercicios, la mano izquierda tenía que subir y bajar rápidamente por el diapasón. Combinando los dos tipos de acordes con cejilla (basados en *mi* y basados en *la*), verá cómo puede tocar esta canción realizando movimientos mucho menores con la mano izquierda. Minimizar el esfuerzo de la mano izquierda le permite tocar de forma más rápida y continuada, así como conseguir una mejor *conducción de voces* o fluidez de movimiento entre las notas de los acordes cambiantes. (Una buena conducción de voces produce un sonido agradable.)

✔ ***Power Play.*** Para tocar *Power Play* necesita saber cómo rasguear y tocar *la* 5, *sol* 5 y *re* 5 (véase la sección "Digitación de los acordes de potencia", un poco antes en este capítulo) y cómo subir el volumen del amplificador hasta el 11 (estilo Spinal Tap).

Esta "canción" es una progresión de rock de cuatro compases que utiliza sólo acordes de potencia. Infinidad de canciones de rock emplean esta progresión, incluido el clásico *Takin' Care of Bussiness,* del grupo Bachman-Turner Overdrive (BTO para los amigos).

Recuerde que los acordes de potencia permiten crear un sonido más pesado, adaptándose perfectamente a la distorsión, y puede utilizarlos en lugar de versiones completas de acordes, pues habitualmente contienen las mismas dos o tres notas graves. Así que si se siente un poco rebelde o un poco malo, suba a tope el amplificador y toque *We Wish You a Merry Christmas* con mucha distorsión, acordes de potencia y actitud de malote.

Pista 28

We Wish You a Merry Christmas

Pista 29

Power Play

Capítulo 9

Articulación especial: haga hablar a su guitarra

· ·

En este capítulo

▶ Martilleos (*hammer-ons*)

▶ Tirones (*pull-offs*)

▶ Arrastres (*slides*)

▶ Cuerdas dobladas (*bending*)

▶ El vibrato

▶ El apagado (*muting*)

▶ Toque con estilo: intégrelo todo

· ·

*L*a *articulación* hace referencia a cómo se tocan y conectan las notas en la guitarra. Entiéndalo así: si las notas y los ritmos son *lo que tocamos*, la articulación es *cómo lo tocamos*. La articulación es lo que confiere a su música expresión, y gracias a ella puede hacer que su guitarra hable, cante e incluso llore. Desde un punto de vista técnico, estas técnicas de articulación como martilleos, tirones, arrastres y cuerdas dobladas le permiten unir con coherencia unas notas con otras, "engrasando" un poco su interpretación (algo muy positivo, especialmente al tocar blues). Los vibratos añaden vida a las notas tenidas (o mantenidas), que de otro modo estarían como muertas, y el apagado da forma a las notas sueltas al darles un sonido tirante y seco.

A medida que empecemos a incorporar la articulación a nuestra manera de tocar, iremos aumentando el control ejercido sobre nuestra la guitarra. No estaremos simplemente tocando de forma "correcta", sino que estaremos desarrollando un *estilo* individual.

En este capítulo aprenderá a tocar con todas las técnicas de articulación necesarias para lograr que su guitarra hable, llore o incluso gima. Después de explicarle cada técnica le presentaremos algunos *licks* característicos (los *licks* son frases musicales que se adaptan de forma natural a una técnica o estilo determinados), para que pueda practicar la técnica en su contexto.

Martilleos

Un *martilleo* (también llamado *hammer-on* o ligado ascendente) no quiere decir tocar la guitarra con la caja de herramientas a mano; el martilleo es una técnica de la mano izquierda que le permite tocar dos notas consecutivas ascendentes punteando sólo la primera nota. El nombre del martilleo procede de la acción del dedo de la mano izquierda, que actúa como un martillo, o un percutor, al golpear el diapasón, provocando que suene la nota de ese traste sin necesidad de pulsarla con la mano derecha. Esta técnica hace que las notas suenen más ligadas entre sí, mucho más que si nos limitamos a puntear cada nota por separado.

En la notación en tablatura (y también en los pentagramas) de este libro, la letra *H* con una indicación de *ligadura* (una línea curva) indica un martilleo. (La ligadura une la primera nota o número de traste de la primera nota con la última, la nota del martilleo, y la H aparece sobre el centro de la ligadura. Si aparecen dos haches, el martilleo afecta a tres notas.)

Ejecutar un martilleo

Siempre es más fácil de tocar un martilleo en una cuerda al aire. Estos son los pasos que se deben seguir para ejecutar un martilleo en una cuerda al aire, tal como aparece en la figura 9-1a.

1. **Puntee la cuerda de *sol* al aire (la 3ª cuerda) como lo hace normalmente.**

2. **Mientras la cuerda al aire esté todavía sonando, utilice un dedo de la mano izquierda (por ejemplo, el primero) para pulsar de forma firme y rápida el segundo traste de la cuerda.**

Si baja el dedo con suficiente fuerza, oirá sonar la nueva nota (el segundo traste *la*). Normalmente la mano izquierda no *pulsa* una cuerda, solamente la *pisa*. Pero para producir un sonido audible sin la mano derecha hay golpear la cuerda con bastante fuerza, como si el dedo fuera un pequeño martillo que cae sobre el diapasón.

La figura 9-1b ilustra un martilleo en la 3ª cuerda. Utilice el primer dedo para pisar la primera nota en el cuarto traste, pulsando la cuerda con la mano derecha; después, mientras la nota todavía está sonando, emplee el segundo dedo para martillear en el quinto traste.

Doble martilleo

La figura 9-1c ilustra un *doble martilleo* sobre la 3ª cuerda. Toque la cuerda al aire y martillee el segundo traste con el primer dedo; después, mientras la nota está todavía sonando, vuelva a martillear la cuerda (en el cuarto traste) con el tercer dedo, creando una conexión fluida entre las tres notas.

No toque las notas juntas y de manera precipitada; se tiende a ir demasiado rápido cuando se trabajan los martilleos por primera vez.

Pista 30, 0:00

Figura 9-1:
Cuatro tipos de martilleos

La figura 9-1d ilustra un doble martilleo sobre la misma cuerda que emplea tres notas pisadas. Este tipo de martilleo es el más difícil de tocar y requiere algo de práctica. Toque la nota en el cuarto traste, pisando con el primer dedo; martillee la nota del quinto traste con el segundo dedo; después, martillee la nota del séptimo traste con el cuarto dedo.

Martilleo con dobles cuerdas

También se pueden tocar los martilleos con dobles cuerdas. Los más habituales (y más fáciles de tocar) son aquellos en los que las dos notas de las dobles cuerdas están en el mismo traste, permitiéndole hacer una cejilla. (Para más información sobre las dobles cuerdas consulte el capítulo 7.)

La figura 9-2a ilustra un *martilleo de dobles cuerdas* con cuerdas al aire (la 2ª y la 3ª). Después de pulsar las dos cuerdas al aire con la púa, y mientras todavía están sonando, martillee el segundo traste con el primer dedo, pisando las dos cuerdas al mismo tiempo.

Después intente un martilleo con dobles cuerdas, empezando en el segundo traste y martilleando el cuarto, también usando las cuerdas 2ª y 3ª, como aparece en la figura 9-2b. Utilice el primer dedo para hacer cejilla en el segundo traste y el tercer dedo para hacer cejilla en el cuarto traste. Ahora, para rizar el rizo, intente en las mismas cuerdas un *doble martilleo con dobles cuerdas*, como aparece en la figura 9-2c. Empiece con las cuerdas al aire; martillee el segundo traste con una cejilla con el primer dedo; después martillee el cuarto traste con una cejilla con el tercer dedo (sobre las cuerdas 2ª y 3ª, no lo olvide).

Martilleo desde ninguna parte

La figura 9-3 muestra lo que llamamos aquí un "martilleo desde ninguna parte". No es un martilleo típico, ya que la nota percutida (martilleada) no sigue a una nota más grave que ya esté sonando. En realidad, la nota percutida está en una cuerda completamente diferente a

Pista 30, 0:27

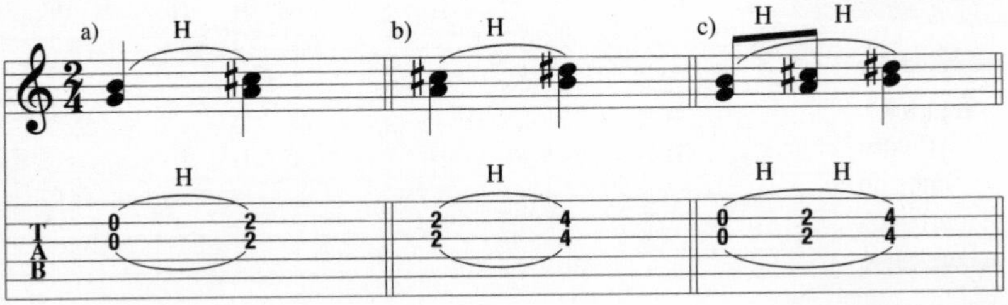

Figura 9-2:
Martilleos con dobles cuerdas

Pista 30, 0:48

Figura 9-3:
Un martilleo desde ninguna parte

la de la nota anterior. Haga sonar la nota percutida golpeándola muy fuerte (martilleándola) con un dedo de la mano izquierda: lo suficiente como para que la nota se oiga sin tocarla con la púa.

¿Cuándo usar este tipo de martilleo? A veces, en pasajes rápidos, nuestro patrón de punteo con la mano derecha no es lo suficientemente rápido como para permitir un golpe adicional en el momento crítico. El "martilleo desde ninguna parte" nos permite hacer sonar una nota que de otra forma no podríamos tocar. Sólo es necesario pisarla suficiententemente fuerte con un dedo de la mano izquierda

Martilleos característicos

Desde la figura 9-4 hasta la 9-7 veremos algunos *licks* característicos que emplean martilleos. (Los pequeños números que aparecen junto a las notas en la notación estándar indican las digitaciones de la mano izquierda.) El *lick* de la figura 9-4 utiliza martilleos de notas sueltas con cuerdas al aire. Este tipo de *licks* aparecen en canciones de rock, blues o country. Pruébelo para practicar un poco más el martilleo.

Otro truco estupendo consiste en rasguear un acorde mientras se martillea una de las notas. La figura 9-5 muestra esta técnica (usada a menudo por James Taylor) en el contexto de una frase musical.

La figura 9-6 muestra martilleos de notas sueltas que sólo contienen notas pisadas. Puede oír este tipo de *lick* en muchas canciones de rock y blues. Los golpes descendentes (púa abajo) se indican mediante el símbolo ⊓ y los golpes ascendentes (púa arriba) se indican mediante el símbolo ∨ (Y *sim.* significa que se debe seguir tocando de forma similar, refiriéndose aquí al patrón de punteo indicado.)

Pista 31

Figura 9-4: Martilleo de notas sueltas con cuerdas al aire

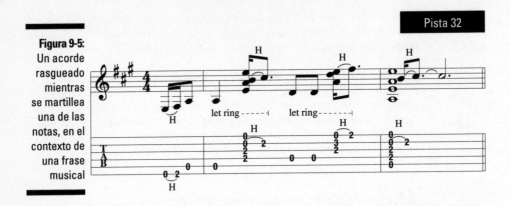

Pista 32

Figura 9-5:
Un acorde rasgueado mientras se martillea una de las notas, en el contexto de una frase musical

Pista 33

Figura 9-6:
Martilleos de notas sueltas en notas pisadas

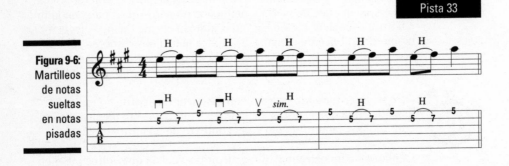

Mantenga el primer dedo haciendo cejilla en el quinto traste todo el tiempo que dure el *lick*. Conseguirá un sonido más suave y se dará cuenta, además, de que es más fácil de tocar.

La figura 9-7 combina un martilleo con dobles cuerdas con un martilleo desde ninguna parte en quinta posición. (Para más información sobre cómo tocar en posición consulte el capítulo 7.) Intente puntear la última nota y podrá ver que el martilleo desde ninguna parte es más cómodo que la versión punteada de la nota.

Pista 34

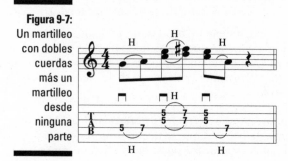

Figura 9-7:
Un martilleo
con dobles
cuerdas
más un
martilleo
desde
ninguna
parte

Diversión a base de tirones

Un *tirón* (también llamado *pull-off* o *ligado descendente*) es otra técnica que nos permite ligar las notas de forma más continuada. Le permitirá tocar dos notas descendentes consecutivas con un solo punteo en la mano derecha, simplemente levantando el dedo del traste tras sonar la primera nota. Al levantar el dedo de un traste, suena en la misma cuerda otra nota pisada (o al aire) de sonido más grave. Podemos pensar algo así como que un tirón es lo contrario de un martilleo, pero en realidad esta contraposición no lo explica todo. Un "tirón" también exige, como su nombre indica, que tiremos ligera y lateralmente de la cuerda al pisarla (estirándola generalmente hacia abajo) para soltarla repentinamente retirando el dedo del traste (algo parecido a lo que se hace en el juego de la pulga).

La notación en tablatura (y la estándar) de este libro indica un tirón mediante la letra *P*, centrada sobre una *ligadura* (una pequeña línea curva) que une los dos números de tablatura (o notas).

Ejecutar tirones

El tirón hacia una cuerda al aire es el tipo más fácil de tocar. A continuación explicamos los pasos necesarios para el tirón con cuerda al aire que aparece en la figura 9-8a:

1. **Pise la 3ª cuerda en el segundo traste con el primer o el segundo dedo (el que le resulte más cómodo) y puntee la nota normalmente con la mano derecha.**

2. **Mientras la nota aún esté sonando, levante el dedo de la cuerda al tiempo que la estira hacia abajo (hacia la 2ª cuerda) de tal**

forma que haga sonar la 3ª cuerda al aire (casi como si estuviera pulsando la cuerda con un dedo de la mano izquierda).

Cuando tocamos a toda velocidad, a veces no podemos puntear la cuerda al retirar el dedo; así que en realidad hacemos algo a medio camino entre levantar el dedo que pisa y puntear. Pruebe hasta que encuentre el movimiento del dedo de la mano izquierda que mejor le resulte.

La figura 9-8b ilustra un tirón que sólo incluye notas pisadas. El factor crucial al tocar esta clase de tirón es que *se deben pisar las dos notas con anticipación*. Escribimos esta última parte en cursiva porque es de gran importancia. Esta exigencia es una de las grandes diferencias entre el ligado ascendente y el descendente. Es necesario anticipar o preparar el tirón con antelación. A continuación le mostramos los pasos para tocar el tirón con notas pisadas que aparece en la figura 9-8b:

1. **Pise *al mismo tiempo* el segundo traste de la 3ª cuerda con el primer dedo y el cuarto traste de la 3ª cuerda con el tercer dedo.**

2. **Pulse la 3ª cuerda con la púa y, mientras la nota del cuarto traste siga sonando, levante el tercer dedo del cuarto traste (medio levantando, medio tirando hacia abajo) para que suene la nota del segundo traste (que ya está siendo pisada).**

Trate de evitar tocar la 2ª cuerda al ejecutar el tirón. También habrá comprobado que si no ha pisado la segunda nota, acabará efectuando un tirón hacia una nota al aire y no hacia el segundo traste.

Doble tirón

La figura 9-8c muestra un *doble tirón* hacia la 3ª cuerda al aire. Empiece pisando simultáneamente las dos primeras notas (con los dedos primero y segundo). Puntee la cuerda y después tire con el tercer dedo para hacer sonar la nota en el segundo traste; luego levante el primer dedo para que suene la cuerda al aire. (Fíjese en que aparecen dos letras P sobre la ligadura que une las tres notas; estas letras indican que estamos ante un *tirón* de dos notas, no una.)

La figura 9-8 ilustra un doble tirón sobre la 3ª cuerda que utiliza sólo notas pisadas. Empiece por colocar las tres notas pisadas (empleando los dedos primero, segundo y cuarto). Pulse la cuerda y después tire con el cuarto dedo para hacer sonar la nota del quinto traste; a continuación tire con el segundo dedo para hacer sonar la nota del cuarto traste.

Figura 9-8:
Cuatro tipos
de tirones

Tirón con dobles cuerdas

También se pueden tocar los tirones como dobles cuerdas. Como ocurre con los martilleos, los tirones de dobles cuerdas más comunes y los más fáciles de tocar son aquellos cuyas notas de dobles cuerdas están en el mismo traste, permitiendo hacer cejilla con ellos. (Para más información sobre las dobles cuerdas consulte el capítulo 7.)

La figura 9-9a muestra un tirón de dobles cuerdas hacia cuerdas al aire (en las cuerdas 2ª y 3ª). Después de tocar las notas del segundo traste, y mientras las cuerdas estén todavía sonando, retire el primer dedo (retire y tire a la vez) de las dos cuerdas al mismo tiempo (en un único movimiento) para que suenen las cuerdas al aire.

A continuación, pruebe con un tirón de dobles cuerdas desde el cuarto traste hasta el segundo traste, como aparece en la figura 9-9b. Coloque el primer dedo en el segundo traste, formando cejilla en las cuerdas 2ª y 3ª, y *al mismo tiempo* coloque el tercer dedo en el cuarto traste (también formado cejilla en las cuerdas 2ª y 3ª).

Ahora intente en las mismas cuerdas un *doble tirón de dobles cuerdas*, como se muestra en la figura 9-9c. Este tipo de tirón es similar al que se toca en el ejemplo de la figura 9-9b, excepto que, después de que suenen las notas del segundo traste, se retira el primer dedo del segundo traste para que suenen las cuerdas al aire.

Pista 35, 0:27

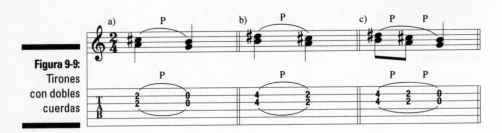

Figura 9-9:
Tirones
con dobles
cuerdas

Tirones característicos

En las figuras 9-10 y 9-11 puede ver dos *licks* característicos que utilizan tirones. La figura 9-10 presenta tirones de notas sueltas hacia cuerdas al aire. Puede oír este tipo de *licks* en muchas canciones de rock y blues.

Pista 36, 0:00

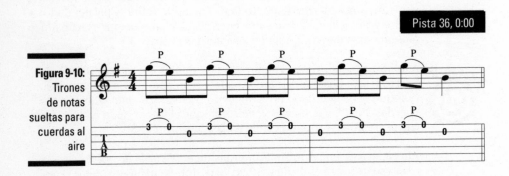

Figura 9-10:
Tirones
de notas
sueltas para
cuerdas al
aire

La figura 9-5, en la anterior sección "Martilleos característicos", indica cómo rasguear un acorde mientras martillea sobre una nota de ese acorde. La figura 9-11 le muestra la técnica contraria: rasguear un acorde mientras se efectúa un tirón. Para abrir boca, el pasaje de esta figura empieza con dos tirones de notas sueltas.

Pista 36, 0:19

Figura 9-11: Rasguear un acorde mientras se realiza un tirón en una de las notas.

A rastras con los arrastres

El *arrastre* (también llamado *slide*) es una técnica de articulación en la que usted toca una nota y después mueve el dedo de la mano izquierda a lo largo de la cuerda hasta un traste diferente. Esta técnica le permite conectar dos o más notas de una forma rápida y ligada. También le permitirá cambiar de posición en el diapasón sin brusquedad.

Son posibles muchos tipos diferentes de arrastres. Los más básicos son los que describe la lista siguiente:

✔ Arrastres entre dos notas en los que sólo se puntea la primera nota.

✔ Arrastres entre dos notas en los que se puntean las dos notas.

✔ Arrastres desde una nota indefinida situada unos cuantos trastes por encima o por debajo de la nota de llegada. (La nota es indefinida porque se empieza el arrastre con muy poca presión del dedo, para aumentarlo hasta llegar al traste de llegada.)

✔ Arrastres hacia una nota indefinida situada unos cuantos trastes por encima o por debajo de la nota de partida. (La nota es indefinida porque gradualmente se relaja la presión del dedo al alejarnos del traste de partida.)

✔ La pesca de arrastre, que está prohibida.

Ejecutar arrastres

El nombre de esta técnica, *arrastre*, nos da una pista bastante evidente sobre cómo hay que llevarla a cabo. Se trata de arrastrar un dedo de la mano izquierda a lo largo de la cuerda (hacia arriba o hacia abajo), manteniendo el contacto con ella hasta llegar a una nota nueva. A veces se conectan dos notas (por ejemplo, si arrastramos desde el séptimo traste hasta el noveno), y a veces se conecta una única nota (en un determinado traste) con una nota *indefinida* (se producen notas indefinidas al puntear una cuerda mientras aumentamos o relajamos la presión del dedo al arrastrar).

Conectar dos notas

La figura 9-12a muestra una ligadura (línea curva) a lo largo de la línea inclinada. Una ligadura indica que este es un *arrastre ligado*, que significa que *no se puntea la segunda nota*. Toque la primera nota en el noveno traste normalmente, manteniendo la nota durante un tiempo del compás. En segundo tiempo del compás, mientras la cuerda está todavía sonando, arrastre rápidamente el dedo de la mano izquierda hasta el decimosegundo traste, manteniendo todo el tiempo la presión máxima del dedo. Esta acción hace que la nota del traste doce suene sin que se la puntee.

En la figura 9-12b, en la que aparece la notación del arrastre *sin* ligado, *sí* se puntea la segunda nota. Toque y mantenga la nota del noveno traste durante un tiempo; después, en el segundo tiempo, arrástrelo hasta el duodécimo traste (manteniendo la máxima presión de los dedos al desplazarse) y pulse la cuerda con la púa justo al llegar al duodécimo traste.

Si tocamos el arrastre de la figura 9-12b con la suficiente lentitud, produciremos lo que se conoce como *glissando*. Un *glissando* es un efecto

Figura 9-12:
Dos tipos de arrastres: con la segunda nota sin puntear y con la segunda nota punteada

Pista 37, 0:00

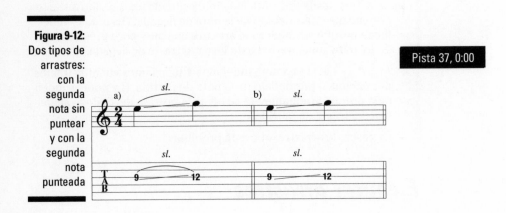

que oímos en arpas, pianos y guitarras, en el que suenan todas las notas que hay entre las dos notas principales.

Trabajar con notas indefinidas

Lo que llamamos un "arrastre inmediato ascendente" es un arrastre rápido, sin ritmo, que sirve para decorar sólo una nota; no se usa para conectar dos notas diferentes. En el ejemplo mostrado en la figura 9-13a se produce un arrastre hasta el noveno traste desde unos pocos trastes más abajo. Siga estos pasos:

1. **Empiece el arrastre unos tres trastes por debajo del traste de llegada (si el noveno traste es el de llegada, el sexto traste), aplicando una mínima presión con el dedo.**

2. **Al arrastrar el dedo, aumente gradualmente la presión de manera que, una vez en el traste de llegada, esté ejerciendo la máxima presión.**

3. **Pulse la cuerda con la púa mientras el dedo de la mano izquierda está en movimiento, en algún lugar entre los trastes de partida y de llegada (el sexto y el noveno traste, en este ejemplo).**

El arrastre que le mostramos en la figura 9-13b es lo que denominamos un "arrastre inmediato descendente". Este tipo de arrastre normalmente ocurre después de mantener una nota por algún tiempo. Da a la nota larga un final elegante. Siga estos pasos:

1. **Puntee de manera normal la nota que indica la tablatura (en este caso la del decimosegundo traste).**

2. **Después de dejar que la nota suene con la duración indicada, arrastre hacia abajo el dedo de la mano izquierda, relajando gradualmente la presión del dedo al desplazarse, para causar un efecto de apagamiento.**

   Después de unos cuantos trastes, debe levantar el dedo de la cuerda del todo, a no ser que usted quiera tocar lo que se conoce como un *arrastre largo*. En ese caso, puede arrastrar el dedo a lo largo de todo el mástil, relajando la presión del dedo (y finalmente quitando el dedo de la cuerda) hacia el final del mástil, tan cerca de la cejuela como usted quiera.

Pista 37, 0:10

Figura 9-13:
Arrastres
inmediatos
ascendentes
y descen-
dentes

Licks característicos utilizando arrastres

Las figuras 9-14 y 9-15 contienen dos *licks* característicos que utilizan arrastres. La figura 9-14 le muestra arrastres inmediatos ascendentes, que incluyen un arrastre en dobles cuerdas con cejilla. Emplee el primer dedo para tocar las dobles cuerdas con cejilla en el quinto traste, arrastrándolo desde sólo uno o dos trastes más abajo. Este *lick* tiene un sonido que inevitablemente recuerda a Chuck Berry.

Pista 38

Figura 9-14:
Algunos
arrastres al
estilo Chuck
Berry

La figura 9-15 (que también contiene un martilleo y un tirón) muestra cómo puede usted utilizar arrastres para cambiar de posición suavemente. (Los pequeños números de la notación estándar indican la digitación de la mano izquierda.) Aquí usted pasa de la tercera a la quinta posición para volver de nuevo a la tercera posición. Fíjese en que la tablatura indica los arrastres por medio de ligaduras, así que no pulse la segunda nota de cada arrastre. Siga las indicaciones de punteo en golpes ascendentes y descendentes de la tablatura (V y ⊓). ¡Sólo punteamos cinco veces, pero en realidad tocamos nueve notas!

Pista 39

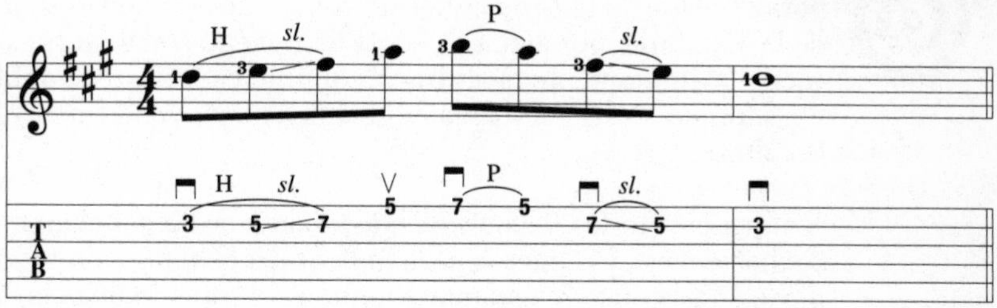

Figura 9-15:
Cambio de
posiciones
por medio
arrastres

Doble o nada

Más que ningún otro tipo de articulación, las cuerdas dobladas, también llamadas cuerdas forzadas o estiradas (o en inglés, *bend* o *bending*) son lo que hace que su guitarra hable (o cante o llore), dándole al instrumento unas posibilidades expresivas casi propias de la voz. El *bending* no es otra cosa que utilizar un dedo de la mano izquierda para empujar o tirar de una cuerda y alejarla de su alineamiento normal, estirándola a lo ancho del diapasón en dirección a la 6ª o a la 1ª cuerda. (Más adelante le indicaremos en qué dirección estirar la cuerda.)

Cuando usted dobla una cuerda lo que hace es elevar su altura sonora al estirarla. Esta elevación en altura puede ser más o menos intensa: dependerá de hasta qué punto exactamente doble usted la cuerda. Entre los *bends* más suaves y los más pronunciados hay infinitos grados intermedios. Son esos grados intermedios los que hacen que su guitarra cante.

La notación en tablatura de este libro indica los *bend* por medio de una flecha curvada con un número o una fracción (o las dos cosas) en la punta. La fracción ½, por ejemplo, quiere decir que se dobla la cuerda hasta alcanzar un semitono más arriba de la nota inicial (el equivalente a un traste). El numero *1* sobre una flecha de *bending* significa que se dobla la cuerda hasta alcanzar una altura de un tono entero respecto a la nota inicial (equivalente a dos trastes). Pueden encontrarse también fracciones como ¼ y ¾, o números mayores como *1 ½* o *2* en una flecha de cuerdas dobladas. Todas estas fracciones o números le dicen en cuántos tonos, semitonos o cuartos de tono ha de subirse la nota. Pero no se líe, ½ y *1* son las alturas de *bends* más habituales que aparecen en la mayoría de las notaciones de tablatura.

Puede comprobar si su *bend* suena o no afinado tocando la nota de llegada de forma normal (pisando y pulsando) y comparándola con la nota doblada. Si el *bend* indica un tono entero (1) en el séptimo traste de la 3ª cuerda, por ejemplo, toque el noveno traste normalmente y escuche atentamente la altura. A continuación trate de doblar la nota del séptimo traste para igualar la altura del noveno traste que tiene en la cabeza.

Aunque casi todos los editores de tablaturas de guitarra utilizan flechas curvas y números para indicar los *bendings*, no todos las emplean en la notación estándar. Algunos editores indican la altura del *bend* en las partituras, tanto de las notas dobladas como las no dobladas, escribiendo unas u otras entre paréntesis o en tamaño reducido. Para evitar la confusión, asegúrese de determinar con claridad cómo trata cada sistema el asunto de las notas dobladas antes de empezar a tocar esa partitura.

Normalmente no se dobla mucho las cuerdas en las guitarras acústicas, las cuerdas son demasiado gruesas. En la guitarra eléctrica, sin embargo, en la que doblar las cuerdas es una técnica habitual, las cuerdas son más delgadas.

Las cuerdas tienen distintos grosores o *calibres* (término que se refiere al diámetro de la cuerda en milímetros). Un juego cuerdas de guitarra acústica de calibre ligero empieza con un diámetro de 0'012 milímetros en la 1ª cuerda, lo cual se suele considerar imposible de doblar salvo por los masoquistas más recalcitrantes. (Los guitarristas llaman a todo el juego "un doce".) En las guitarras eléctricas, los juegos más habituales suelen empezar con calibres de 0'009 o 0'010 milímetros en la cuerda más alta (el "nueve" y el "diez", coloquialmente). Se pueden doblar las cuerdas de los juegos del 0'11 y el 0'12 (el "once" y "el doce"), pero hacerlo no es demasiado placentero... a no ser que le guste el dolor, claro.

Tocar doblando cuerdas

Fíjese en la foto de la figura 9-16a como punto de partida para tocar un *bend*. Lo tocaremos en la 3ª cuerda con el tercer dedo, una situación muy habitual para los *bends* (probablemente la más habitual). Siga estos pasos:

1, **Coloque el tercer dedo en el séptimo traste, pero *apoye* el tercer dedo colocando al mismo tiempo el segundo dedo en el sexto traste y el primer dedo en el quinto traste (consulte la figura 9-16a).**

Los dedos primero y segundo no producen ningún sonido, pero añaden fuerza al *bend*. Apoyar el dedo que dobla la cuerda con otros dedos que estén disponibles es siempre una buena idea.

2, Puntee la 3ª cuerda con la mano derecha.

3, Después de puntear, utilice los tres dedos juntos para empujar la cuerda en dirección a la 6ª cuerda, elevando la nota un tono entero (hasta la altura que normalmente se consigue en el noveno traste; véase la figura 9-16b).

Empujar la mano hacia el mástil al ejecutar el *bend* aporta fuerza añadida. Además, emplear en la guitarra cuerdas finas o de *calibre ligero* también le permitirá doblar más fácilmente.

Figura 9-16:
Antes de doblar (a) y después de doblar (b)

La figura 9-17 muestra el aspecto que tienen los *bends* en la partitura y en la tablatura. La figura 9-17a describe lo que llamamos un *bend inmediato*. Puntee la nota e inmediatamente después dóblela.

La figura 9-17b ilustra una técnica llamada "doblar y aflojar" (*bend and release*). Puntee la nota, después dóblela (sin volver a puntear) y desdóblela (relájela sin puntear de nuevo) hasta su posición normal. A diferencia del *bend* de la figura 9-17a, este *bend* no es inmediato, sino que aparece en la notación en un ritmo concreto (que puede oír en el MP3). Este tipo de *bends* pueden llamarse *bend en ritmo* o *bend en compás*.

La figura 9-17c ilustra la técnica de "*predoblar* y aflojar". Se dobla la nota *antes* de pulsarla con la púa. Doble la nota como lo hace en la figura 9-17a pero no puntee la cuerda hasta después de doblarla. Des-

Pista 40

Figura 9-17:
Tres tipos
de *bending*

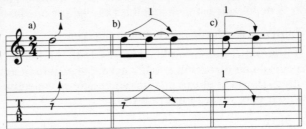

pués de puntear la nota, desdoble la cuerda (aflójela sin volver a puntear) para devolverla a su posición normal.

La mayoría de las veces, como muestran los ejemplos de la figura 9-17, se ejecuta el *bend* doblando la cuerda hacia la 6ª cuerda (o sea, hacia el techo). Pero si quiere doblar notas en las dos cuerdas más graves (5ª y 6ª), tiene que *tirar de* la cuerda hacia la 1ª cuerda (hacia el suelo) —de otro modo la cuerda se deslizaría completamente fuera del trastero.

Bends característicos

La figura 9-18 muestra una figura de cuerdas dobladas muy habitual, que usted puede aplicar en solos de rock. Fíjese en la digitación que aparece indicada en la tablatura. La mano izquierda apenas se mueve; está fija en la quinta posición (Para más información sobre las posiciones consulte el capítulo 7), con el primer dedo haciendo cejilla en el quinto traste en las cuerdas 1ª y 2ª. La segunda nota de la figura (quinto traste, 2ª cuerda) resulta ser la misma nota (*mi*) que la nota de llegada del *bend*, así que puede utilizar esa segunda nota para comprobar su precisión en el momento de doblar cuerdas. Pronto empezará usted a notar exactamente cuánto hace falta doblar una cuerda para conseguir subir la altura en un tono entero o en un semitono. Todas las cuerdas dobladas de este ejemplo son *bends* inmediatos.

Después de tocar cada *bend* de la 3ª cuerda, justo antes de pulsar la nota de la 2ª cuerda, reduzca la presión del dedo desde la nota doblada. Esto hará que la 3ª cuerda pare de sonar cuando usted puntee la 2ª cuerda.

Figura 9-18:
Bending
en la 3ª
cuerda, en
un clásico
lick solista
de rock

Pista 41

En la figura 9-19 se dobla la 2ª cuerda, una vez con un *bend* inmediato y otra con un *bend* en ritmo. Escuche el MP3 para oír cómo suena este ejemplo. Estrictamente, usted debería emplear el cuarto dedo para tocar el decimoquinto traste, pues como se habrá dado cuenta, se encuentra el la duodécima posición. Pero le indicamos que emplee el tercer dedo porque a esa altura del diapasón hay muy poca distancia entre los trastes, de modo que el tercer dedo puede llegar fácilmente, y es más fuerte que el cuarto.

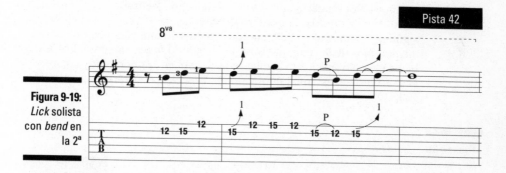

Figura 9-19:
Lick solista
con *bend* en
la 2ª

Pista 42

Los ejemplos de las figuras 9-18 y 9-19 se basan en lo que los guitarristas llaman una "rueda" o patrón: un grupo de notas o acordes cuya estructura armónica cíclica (progresión) hace pensar en la forma de una rueda. Se puede utilizar este patrón para improvisar solos. (Para más información sobre patrones y solos, consulte los capítulos 10 y 11.) Nota: en la partitura de la figura 9-19, la indicación *8va* nos indica que toquemos las notas una octava por encima de lo que está escrito.

La figura 9-20 utiliza un pequeño patrón en octava posición. Este ejemplo representa un *bend and release*: primero doblamos en un *bend* inmediato para después aflojar siguiendo el ritmo. Escuche el MP3 para oír cómo suena.

Pista 43

Figura 9-20:
Un *bend*
and release
en un *lick*
solista (esto
es, doblar y
aflojar una
nota en un
lick solista)

Aunque doblamos la mayoría de las notas empujando la cuerda hacia arriba, a veces puede hacer falta doblar una cuerda a la inversa, incluso en una de las cuerdas medias o altas (pero *no* en la 1ª cuerda, porque nos saldríamos del diapasón). Los *bendings* en dirección contraria se aplican si la nota que sigue está en una cuerda adyacente a la cuerda doblada. Entonces doblaremos la cuerda *alejándonos* de la cuerda que va a tocarse después; de otro modo, el dedo del *bend* podría tocarla involuntariamente y silenciarla.

La figura 9-21 muestra *bends* de un semitono ejecutados por el primer dedo en la 3ª cuerda. El primero dobla hacia la 6ª cuerda porque la siguiente nota está en la 2ª cuerda. (Recuerde que estamos doblando *alejándonos* de la siguiente nota.) El segundo *bend*, sin embargo, dobla hacia el suelo porque la siguiente nota está en la cuerda adyacente, la 4ª. Como ve, estamos doblando en dirección contraria a la nota siguiente.

Figura 9-21:
Una misma
cuerda,
doblada
en dos
direcciones
diferentes.
Los
asteriscos y
las notas al
pie indican
en qué
dirección se
debe doblar

Pista 44

*Doblar hacia el techo   **Doblar hacia el suelo

Puede crear un interesante efecto al doblar una nota dejándola sonar doblada, pulsando una nota en otra cuerda y después pulsando de nuevo la cuerda doblada y soltándola. Muchos guitarristas de rock sureño y de country rock son amigos de este tipo de *bends*. La figura 9-22 ilustra esta técnica del *bend mantenido*. En la notación, la línea discontinua que aparece después de la flecha indica que el *bend* es mantenido no sólo cuando se pulsa la 2ª cuerda, sino también cuando se pulsa de nuevo la 3ª cuerda; la línea continua curvada hacia abajo muestra el momento en el que se afloja o deshace el *bending* cuerda doblada. Asegúrese de doblar la 3ª cuerda hacia el techo, de manera que el dedo que dobla no toque la 2ª cuerda. Escuche el archivo MP3 de nuestra web (www.paradummies.com.mx) para oír cómo suena este *lick*.

También puede usted tocar *bends* en dobles cuerdas: simplemente se doblan dos cuerdas al mismo tiempo, normalmente haciendo cejilla en las dos cuerdas con un solo dedo. (Para más información sobre las dobles cuerdas consulte el capítulo 7.) La figura 9-23 muestra un *bend* de dobles cuerdas de las cuerdas 2ª y 3ª en el quinto traste y en un patrón. Utilice el primer dedo para tocar en dobles cuerdas en el quinto traste; luego emplee el tercer dedo para doblar y aflojar las dobles cuerdas en el séptimo traste. La doble flecha de la notación le indica que doble las dos notas. Por cierto, aparece como una única flecha en el momento de aflojar el *bend* sólo para evitar complicaciones en la notación; adelante, afloje las dos notas.

Figura 9-22:
Doblar y
mantener
una nota
mientras
se está
pulsando
otra cuerda,
para pulsar
de nuevo
y aflojar
la nota
doblada

Pista 45

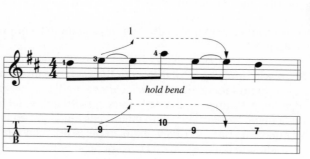

Figura 9-23:
Dobles
cuerdas
dobladas y
aflojadas
(*bend and
release*
con dobles
cuerdas)

Variar el sonido con el vibrato

Al pensar en el término *vibrato*, puede que se imagine la voz fluctuante de un cantante o la mano oscilante de un violinista. En la guitarra, sin embargo, el vibrato es una fluctuación constante y uniforme (a menudo suave) de la altura, que la mayoría de las veces se consigue doblando y aflojando suavemente una nota. Un vibrato puede añadir calidez, emoción y vida a una nota mantenida.

El momento idóneo para aplicar un vibrato es cuando se mantiene una nota durante un largo tiempo. Entonces puede añadir algo de emoción a la nota utilizando el vibrato. El vibrato no sólo da a la nota más calidez, sino que también aumenta su duración. Algunos guitarristas, como el gran *bluesman* B. B. King, son famosos por sus expresivas técnicas de vibrato. Tanto la notación en tablatura como las partituras señalan el vibrato colocando en la parte de arriba de la notación una línea ondulante sobre la nota a la que se le va a aplicar.

Podemos producir un vibrato de diferentes maneras, como se describe en esta lista:

✔ **Se puede doblar y aflojar la nota ligeramente una y otra vez, creando un efecto *Wah-Wah*.** La altura media del vibrato es ligeramente superior a la de la nota sin alteración. La técnica de la mano izquierda en este método es igual que en el *bending*: se mueve un dedo arriba y abajo en perpendicular a la cuerda, creando una fluctuación en la altura de la nota.

✔ **Se puede arrastrar o deslizar el dedo arriba y abajo a lo largo de la cuerda dentro del mismo traste.** Aunque el dedo en realidad no salga del traste, la altura se hace ligeramente más alta cuando nos acercamos a la caja y más baja cuando nos acercamos al clavijero. En consecuencia, la altura media del vibrato es igual al de la nota sin alterar. Este tipo de vibrato se utiliza casi exclusivamente cuando se toca una guitarra clásica con cuerdas de nylon. (Para más información sobre la técnica de la guitarra clásica, consulte el capítulo 13)

✔ **Si la guitarra eléctrica tiene una palanca de vibrato en el puente, se puede subir y bajar la palanca con la mano derecha, creando una fluctuación en la altura.** Además de dar mayor amplitud de vibración y más flexibilidad rítmica, la palanca permite añadir vibrato a una nota al aire.

El primer tipo de vibrato que mencionamos en esta lista, el que consiste en doblar y aflojar, es con diferencia el más habitual y es el que mostramos en los ejemplos de este capitulo. Refuerce el dedo del vibrato con otros dedos disponibles colocando todos ellos a la vez sobre la cuerda. Puede mover toda la mano mediante una rotación de muñeca mientras se mantiene fijo el dedo, o bien mover sólo el dedo (o dedos). Pruebe ambos métodos para ver cuál le resulta más cómodo.

Posiblemente le parezca que es más fácil tocar un vibrato si fija la mano izquierda sobre el mástil. Apriete un poco el mástil entre el lado del pulgar y la parte de la palma que queda dos o tres centímetros por debajo del dedo índice. Haciendo esto tendrá mejor palanca, y ello le permitirá controlar la regularidad de la fluctuación.

La figura 9-24a muestra un vibrato en el noveno traste de la 3ª cuerda. Fije la mano como hemos descrito en el párrafo anterior y doble y afloje suavemente la nota una y otra vez. Pruebe el vibrato con cada uno de los dedos. Pruébelo en diferentes trastes y en diferentes cuerdas. La notación de un vibrato nunca indica cómo de rápido o de despacio hay que doblar y aflojar: eso queda a su elección. Pero tanto si usted toca un vibrato rápido como uno lento, asegúrese de que las fluctuaciones son constantes y regulares. La notación *sí* nos dice, sin embargo, si el vibrato ha de ser *estrecho* (esto es, sólo se dobla la cuerda ligeramente en cada pulsación: menos de un semitono) o *amplio* (doblamos más la cuerda: alrededor de un semitono o incluso más). La figura 9-24b muestra un vibrato amplio, indicado por el uso de una línea de ondulaciones exagerada (picos y valles más pronunciados). Pruebe a tocar un vibrato amplio con cada dedo. Pruebe a hacerlo en diferentes trastes y cuerdas.

Pista 47

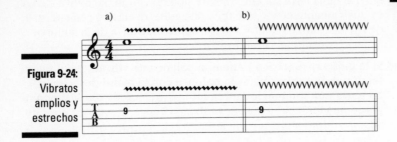

Figura 9-24: Vibratos amplios y estrechos

Si la nota que estamos manteniendo es una nota doblada (consulte la sección anterior "Doble o nada", en este mismo capítulo), creamos el vibrato *aflojando y doblando* (en lugar de doblar y aflojar), puesto que la nota ya está doblada cuando comenzamos el vibrato. Esta acción hace que la altura media de la nota sea inferior a la nota mantenida (doblada), que es la que presenta la altura máxima en el vibrato.

Después de un largo vibrato, los guitarristas a menudo ejecutan un arrastre descendente, en el cual van disminuyendo gradualmente la presión del dedo (o dedos), y así consiguen dar al vibrato un final especial. Otro truco consiste en tocar por unos segundos una larga nota sin vibrato y entonces añadir cierto vibrato hacia el final de la nota. Esta técnica del *vibrato retardado* es muy apreciada por los cantantes.

Para practicar los vibratos, toque otra vez los ejemplos que aparecen en las figuras 9-19, 9-20 y 9-23, pero añada vibrato a la nota final de cada figura. Tenga cuidado con el ejemplo de la figura 9-19: la última nota está doblada, así que usted debe aflojar y doblar la nota para producir el vibrato. Si quiere, puede terminar cada uno de los vibratos con un pequeño arrastre descendente. (Consulte la sección "Doble o nada", en este mismo capítulo, para más información sobre esta técnica.)

Nos ponemos melosos: el apagado

Para *apagar* notas o acordes en la guitarra, usamos la mano izquierda o derecha para tocar las cuerdas de tal manera que el sonido quede parcial o completamente silenciado. El *apagado* de las cuerdas también se llama *silenciado* o *muting*. Utilizamos el apagado por alguno de los siguientes motivos:

   ✔ Para crear un sonido denso o grueso a modo de efecto.

   ✔ Para evitar ruidos no deseados en las cuerdas que no estamos tocando.

Crear un efecto de sonido denso o grueso

Para usar el apagado para crear efectos percusivos, coloque la mano izquierda sobre las seis cuerdas para evitar que éstas suenen al ser golpeadas. No las apriete tanto como para que lleguen a tocar el diapasón (esto haría que sonaran las notas pisadas), sino lo suficiente como para impedir que las cuerdas vibren. Entonces pulse las cuerdas con la púa para oír el sonido apagado. La notación en tablatura indica este tipo de silenciado por medio de pequeñas X en las líneas de las cuerdas (y en lugar de las notas normales en el pentagrama), como muestra la figura 9-25a.

Aunque el *apagado de mano izquierda* apaga el sonido de las cuerdas por completo, el *apagado de mano derecha* sólo lo hace parcialmente y en la medida deseada. El silenciado parcial todavía permite distinguir las notas de las cuerdas. Para llevar a cabo esta técnica, coloque el costado de la mano derecha sobre el puente mientras toca. Al principio puede parecer un poco incómodo, pero no se preocupe. Con un poco de práctica, es posible mantener la mano en el puente y aun así

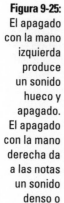

Figura 9-25:
El apagado con la mano izquierda produce un sonido hueco y apagado. El apagado con la mano derecha da a las notas un sonido denso o grueso

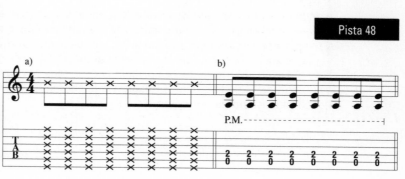

Pista 48

rasguear las cuerdas con la púa. A medida que acerque la mano derecha al diapasón, incrementará el silenciamiento. De este modo, usted puede variar el grado de apagamiento. La tablatura indica este tipo de apagado por medio de las iniciales *P. M.* (*palm mute*, silenciado con la palma) por encima del diagrama, con una línea discontinua que indica por cuánto tiempo se debe mantener el silenciado, como muestra la figura 9-25b.

Evitar ruidos no deseados en las cuerdas

Como principiante, normalmente uno no se preocupa en exceso de evitar ruidos no deseados en las cuerdas; la verdad es que estamos demasiado ocupados en hacer que las manos tengan una posición cómoda en el instrumento. Pero un guitarrista experimentado siempre está evitando ruidos no deseados, a veces incluso sin darse cuenta. Aquí tiene algunos ejemplos de cómo hacerlo:

✔ Si usted pisa, pongamos por caso, el séptimo traste de la 3ª cuerda con el tercer dedo, el tercer dedo se apoya ligeramente contra la 2ª cuerda, impidiendo que ésta suene. Al pulsar la cuerda con la mano derecha, la púa también acaba apoyándose en la 2ª cuerda, impidiendo aún más que suene.

✔ Si se toca un acorde de *re* en posición abierta y no se quiere tocar la 6ª cuerda porque no forma parte del acorde, se puede subir un poco el dedo pulgar de la mano izquierda por encima del mástil para tocar la 6ª cuerda, asegurándose así de que no suene.

✔ Si usted toca un acorde que omite una de las cuerdas centrales, será necesario silenciar esa cuerda con un dedo de la mano izquierda. Por ejemplo, mucha gente, simplemente porque piensa que suena mejor, omite la 5ª cuerda al tocar el acorde de Sol en posición abierta (aunque normalmente se toca esa cuerda en ese acorde). El dedo que está tocando la 6ª cuerda se apoya contra la 5ª, silenciándola por completo.

Licks característicos usando el apagado

Si rasgueamos el mismo acorde una y otra vez, especialmente un acorde de cejilla siguiendo un patrón de corcheas constantes, podemos hacerlo más interesante elevando algunas veces ligeramente la mano izquierda para silenciar las cuerdas. La alternancia entre el acorde tocado normalmente y las cuerdas silenciadas puede crear unos interesantes efectos de *síncopa* (efectos en los cuales la acentuación normal y esperada de las notas es alterada de forma intencionada). La figura 9-26 muestra esta técnica.

Figura 9-26:
Efecto de síncopa logrado por medio del apagado con la mano izquierda

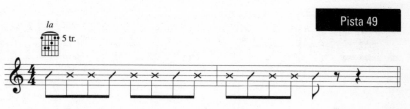

La figura 9-27 muestra cómo usar el apagado con la mano derecha en una típica figura rítmica de guitarra de rock duro o heavy metal. Mantenga el costado de la mano derecha sobre el puente, o cerca de él, mientras toca las notas para las cuales la tablatura indica un silenciado con la palma (*P. M.*). Pero no silencie las notas tanto como para no poder distinguir de qué notas se trata. Levante la mano en las notas acentuadas (indicadas con el símbolo >).

Figura 9-27:
Apagado con la palma de la mano en un *riff* de rock duro

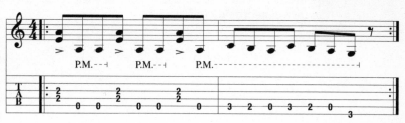

En los discos de Johnny Cash y de otros artistas clásicos del country se puede oír el sonido de guitarras silenciadas. La figura 9-28 está basada en un sencillo acorde de *do*, pero el silenciado con la palma de la mano le da al *riff* un aire country.

Pista 51

Figura 9-28:
Apagado con la palma de la mano en un *riff* de country

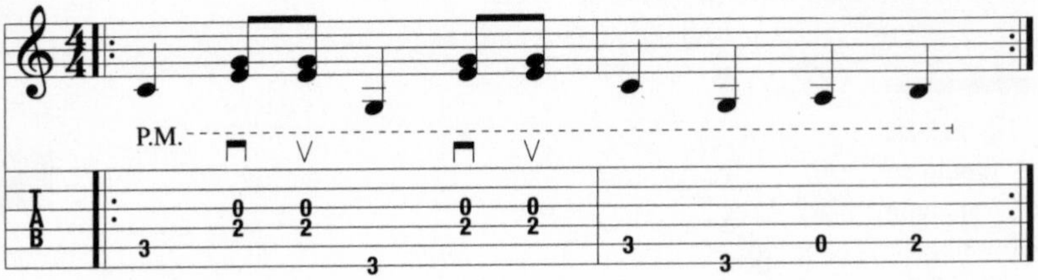

P.M. --

Tocar una canción con articulación variada

The Articulate Blues es una breve pieza solista en forma de blues de doce compases que emplea todas las articulaciones que hemos tratado en este capítulo. (Para más información sobre la forma del blues de doce compases véanse los capítulos 6, 10 y 11.) Este "blues articulado" combina notas sueltas, acordes y *riffs*. Es un estilo integrado, el que los guitarristas practican en la vida real. En la notación de la canción se pueden ver arrastres, tirones, *bendings*, vibratos y martilleos. La tablatura no indica ningún silenciado, pero puede usar esa técnica en cualquier momento en que quiera evitar ruidos no deseados; en el compás 5, por ejemplo, puede apoyar el pulgar izquierdo ligeramente sobre la 6ª cuerda para evitar que suene mientras toca el acorde de *la* 7.

The Articulate Blues

Parte IV
Cornucopia de estilos

De todos los guitarristas de jazz, el más insólito era "Gil" Montgomery, que también tocaba el pez trompeta, el pez flauta y el pez lira

En esta parte...

Es posible que usted creciera con un póster de Jimi Hendrix en la pared o quizá su gusto se inclinara más por Roy Clark. Sea cual sea su héroe de la guitarra (Stevie Ray Vaughan, Joni Mitchell, B. B. King, Bonnie Raitt, Wes Montgomery o Andrés Segovia), una cosa es segura: la guitarra es un instrumento versátil. En este apartado introduciremos las técnicas que nos permiten tocar estilos de música tan diferentes con la guitarra.

Capítulo 10

Rock

· ·

En este capítulo

▶ Guitarra rítmica de rock and roll clásico

▶ Guitarra solista de rock

▶ Construir solos

▶ Técnicas de rock moderno y del country rock

▶ Toque rock and roll

· ·

*T*ocar rock and roll con la guitarra es posiblemente de las cosas más divertidas que se puede hacer con un objeto inanimado. Con el volumen a tope y la adrenalina al máximo, no hay hay como dejarse llevar por un frenético ritmo metálico o un solo estridente frente a un público entregado aunque éste sólo esté compuesto por uno mismo mirándose en el espejo. Lo único que usted necesita es aprender a tocar un par de patrones sencillos y enseguida podrá contonearse como Elvis, hacer el paso del pato de Chuck Berry o agitar los brazos cual molino de viento como el mismísimo Pete Townshend.

 Si le quitamos toda la espectacularidad y la fanfarronería, la guitarra de rock es como cualquier otro estilo de guitarra. Se aprende paso a paso y después se practica, se practica y se practica hasta que sale de manera natural. Sólo una vez aprendidos unos cuantos patrónes rítmicos y solistas empieza el verdadero trabajo de la estrella del rock, ponerse delante de un espejo y perfeccionar los movimientos.

En este capítulo precticaremos todos los palos: el rock clásico, el rock moderno y el rock sureño. Por el camino irá adquiriendo ciertas habilidades y técnicas aplicables a otros estilos, tales como tocar patrones (y sobre ellos) y utilizar afinaciones alternativas de la guitarra.

Rock clásico

Definiremos el rock clásico como el estilo sencillo y directo que inició Chuck Berry y que podemos oír en la música de los primeros Beatles, los Rolling Stones, los Who, los Beach Boys y otros tantos que basaron su sonido en ritmos sólidos basados en acordes de guitarra. También incluye a los rockeros que se inspiraron en el blues, tales como Jimi Hendrix, Jimmy Page (de Led Zeppelin) o Eric Clapton (de Cream).

Guitarra rítmica

Prácticamente el 99 por ciento de la guitarra de rock se toca utilizando lo que se llaman patrones rítmicos de guitarra (o guitarra rítmica). Para un guitarrista, *tocar la guitarra rítmica* consiste en proporcionar el acompañamiento o apoyo a un vocalista o a otro instrumento. Las más de las veces, este acompañamiento supone rasguear acordes y, en menor medida, tocar *riffs* de notas sueltas o de dobles cuerdas (dos notas tocadas a la vez, consulte capítulo 7), o *riffs* en el registro inferior (las dos o tres cuerdas más graves). Escuche las estrofas de *Johnny B. Goode* de Chuck Berry o *I Saw Her Standing There* de los Beatles para oír lo que es una guitarra rítmica rockera en estado puro, o escuche *Day Tripper* de los Beatles para apreciar un buen *riff* con las notas inferiores. También vale la pena oír escuchar algo de Pete Townshend, de los Who, la quintaesencia del guitarrista rítmico, que además inmortalizó la técnica del "molino de viento": un gran movimiento circular del brazo derecho para rasguear los acordes. Y aunque es conocido sobre todo por sus innovadoras aportaciones como guitarrista solista, Eddie Van Halen es uno de los mejores guitarristas rítmicos del rock moderno.

Acompañamiento en posición abierta

El *estilo Chuck Berry*, una sencilla *figura rítmica* (patrón de acompañamiento) en *posición abierta* (usando cuerdas al aire), toma su nombre del hecho de que casi todas las canciones Berry emplean este patrón. La figura 10-1 ilustra este patrón.

El patrón de la figura 10-1 presenta un movimiento entre dos notas del acorde, los *grados* (semitonos) quinto y sexto de la escala (esto es, de la escala mayor correspondiente a la tonalidad en la que estamos tocando). (Ya conoce la *escala mayor*; es la que tenemos al tocar al piano todas las teclas blancas, de *do* a *do: do-re-mi-fa-sol-la-si-do*.) Conocer los grados no es importante; únicamente tenga en cuenta que los músicos a veces llaman a esta figura el *patrón 5-6*.

Para tocar este ritmo de forma efectiva, use las siguientes técnicas:

✔ Fije el primer dedo (en el segundo traste) y añada el tercero (en el cuarto traste) cuando lo requiera la ejecución.

✔ Pulse todas las notas púa abajo.

✔ No levante el primer dedo al añadir el tercero.

Fíjese en cómo los tres acordes, *la, re* y *mi* usan exactamente la misma digitación, y cómo las cuerdas al aire hacen que el patrón sea fácil de tocar.

Pista 53

Figura 10-1: El clásico *riff* de acompañamiento rockero al estilo de Chuck Berry, para los acordes de *la, re* y *mi*

El patrón del blues de doce compases

El patrón 5-6 suena estupendamente, pero para ponerlo a nuestro servicio es necesario colocarlo en una sucesión. La figura 10-2 muestra lo que se conoce como *sucesión de blues de doce compases*, una progresión de acordes habitual en infinidad de canciones de rock: *Johnny B. Goode*, *Roll Over Beethoven*, *Tutti Fruti*, *At the Hop* o *Blue Suede Shoes*, por citar algunas.

Pista 54

Figura 10-2: Una sucesión de blues de doce compases en *la*

Fíjese en que la sucesión de blues de doce compases de la figura 10-2 está en la tonalidad de La, utiliza el movimiento 5-6 y tiene símbolos de acordes mayores encima de las notas. La sucesión de blues de doce compases puede darse en cualquier tonalidad, y a menudo utiliza acordes de séptima de dominante (como en el capítulo 6) en lugar de acordes mayores.

Guitarra solista

Una vez familiarizado con las bases de la guitarra rítmica rockera, suponemos que querrá probar suerte con algún solo, lo cual consiste sencillamente en tocar notas sueltas sobre un acompañamiento. Se pueden tocar *licks* (frases cortas y autónomas) aprendidos de memoria o bien improvisar inventándose las melodías sobre la marcha. En esta sección le proporcionaremos los elementos básicos de los grandes solos clásicos de guitarra, le ayudaremos a articular el conjunto, le mostraremos cómo unirlo todo y acabaremos con algunos consejos para que usted pueda crear sus propios solos.

¿Qué encontramos en el patrón 1? La escala pentatónica menor

Desde ahora mismo, usted va a poder tocar la guitarra solista simplemente memorizando unos cuantos patrones sencillos de digitación llamados, valga la redundancia, *patrones*, cuyos resultados son casi instantáneos. Muchos guitarristas basan sus solos en estos patrones de digitación constantes que nos hacen pensar en la estructura circular de una rueda (de ahí que también se les llame *ruedas*), tocando las notas de ese patrón en diferente orden una y otra vez prácticamente a lo largo de todo un solo o sección. Al tocar un solo sobre una progresión básica de acordes, usted puede mantenerse dentro de ese único patrón aunque cambien los acordes. Tras aprenderse los patrones de este capítulo, su arsenal para tocar solos sobre la progresión del blues de doce compases será muy amplio (consulte el capítulo 11 para más información sobre los solos).

El primer patrón que le vamos a enseñar está formado por las notas de lo que se conoce como *escala pentatónica menor*, y es el patrón, o rueda, más útil para tocar rock (además de ser la madre de los patrones de blues; consulte el capítulo 11). No es necesario que piense en teoría, escalas ni acordes: sólo en la digitación, que sí es necesario que se aprenda. Estos patrones no contienen más que las notas de la escala, así que simplemente moviendo los dedos al ritmo de una base, podrá usted al momento tocar solos de rock. No le tiene que añadir ni agua (lo cual, además, sería peligroso si está tocando una guitarra eléctrica).

La escala pentatónica menor es una escala de cinco notas; su fórmula, en grados de la escala (siempre en relación con la escala mayor que empieza por la misma nota) es: 1, ♭3, 4, 5, ♭7. Si las notas de la escala de *do* mayor, por ejemplo, están numeradas del 1 al 7 de esta manera: *do* (1), *re* (2), *mi* (3), *fa* (4), *sol* (5), *la* (6), *si* (7); las notas de la escala pentatónica de *do* menor son *do* (1), *mi*♭ (♭3), *fa* (4), *sol* (5), *si*♭ (♭7). Esa es la teoría en cualquier caso, pero por ahora usted va a limitarse a aprenderse un patrón y basarse en el oído (no en el cerebro) como guía para sus dedos.

La figura 10-3 muestra una escala pentatónica menor en *la* en la quinta posición, que abarca dos octavas. (Para más información sobre las posiciones consulte el capítulo 7.) Este ejemplo será su primer patrón, que llamaremos aquí *patrón I*.

Antes de empezar, asegúrese de entender la correspondencia entre la notación y los diagramas del mástil. Fíjese que el diagrama del mástil no muestra un acorde sino una escala, es decir, las notas se tocan una por una, desde la más baja hacia la más alta (como muestra el pentagrama y la tablatura que aparecen debajo).

Fíjese en cómo en la figura le mostramos (bajo las notas de la notación estándar) el grado de la escala, algo poco importante, así como (bajo los números de la tablatura) la digitación de cada nota, algo muy importante; también le mostramos qué notas son idóneas para el *bending*. Apréndase de memoria la digitación, hasta que sea capaz de tocarla durmiendo. Este patrón es *imprescindible* si quiere tocar rock con la guitarra. Apréndalo de memoria, de verdad. Tóquelo una y otra vez, de arriba abajo. (Hablamos en serio.)

Usamos la tonalidad de *la* en todos los ejemplos de esta sección porque los acordes de acompañamiento (mostrados en la figura 10-2) son fáciles de tocar y las notas de solo quedan hacia la mitad del mástil, donde resultan más cómodas. Pero si usted prefiere tocar en otras tonalidades, mueva el patrón arriba o abajo el número de trastes que sea preciso. Por ejemplo, para tocar en la tonalidad de *si* debería subir el patrón dos trastes.

Conocer patrones para improvisar solos es lo que hace que tocar la guitarra de rock (o de blues) sea tan divertido; no tiene que pensar, sólo *sentir*. Por supuesto, no se trata simplemente de tocar las cinco notas de la escala arriba y abajo una y otra vez, pues muy pronto se aburriría. En lugar de ello, use su creatividad para crear *licks* usando la escala y añadiendo *articulaciones* tales como cuerdas dobladas, arrastres y martilleos hasta conseguir un solo completo. (Para más información sobre las técnicas de articulación consulte el capítulo 9.) Le mostramos cómo añadir estas articulaciones en la siguiente sección.

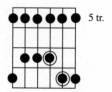

5 tr.

Caja I

Figura 10-3: patrón I, una escala pentatónica menor en *la* en la quinta posición

buenas notas para doblar

Articular

El patrón le orienta sobre qué tocar en un solo, pero la articulación le orienta sobre cómo tocarlo. La articulación incluye los martilleos, los tirones, los arrastres, las cuerdas dobladas y el vibrato. Estos elementos son los que hacen que un solo suene a solo, porque le dan expresividad personalidad. El capítulo 9 están las explicaciones para practicar cada articulación paso a paso, aquí le vamos a explicar cómo *usar* las articulaciones para tocar un poco rock como Dios manda.

La figura 10-4 muestra un *lick* de cuatro compases con notas del patrón I (la escala pentatónica menor) en orden ascendente y descendente, conectadas por medio de martilleos y tirones. Fíjese en cuánto gana el sonido en fluidez y continuidad, frente a lo que se oye cuando se pulsan las notas por separado.

Doblar las notas (el *bending*) es probablemente una de las técnicas que mejor queda en los solos de guitarra, pero el truco está en saber qué notas hay que doblar y cuándo es mejor hacerlo. Al tocar la pentatónica menor, a los guitarristas les gusta mucho doblar las notas en la 2ª y la 3ª cuerda, porque la tensión creada produce una sensación musical muy potente. Doblan la cuerda hacia el cielo (su dirección favorita). Empiece doblando la nota del tercer dedo en la 3ª cuerda y la nota del cuarto dedo en la 2ª cuerda (consulte el capítulo 9 para más información sobre cómo doblar una nota). La figura 10-5 muestra una típica frase de cuatro compases en el patrón I, con notas dobladas en las cuerdas 2ª y 3ª.

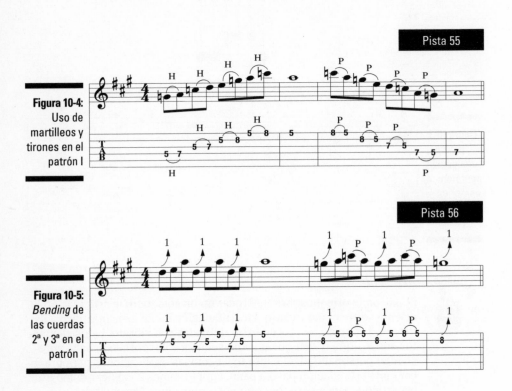

Figura 10-4:
Uso de martilleos y tirones en el patrón I

Pista 55

Pista 56

Figura 10-5:
Bending de las cuerdas 2ª y 3ª en el patrón I

La figura 10-6 muestra una típica frase de dos compases con un *bending* simultáneo de dos cuerdas en el patrón I. La nota que está en el séptimo traste de la 2ª cuerda no forma parte de la escala pentatónica menor en *la*, pero suena bien de todas formas, y es fácil de tocar porque el tercer dedo hace cejilla en las dos notas de las dobles cuerdas.

Añada un poco de vibrato a la nota final para añadirle expresividad.

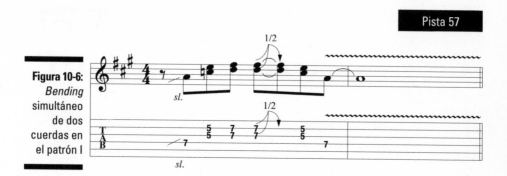

Figura 10-6:
Bending
simultáneo
de dos
cuerdas en
el patrón I

Improvisar un solo a partir del patrón I

Un solo improvisado es algo que se crea y nadie puede enseñarle exactamente qué tocar. Pero podemos enseñarle las herramientas necesarias para crear solos, de manera que usted pueda practicar e ir haciéndose cierta idea. Más allá de esto, sin embargo, tendrá que ser su propia personalidad la que hable.

Por ahora, empiece a hacerse una idea de cómo tocar la guitarra solista tocando sobre el patrón de acompañamiento de blues de doce compases que le enseñamos en la figura 10-2, incluido en el MP3.

Fíjese en que cada una de las frases (en las figuras 10-4, 10-5 y 10-6) que le enseñamos en la sección anterior, "Añadir articulaciones", alterna un compás *activo* (que contiene muchas notas) y otro *estático* (que contiene sólo una nota). Esta alternancia entre actividad y calma impide la monotonía. Toque estos fraseos siguiendo el orden que le damos en las siguientes indicaciones, y tendrá un solo de doce compases. (Si quiere, puede tocar el solo una y otra vez.) Para tocar un solo así, sólo tiene que seguir estos pasos:

1. **En los primeros cuatro compases del solo, toque dos veces el *lick* de cuerdas pisadas simultáneas que aparece en la figura 10-6.**

2. **En los cuatro siguientes compases del solo, toque el *lick* de martilleo/tirón, como aparece en la figura 10-4.**

3. **En los cuatro últimos compases del solo, toque el *lick* de "cuerdas 2ª y 3ª dobladas", como aparece en figura 10-5.**

Estos tres pasos aparecen en la notación de la figura 10-7. Tocar este ejemplo le dará una idea de cómo se toca la guitarra solista: su pequeño solo suena como una serie de frases y así es como debe ser.

Figura 10-7: Juntamos tres *licks* del patrón I para crear un solo de doce compases

Patrones II y III

Los dos siguientes patrones, que llamamos aquí *patrón II* y *patrón III*, no presentan notas en las seis cuerdas como lo hacía el Patrón I, porque los guitarristas suelen tocar sólo las notas de las dos o tres cuerdas más altas.

El patrón II consta de cinco notas, como muestra la figura 10-8. Fíjese en que las dos notas de la parte superior del patrón (en el octavo traste) también forman parte del patrón I, pero allí se tocaban con el tercer dedo o el meñique. Este patrón presenta notas de la escala pentatónica menor en La en la octava posición. Nuevamente, en la figura, demostramos el grado de la escala y la digitación de cada nota, y también qué nota es buena para doblar (*bending*).

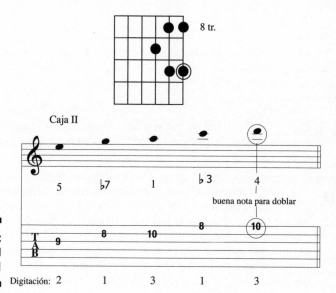

Figura 10-8:
Notas del
patrón II

El patrón II gusta mucho porque tiene una buena nota para doblar con el tercer dedo, y además esa nota es la más alta del patrón. Y la verdad es que, para tocar la guitarra solista, lo alto suele gustar. Se puede tocar la nota más alta del patrón y elevarla aún más subiéndola un tono entero gracias al *bending*. Esta técnica produce un gran efecto dramático. No espere para probarla.

En la figura 10-9 vemos un típico *lick* con notas del patrón II, con un *bending* en la nota más alta del patrón.

Figura 10-9:
Bend en la
nota más
alta del
patrón II

El patrón III tiene su gracia, porque algunas de sus notas no están en la escala pentatónica menor en *la*, y aun así los guitarristas la utilizan mucho. La siguiente lista le indica todo lo que el patrón III tiene a su favor:

✔ El patrón III es fácil de tocar y de memorizar; es exactamente como el patrón II, pero está dos trastes más arriba en el diapasón.

✔ El patrón III tiene dos notas —*fa* ♯ (el grado sexto) y *si* (el grado segundo)— que no coinciden con la escala pentatónica menor en *la*. Y esto es bueno. Estas dos notas están tomadas del relativo mayor (la escala mayor que comienza por la misma nota, en este caso *la*), y a veces a los guitarristas les gusta añadirlas a la escala pentatónica menor para dar un poco más de variedad y sabor. Es el *predominio* de las notas de la escala pentatónica menor lo que da su sabor al rock clásico (y al blues), no la exclusión de todas las demás notas.

✔ La mejor nota para un *bending* corresponde en el patrón III al tercer dedo.

✔ El primer grado de la escala, la nota con la que a menudo se termina una frase, se corresponde con el primer dedo en la 2ª cuerda de este patrón. Se tiende a aplicar vibrato a la nota final de una frase (especialmente si la nota es mantenida), y esto proporciona una cuerda y un dedo idóneos para realizar el vibrato.

La figura 10-10 muestra el patrón III (en la décima posición, en la tonalidad de *la*). Nuevamente señalamos el grado de la escala y la digitación de cada nota, y volvemos a señalar con un círculo la nota idónea para doblar.

A menudo los guitarristas se centran en las cuerdas 2ª y 3ª del patrón III, como se muestra en la figura 10-11, que presenta una típica frase del patrón III. ¡No se olvide de hacer vibrar la última nota!

Si quiere tocar ahora mismo una canción de estilo rock and roll clásico, dé un salto (de pato) y diríjase directamente a la canción *Chuck's Duck*, en la sección "Tocar canciones de rock", más adelante en este mismo capítulo.

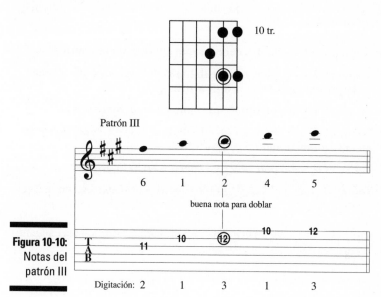

Figura 10-10:
Notas del patrón III

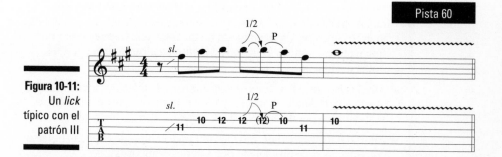

Pista 60

Figura 10-11:
Un *lick* típico con el patrón III

Construir un solo a partir de los patrones I, II y III

Esta sección simplemente reúne *licks* de los tres patrones que descritos en las secciones anteriores. No necesita ninguna información nueva; basta con reunir lo que ya ha aprendido en esas secciones. (Si aún no lo ha hecho, le recomendamos que lo haga ahora, antes de probar el solo que describimos aquí.) En otras palabras, *después* de fabricar los ladrillos podrá unirlos para construir la casa.

En la siguiente lista le damos las pautas para tocar un solo prefabricado de doce compases, consistente en seis frases de dos compases cada una (utilizando los tres patrones) que hemos visto en las secciones anteriores. Siga estos pasos:

1. **Toque el *lick* de dobles cuerdas que aparece en la figura 10-6.**

2. **Toque el *lick* del patrón I que dobla la 3ª cuerda, como aparece en la primera mitad de la figura 10-5.**

3. **Toque el *lick* del patrón III que aparece en la figura 10-11.**

4. **Toque el *lick* del patrón I que dobla la 2ª cuerda, como aparece en la segunda mitad de la figura 10-5.**

5. **Toque el *lick* del patrón II que aparece en la figura 10-9.**

6. **Toque de nuevo el *lick* de dobles cuerdas que aparece en la figura 10-6.**

La figura 10-12 ilustra la música que corresponde a estos pasos. Escuche el MP3 para oír cómo suena este solo.

Al tocar este solo una y otra vez, usted se irá familiarizando con los solos que utilizan las tres cajas sobre una sucesión de blues de doce compases. La diversión empieza cuando usted comienza a inventar sus propios solos. Aquí tiene algunas pautas para crear sus propios solos:

✔ Piense en frases cortas unidas entre sí. Puede incluso tocar una misma frase corta una y otra vez, aunque los acordes del acompañamiento cambien. Un buen modo de inventar una frase es crear una que resulte cantable. Cante en su mente una frase corta y use las notas del patrón.

✔ Añada algo de articulación: especialmente *bending*, porque es lo que suena mejor. Añada vibrato a las notas largas que terminan las frases; también puede, justo al final, arrastrar la nota hacia abajo.

✔ Alterne entre actividad (muchas notas) y calma (unas pocas notas o sólo una, incluso un silencio por algunos compases).

✔ Muévase de un patrón a otra para ampliar los registros de su solo.

No se corte, ni se preocupe por cometer errores. En nuestra opinión, en realidad no puede cometer errores, porque todas las notas de los patrones suenan bien sobre los acordes de la progresión de acompañamiento. El único error que puede cometer es evitar los solos por miedo a sonar poco convincente. Los solos necesitan práctica, tranquilo que poco a poco irá ganando confianza. Si es usted demasiado tímido como para hacer solos delante de otras personas, empiece por hacerlo a la vez que el MP3, donde nadie le oiga. Muy pronto nadie podrá pararle.

Pista 61

Figura 10-12: Seis *licks* de dos compases procedentes de los patrones, unidos para formar un solo de doce compases

Escuche discos para conseguir ideas nuevas a medida que vaya ganando más confianza en su forma de tocar. Es posible que al oír una grabación sea capaz de reconocer exactamente lo que el guitarrista está tocando, porque la mayoría de los guitarristas usan los mismos patrones, *bends*, vibratos, etcétera que usted. Algunos grandes guitarristas que le pueden inspirar son Chuck Berry, Jimi Hendrix, Eric Clapton y Eddie Van Halen.

Rock moderno

Mientras que en el rock clásico la guitarra emplea acordes sencillos, el rock más *moderno* emplea acordes diferentes de los acordes básicos que conocemos (mayores, menores y de séptima). El vocabulario del rock moderno incluye *acordes de sustitución*, *acordes de nota añadida*, *acordes híbridos* y otros acordes inusuales que resultan de modificar la afinación de la guitarra.

Las *afinaciones alternativas* le permiten crear colores y texturas totalmente nuevas en la guitarra rítmica, que no son posibles con la afinación al uso; este sonido es un componente especialmente importante del movimiento alternativo de los años noventa.

Describiremos en esta sección otro enfoque de la guitarra solista, en el cual se emplea la escala pentatónica *mayor*, frente a la escala menor tomada del blues que hemos visto como habitual en éste y también en el rock clásico. Se puede usar la escala pentatónica mayor para solos de guitarra en el rock sureño y en el country rock, así como para dar más variedad a los solos basados en el blues.

Acordes de sustitución y de nota añadida

Los acordes a menudo se construyen tomando una de cada dos notas de una escala mayor. Por ejemplo, si construimos un acorde seleccionando de la escala de *do* mayor (*do-re-mi-fa-sol-la-si*) una nota sí y otra no, tenemos *do-mi-sol* (un acorde de Do mayor). A los *elementos individuales* de los acordes (las notas individuales que al unirse forman el acorde) se les llama según su grado en la escala: *do* es "1" (o la *fundamental* del acorde); *mi* es "3" (o la *tercera* del acorde); y *sol* es "5" (o la *quinta* del acorde).

En los acordes de sustitución (*sus*), sustituimos la tercera de un acorde por la cuarta, como en *sus4*, o a veces por la segunda, como en *sus2*. El sonido resultante tiene un aire incompleto o sin resolver, pero crea un interesante sonido que no es ni mayor ni menor.

Un acorde *de nota añadida* (*add*) es simplemente un acorde básico (un acorde mayor, por ejemplo) al cual añadimos una nota adicional. Si tomamos un acorde de *do* y le añadimos un *re*, por ejemplo, tenemos el acorde *do add* 2 (con las notas *do-re-mi-sol*). Este acorde es diferente de *do sus*2, que carece de *mi* (y tiene en su lugar un *re*).

Acordes de sustitución en posición abierta

Aunque es posible tocar los acordes de sustitución como acordes móviles con cejilla, en posición abierta son más fáciles de tocar, y son éstos los que los guitarristas usan más habitualmente. La figura 10-13 muestra las diferentes digitaciones de una sucesión que utiliza los acordes *re* 4 *sus*, *re sus*2, *la sus*4 y *la sus*2.

Pista 62, 0:00

Figura 10-13: Digitaciones y una sucesión para los acordes *la sus*4, *la sus*2, *re sus*4 y *re sus*2

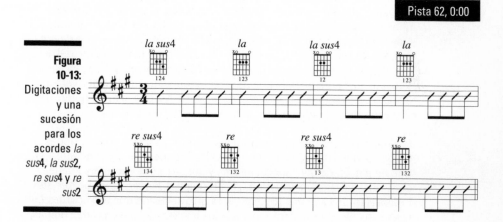

Acordes de nota añadida en posición abierta

Puede tocar acordes de nota añadida como acordes móviles con cejilla, pero los acordes de nota añadida en posición abierta son los más habituales y los más fáciles de tocar. La figura 10-14 muestra las digitaciones y una sucesión del acorde de *do add*9 (que añade una nota de *re*, el décimo grado de la escala de *do*, a las tres notas que conforman el acorde básico de *do* mayor) y dos acordes de *sol* "con cuatro dedos". El acorde de *sol* "con cuatro dedos" no es un acorde de nota añadida, pero casi siempre se usa esta digitación de *sol* antes o después de un acorde de *do add*9.

Pista 62, 0:15

Figura 10-14: Digitaciones y sucesión que utilizan *do add*9 y *sol*

Acordes híbridos

Los *acordes híbridos* (que se llaman también acordes pedales) son acordes coloristas e interesantes que añaden sabor al rock moderno. Un acorde híbrido es simplemente un acorde con una barra oblicua (/) en su nombre, como *la* m/*do* ("*la* menor sobre *do*"). A la izquierda de la barra está el acorde propiamente dicho. A la derecha de la barra está la nota de *bajo* de ese acorde. A menudo la nota más grave de un acorde (su nota de bajo) es la *fundamental* del acorde (la nota que da nombre al acorde). De modo que, si vemos un acorde que se llama *la* menor, partimos de que la nota de bajo será *la*. Pero la fundamental no es siempre la nota más baja de un acorde. En realidad, cualquier nota puede servir de nota de bajo, ya sea otra nota del acorde (como la tercera o la quinta del acorde), o incluso una nota que ni siquiera sea parte del acorde. Si, en efecto, tenemos una nota de bajo que no es la fundamental, indicamos esta nota de bajo colocándola a la derecha de la barra. Así que *la* m/*do* quiere decir que estamos tocando un acorde de *la* m, pero con bajo en *do*.

Los guitarristas a menudo utilizan los acordes híbridos en sucesiones en las que la línea de bajo forma una escala ascendente o descendente. Este tipo de patrón de bajo aporta interés y unidad a una sucesión. Puede oírse una sucesión de este tipo en la canción *A Whiter Shade of Pale*, de Procol Harum. La figura 10-15 muestra otra sucesión que usa acordes híbridos de este modo. Para sacar a la luz la línea de bajo en cada compás, basta con tocar la nota inferior del acorde en el tiempo fuerte inicial, y después rasguear el acorde en los tiempos segundo y tercero (eso es lo que significa "Bajo rasgueo rasgueo").

Los acordes de la figura 10-15 presentan unas "x" que nos indican qué cuerdas *no* debemos hacer sonar. Para impedir que una cuerda suene, use el dedo de la mano izquierda que esté pisando la cuerda adyacente de sonido grave para silenciar la cuerda; basta con tocarla ligeramente.

Pista 63

Figura 10-15: Una sucesión de acordes híbridos en la que las sucesivas notas de bajo forman una escala descendente

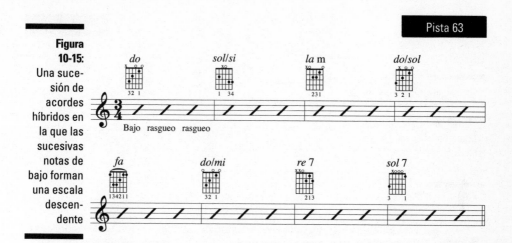

Afinaciones alternativas

A finales de los años ochenta y en los noventa, el rock moderno empezó a utilizar con frecuencia *afinaciones alternativas*, es decir, diferentes de la afinación estándar *mi-la-re-sol-si-mi* (consulte el capítulo 2). Mediante el uso de afinaciones alternativas, es posible conseguir sonidos nuevos y excitantes que son imposibles de lograr con la afinación al uso, pero que son fáciles de digitar en la afinación alternativa. Pero recuerde: una vez cambiada la afinación de su guitarra debe decir adiós a todas aquellas digitaciones con las que ya está familiarizado. Ésa es la razón por la cual aprender nuevos *licks* y *riffs* en afinaciones alternativas por medio de la lectura de tablaturas puede resultar especialmente útil. Artistas como Joni Mitchell, los Rolling Stones o Soundgarden hacen un uso considerable de las afinaciones alternativas.

re caído (re-la-re-sol-si-mi)

La afinación en *re* caído (llamada así porque hacemos descender la afinación de la cuerda de *mi* grave a *re*) es la afinación alternativa que más se acerca a la afinación habitual: sólo se modifica la afinación de la 6ª cuerda. Para conseguir esta afinación, baje la afinación de la 6ª cuerda un tono, hasta que suene una octava por debajo de la 4ª cuerda. Esta afinación le permite tocar un acorde de *re* o *re* m con un *re* grave como fundamental en la 6ª cuerda, lo cual proporciona un sonido potente y sustancioso.

La figura 10-16 muestra un pasaje típico con la afinación en *re* caído. Tiene un sonido que recuerda al blues. Doble muy ligeramente la nota de la 6ª cuerda en el tercer traste.

Pista 64, 0:00

Figura 10-16:
Una frase típica en la afinación en *re* caído

 Una ventaja de la afinación en *re* caído es que se pueden tocar acordes de potencia graves en las dos notas inferiores como cejillas de dos cuerdas, lo que permite tocar con más facilidad *riffs* con acordes de potencia, como muestra la figura 10-17.

Pista 64, 0:15

Figura 10-17:
Un *riff* sobre un acorde de potencia grave en afinación en *re* caído

re *abierto* (re-la-re-fa ♯-la-re)

En una *afinación abierta* o *al aire*, las cuerdas al aire forman un acorde mayor. En la *afinación en* re *abierto* forman -¿qué raro, verdad?- un acorde de *re*. En esta afinación, la mayoría de los acordes que se toquen no son otra cosa que cuerdas al aire, o bien un único dedo pisa todas las cuerdas a modo de cejilla. Es posible, por ejemplo, tocar un acorde de *sol* simplemente haciendo cejilla con el dedo índice en todo el quinto traste. Joni Mitchell ha utilizado en abundancia esta afinación en canciones como *Big Yellow Taxi*.

Para conseguir esta afinación, siga los pasos que le indicamos:

1. **Haga descender la 6ª cuerda hasta que suene una octava por debajo de la 4ª cuerda al aire.**

2. **Haga descender la 3ª cuerda de tal manera que se corresponda con la nota del cuarto traste en la 4ª cuerda.**

3. **Haga descender la 2ª cuerda de modo que se corresponda con la nota del tercer traste en la 3ª cuerda.**

4. **Haga descender la 1ª cuerda de forma que se corresponda con la nota del quinto traste de la 2ª cuerda (y esté una octava por encima de la 4ª cuerda al aire).**

Si se elevan las seis cuerdas un tono entero (dos trastes) desde la afinación en *re* abierto, se consigue la afinación de *mi* abierto, (*mi-si-mi-sol #-si-mi*), que podemos considerar fundamentalmente equiparable a *re* abierto, porque las relaciones entre las cuerdas siguen siendo las mismas, aunque las notas en realidad sean distintas.

En la figura 10-18 puede ver una frase típica que usa la afinación en *re* abierto, y que suena a algo que Joni Mitchell podría haber tocado en uno de sus primeros discos.

Otra afinación alternativa con la que usted puede encontrarse es la de *sol* abierto (*re-sol-re-sol-si-re*, de grave a agudo), usada a menudo por Keith Richards, de los Rolling Stones, en canciones como *Brown Sugar* o *Start Me Up*. (Para un ejemplo que usa la afinación de *sol* abierto consulte el capítulo 12.)

Pista 65

Afinación en *re* abierto (de grave a agudo): *re-la-re-fa #-la-re*

Figura 10-18: Una típica frase en afinación en *re* abierto

Guitarra solista en el country rock y el rock sureño

Desde los tiempos de los Eagles, Grateful Dead y la Allman Brothers Band, el country rock y el rock sureño han gozado de éxito general y de un gran atractivo para el público. El sonido de estos estilos queda a medio camino entre el country y el blues ortodoxos, pero en ambos casos tienden a estar mucho más orientados hacia el rock que hacia el country normal; del mismo modo, tampoco tienen un sonido tan duro como para que hablemos de blues-rock. El sonido de estos estilos, algo más sencillo y con tendencia a las tonalidades mayores, puede atribuirse a los acordes que sus guitarristas suelen utilizar, y especialmente a las escalas que utilizan en los pasajes solistas. Para hacerse una idea sobre esta música, escuche a los Byrds, la Allman Brothers Band, la Marshall Tucker Band, la Pure Prairie League, Lynyrd Skynyrd, Grateful Dead, los Eagles y de los artistas folk rock Jackson Browne, J. D. Souther y Linda Ronstadt.

La escala pentatónica mayor

Pueden definirse las notas de la escala pentatónica menor en cualquier tonalidad como 1, ♭3, 4, 5, ♭7, a diferencia del *relativo mayor*. Basta con practicar la escala como un patrón aprendido de memoria. La *escala pentatónica mayor*, en cambio, usa las notas 1, 2, 3, 5, 6 del relativo mayor. Es una escala de cinco notas que no cuenta con *alteraciones cromáticas* (esto es, notas que cambian al ascender o descender en un semitono), así que suena igual que una escala mayor a la que se le hubieran quitado dos notas.

Una vez más, la escala pentatónica mayor es una escala muy útil porque prácticamente hace la música ella sola y no es posible tocar notas "equivocadas". (Consulte la anterior sección "¿Qué encontramos en el patrón I? La escala pentatónica menor", en este mismo capítulo, para más información sobre los grados de la escala y la escala pentatónica menor.)

Una vez que haya dominado la escala pentatónica menor, la escala pentatónica mayor es pan comido. Basta con mover la escala pentatónica menor tres trastes más abajo *et voilà*, ya tiene una escala pentatónica mayor. Simplemente toque el mismo patrón y las notas, la teoría y todas esas historias se resolverán por sí mismas.

Pongamos que usted sabe que la escala pentatónica menor en *la* se toca en el quinto traste sobre una progresión de acordes en la tonalidad de *la*. Basta con hacer descender ese patrón solista a la segunda posición (en la que el dedo índice toca las notas del segundo traste) y tendrá una escala pentatónica mayor en *la*, adecuada para las progresiones de country rock y rock sureño. (Para más información sobre las posiciones consulte el capítulo 7.)

La figura 10-19 muestra la escala pentatónica mayor en *la* en la segunda posición (patrón I) y en la quinta posición (patrón II), junto con el grado de la escala y la digitación de cada nota y la mejor nota para doblar en cada patrón (rodeada con un círculo). Fíjese en que la única diferencia real con la escala pentatónica *menor* es el traste de partida.

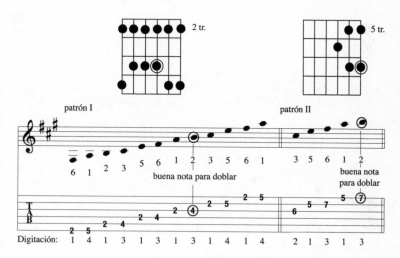

Figura 10-19: La escala pentatónica mayor en la segunda posición (patrón I) y en la quinta posición (patrón II)

Licks basados en la escala pentatónica mayor

Lo bueno de todo esto es que, como ocurre también con la escala pentatónica menor, la escala pentatónica mayor tiene todo: las notas a doblar (*bending*) aparecen están lugares indicados; usamos el primer dedo (índice) para pulsar todas las notas del patrón I y dar una mayor sensación de integración al conjunto, y además la escala es especialmente adecuada para la aplicación de técnicas de articulación y demás posibilidades expresivas.

Lo malo es que, aunque sigamos en *la*, la digitación cambia, así que ya no podemos contar con aterrizar en los dedos habituales para terminar el solo. Pero no creemos que este problema sea especialmente grande. Bastará con una pequeña reorientación (y con sus oídos) para encontrar enseguida unas buenas notas alternativas.

Y aquí tiene un consejo: algunas buenas notas para terminar un solo en la pentatónica mayor en *la* son el segundo traste de la 3ª cuerda (patrón I) y el quinto traste de la 1ª cuerda (patrones I o II).

La figura 10-20 presenta un *lick* de cuatro compases con el que puede empezar a recorrer las largas carreteras del Sur profundo. Fíjese en cómo este *lick* tiene *bends* en ambas posiciones (patrones I y II) y un arrastre desde el Patrón II de regreso a casa (al patrón I).

Pista 66

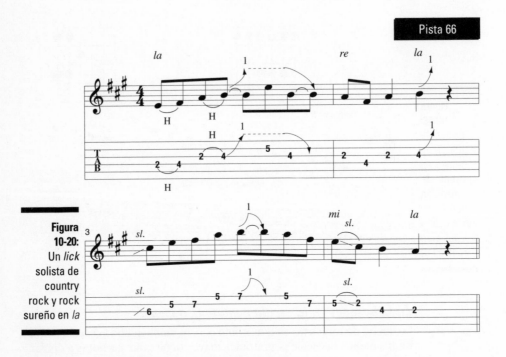

Figura 10-20: Un *lick* solista de country rock y rock sureño en *la*

Tocar canciones de rock

Póngase la chupa de cuero y súbase a la limusina, porque en esta parte del capítulo va a tocar rock del bueno.

Las canciones de esta sección abarcan dos estilos: el sonido potente y rabioso del rock clásico de finales de los años cincuenta, y el sonido relajado y evocador del country rock y el rock sureño de los setenta.

He aquí alguna información sobre las canciones que le será de utilidad:

✔ **Chuck's Duck.** Para tocar *Chuck's Duck*, necesita saber tocar *licks* con la escala pentatónica menor (consulte la sección "¿Qué encontramos en el patrón I? La escala pentatónica menor", en este mismo capítulo); tocar dobles cuerdas y *bends* con dobles cuerdas (consultar capítulos 7 y 9), y cómo inclinarse sobre una sola pierna y saltar de un lado a otro del escenario sin necesitar después cirugía artroscópica.

Las dobles cuerdas, la escala pentatónica menor y las corcheas continuas caracterizan el sonido del rock clásico. Fíjese en el *bending* rápido y explosivo que se da en la 3ª cuerda en los compases 6 a 9.

✔ **Southern Hospitality.** Para tocar *Southern Hospitality* necesita saber tocar la escala pentatónica mayor (consulte la sección "La escala pentatónica mayor" en este mismo capítulo); tocar acordes de sustitución, de nota añadida e híbridos (consulte la sección "Rock moderno", también en este capítulo), y cómo cuidar una barba demasiado larga.

Tomando la escala pentatónica menor y haciéndola descender tres trastes, tiene usted la escala pentatónica mayor, que se usa para crear el sonido auténtico del country rock o de rock sureño de los Eagles, de Poco o de Pure Prairie League. Después de tocar el solo, pruebe con la guitarra rítmica, que presenta acordes de sustitución, de nota añadida e híbridos. Hemos indicado las digitaciones de la mano izquierda para estos acordes, pero escuche el archivo MP3 para oír el patrón de rasgueo de la mano derecha.

Chuck's Duck

Chuck's Duck (continuación)

Southern Hospitality

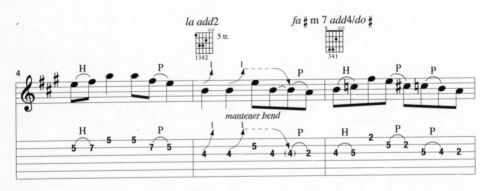

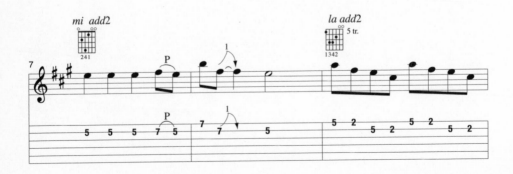

Southern Hospitality (continuación)

Capítulo 11

Blues

En este capítulo

▶ Blues eléctrico

▶ Blues acústico

▶ Toque canciones de dolor y sufrimiento sin dar pena

*E*l blues es una de las formas que más aceptación tienen dentro de la música de guitarra, tanto para el que lo escucha como para el que toca. ¿Por qué no? ¿Quién puede resistirse a los relajados ritmos, las expresivas melodías y las conmovedoras letras del blues? El blues puede llegar a desgarrarnos el corazón con sus lamentos de dolor. No cualquier música puede transmitirnos la pena de un pobre hombre y su terrible calvario en el corredor de la muerte, condenado por un crimen que no cometido y abandonado por su chica y su mejor amigo. Ay, qué dulce tristeza.

Pero antes de ponernos demasiado sentimentales, tenemos que decirle por qué el blues parece algo creado especialmente para la guitarra. Una de las razones es que es un estilo relativamente sencillo de tocar (especialmente si lo comparamos con el jazz o la música clásica): los patrones de acompañamiento del blues son accesibles y cómodos para las manos, y las melodías de blues encajan especialmente en el diapasón debido a las escalas que usa este estilo y al modo en que se afinan las cuerdas del instrumento. Además, el blues no es un estilo técnicamente complicado y se toca mejor de oído, dejando que el corazón nos guíe.

Puede que tocar blues de forma soberbia (esto es, seguir los pasos musicales de leyendas como B. B. King o el tristemente fallecido Stevie Ray Vaughan) sea difícil, pero tocar blues bien desde en poco tiempo es bastante fácil: basta con conocer sus estructuras forma, un par de escalas y un par de movimientos de blues sencillos.

En este capítulo abarcamos el blues eléctrico y el acústico. De paso, le presentaremos nuevos patrones, la *escala de blues*, la numeración romana y las *vueltas*.

Blues eléctrico

El blues eléctrico es el estilo de blues que tocan todos los gigantes del género, como Buddy Guy, B. B. King, Albert King, Albert Collins, Johnny Winter o Duane Allman, entre otros. Es bastante fácil dividir la guitarra de blues eléctrico en dos categorías: rítmica y solista.

Guitarra rítmica de blues

Tocar la guitarra *rítmica* es lo que se hace siempre que no se está tocando la guitarra solista, como cuando se acompaña a un cantante o a otro instrumento tocando acordes, figuras de fondo o *riffs* repetitivos con las notas graves. Tocar la guitarra rítmica generalmente requiere un menor dominio de la guitarra que la guitarra solista, y se basa más en la intuición del guitarrista que en su técnica. Para poner en cierto contexto la interpretación de acordes, podemos empezar por la forma o progresión más extendida en este estilo, que es el blues de doce compases.

La estructura básica del blues de doce compases

Las guitarras de blues y de rock son similares en cuanto que ambas están fuertemente cimentadas en la estructura del blues de doce compases (consulte el capítulo 10). Partiendo de la tonalidad de *la*, la progresión de blues de doce compases consta de cuatro compases en *la*, dos compases en *re*, dos compases en *la*, un compás en *mi*, un

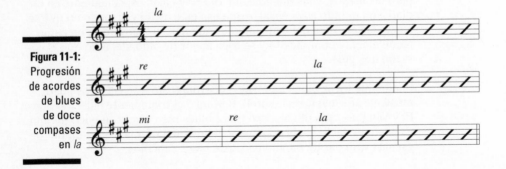

Figura 11-1:
Progresión de acordes de blues de doce compases en *la*

compás en *re* y dos compases en *la*. En la notación musical, la progresión de blues de doce compases se asemeja al ejemplo que aparece en la figura 11-1.

Los acordes de cualquier progresión convencional, incluida la progresión de blues de la figura 11-1, a menudo se designan por medio de números romanos. Estos números identifican los acordes genéricamente, sin atender a su altura. Siempre se asigna el numeral I al acorde que da nombre a la tonalidad en la que estamos. Entonces, contando nota por nota, se asignan otros números a los demás acordes.

Por ejemplo, en la tonalidad de *la* (como en la figura 11-1), el acorde de *la* es I (el primer número romano), el acorde de *re* es IV (el cuarto) y el de *mi* es V (el quinto). (Si quiere puede contar las notas con los dedos, empezando por *la*, para confirmar que *la* es I, *re* es IV y *mi* es V). En la tonalidad de *sol*, en cambio, *sol* es I, *do* es IV y *re* es V. Usando este sistema, si usted decide cambiar de tonalidad, siempre podrá decir: "Empecemos tocando el acorde IV (cuatro) en el compás 5". Si sabe qué acordes son el I, el IV y el V de esa tonalidad, está listo para tocar. Vea la tabla 11-1 para consultar fácilmente cuáles son los acordes I, IV y V en las tonalidades habituales.

Tabla 11-1	Acordes I, IV y V en las tonalidades habituales		
Tonalidad	I	IV	V
la	*la*	*do*	*mi*
do	*do*	*fa*	*sol*
re	*re*	*sol*	*la*
mi	*mi*	*la*	*si*
fa	*fa*	*si♭*	*do*
sol	*sol*	*do*	*re*

Si está tocando acompañamiento de blues usando acordes con cejilla (para más información sobre los acordes con cejilla consulte el capítulo 8), puede recordar qué acorde es cada uno simplemente por su posición en el mástil. Por ejemplo, pongamos que usted esté tocando una progresión de blues en *la*. Si usted toca el acorde de cejilla basado en *mi* en el quinto traste (*la*), estará tocando el acorde I en *la*. Si cambia al acorde basado en *la* que corresponde al mismo traste, estará tocando el acorde IV, o *re*. Mueva ese mismo acorde basado en *la* dos trastes más arriba en el mástil (hasta el séptimo traste) y estará tocando el acorde V, *mi*. ¡Así de fácil puede ser tocar el blues! Use esas mismas posiciones en cualquier lugar del mástil (un acorde de cejilla basado en *mi* en cualquier traste, seguido de otro basado en *la* en el mismo traste, y suba esa cejilla dos trastes) y ya tiene la progresión I-IV-V en la tonalidad que prefiera (la correspondiente al traste de partida).

Las siguientes son dos importantes variantes de la forma de blues de doce compases:

- ✔ **IV anticipado:** Usando todavía la tonalidad de *la* como ejemplo, se sustituye en el compás 2 el *la* (I) por un *re* (IV).

- ✔ **Vuelta:** Una vuelta o *turnaround* es un acorde V que se toca en el último compás (compás 12) en lugar del acorde I. Este cambio ayuda a retomar el patrón sin rupturas, simplemente en el primer compás, al terminar el duodécimo compás en V, ha de volver a I, "dando la vuelta a la progresión". Los guitarristas de blues basan muchos *licks* solistas en la vuelta del final de la progresión.

Pruebe a sustituir los acordes básicos I-IV-V por acordes de séptima o de novena (*la* 7, *re* 9 o *mi* 9, por ejemplo), para hacer que la música suene aún más a blues (consulte los capítulos 6 y 8).

Sensación ternaria

El blues utiliza intensamente una sensación rítmica que se conoce como sensación ternaria o de tresillo (el *swing* o *shuffle*, característico movimiento de balanceo o de arrastre). En una *sensación ternaria*, cada pulsación rítmica se divide en tres partes (en lugar de las dos habituales). Se puede oír esta sensación en la grabación de la figura 1-2 del MP3, pero he aquí un buen modo de entender la diferencia entre la sensación normal y la del tresillo. Recite cada una de las siguientes frases en voz alta, chasqueando los dedos en cada una de las sílabas en mayúsculas (no olvide chasquear los dedos: ¡es importante!).

1. CAMpaNIta DEL luGAR

Ésta es la sensación normal: cada chasquido de dedos es un tiempo y cada tiempo se divide en dos partes.

2. DÁbale MIEL a la ZOrra el aBAD

Ésa es la sensación ternaria: cada chasquido de dedo es un tiempo, y cada tiempo se divide en tres partes. Puesto que muchísimos blues usan la sensación ternaria, usted debe saber cómo tocar una figura de acompañamiento de blues de doce compases que contenga esa sensación.

La figura 11-2 muestra una figura de acompañamiento (aquí con las variantes del IV anticipado en el compás 2 y la vuelta en el compás 12) que consiste simplemente en unos acordes rasgueados en un ritmo de tresillos (ternario). Típicamente, el último compás de un blues utiliza una progresión en la que se pisa el acorde final desde un traste por encima o por debajo del mismo (consulte el compás 13). Vea los diagramas de acordes que aparecen en la figura para ver las digitaciones de los acordes de novena que aparecen en la canción.

Si usted sabe tocar una figura de acompañamiento de boogie rockero (al estilo de Chuck Berry consulte el capítulo 10), no debería tener problema alguno para tocar la figura 11-3, que en realidad es la misma figura de acompañamiento de *boogie* (pero con la variante del IV anticipado), salvo que ahora usted la toca con la sensación ternaria. Otra vez se aborda el acorde final desde un traste más arriba.

En la figura 11-2, la equivalencia ($\sqcap$=$\overset{\overline{3}}{\sqcap}$) que aparece junto a las palabras "Sensación ternaria" indica que usted debería sustituir las corcheas normales por corcheas con ritmo *shuffle* o de tresillos. En las corcheas de tresillo, la primera nota de cada unidad se mantiene un poco más de tiempo que la segunda.

Letra y estructura del blues

Cuando hablamos del blues, un buen modo tener clara la estructura de la canción es ver la progresión de doce compases como tres frases de cuatro compases cada una. Esto es posible porque la letra de un blues típico normalmente presenta la forma AAB (es decir, las dos primeras secciones de la canción son iguales y la tercera es distinta), y cada una de estas tres secciones ocupa cuatro compases. Un blues típico, por ejemplo, seguirá un esquema parecido al siguiente:

Primera frase: "Me levanté esta mañana, me sentía fatal". Esta frase se canta a lo largo de los primeros cuatro compases de la progresión de doce compases (I, I, I, I, o bien I, IV, I, I en la variante del IV anticipado).

Segunda frase: "Me levanté esta mañana, me sentía fatal". Esta frase repite la misma letra de la primera frase y se canta a lo largo de los cuatro siguientes compases de la progresión (IV, IV, I, I).

Tercera frase: "No puedo dejar de pensar que he perdido a la mejor chica". Esta frase es diferente de las dos primeras, y se canta durante los cuatro últimos compases de la progresión (V, IV, I, I, o bien V, IV, I, V si se va a repetir la progresión).

Normalmente se canta cada una de las frases vocales dentro de los dos primeros compases de la frase de cuatro compases, de tal forma que el instrumentista (¡quizá usted mismo!) tiene la oportunidad de tocar unos buenos *licks* durante los compases 3 y 4 de cada frase; esto da a la canción un aire de diálogo, como de pregunta y respuesta. Pero aunque en una canción no haya vocalista, los instrumentistas también pueden tocar la canción con esta mentalidad de pregunta y respuesta (dos compases frente a otros dos) en cada frase de cuatro compases.

Pista 69

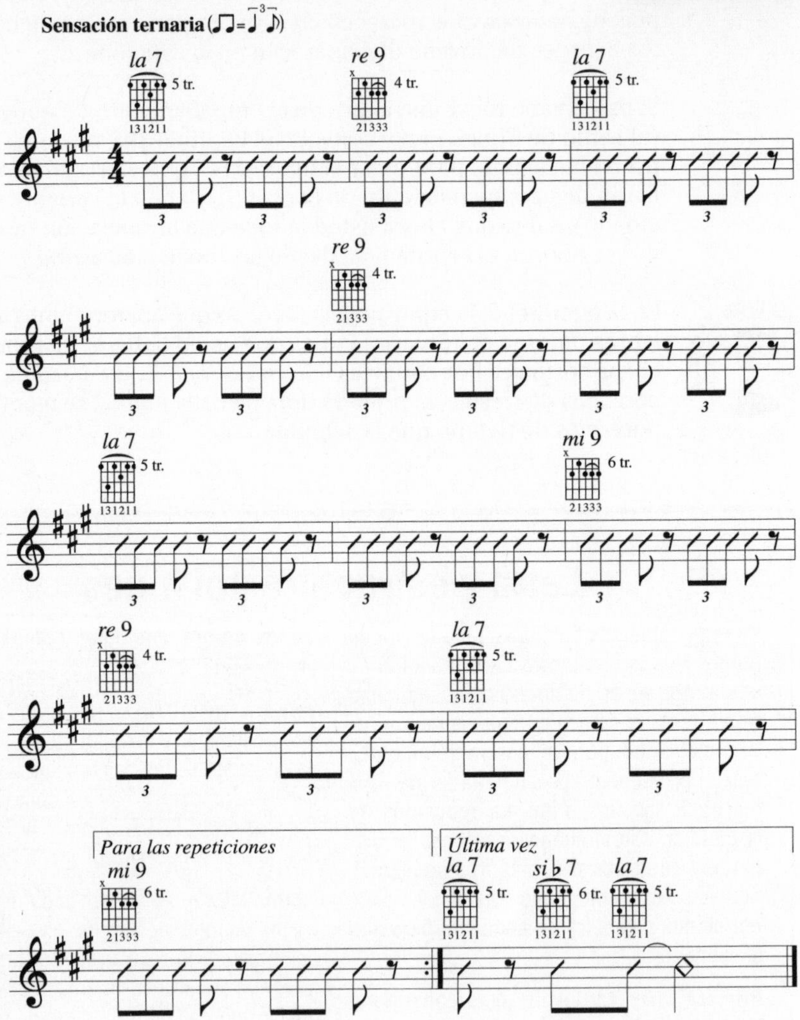

Figura 11-2: Un acompañamiento de blues de doce compases con rasgueado en tresillos

Sensación ternaria ($\sqcap$=$\overbrace{}^{3}$ $\downarrow$ $\downarrow$))

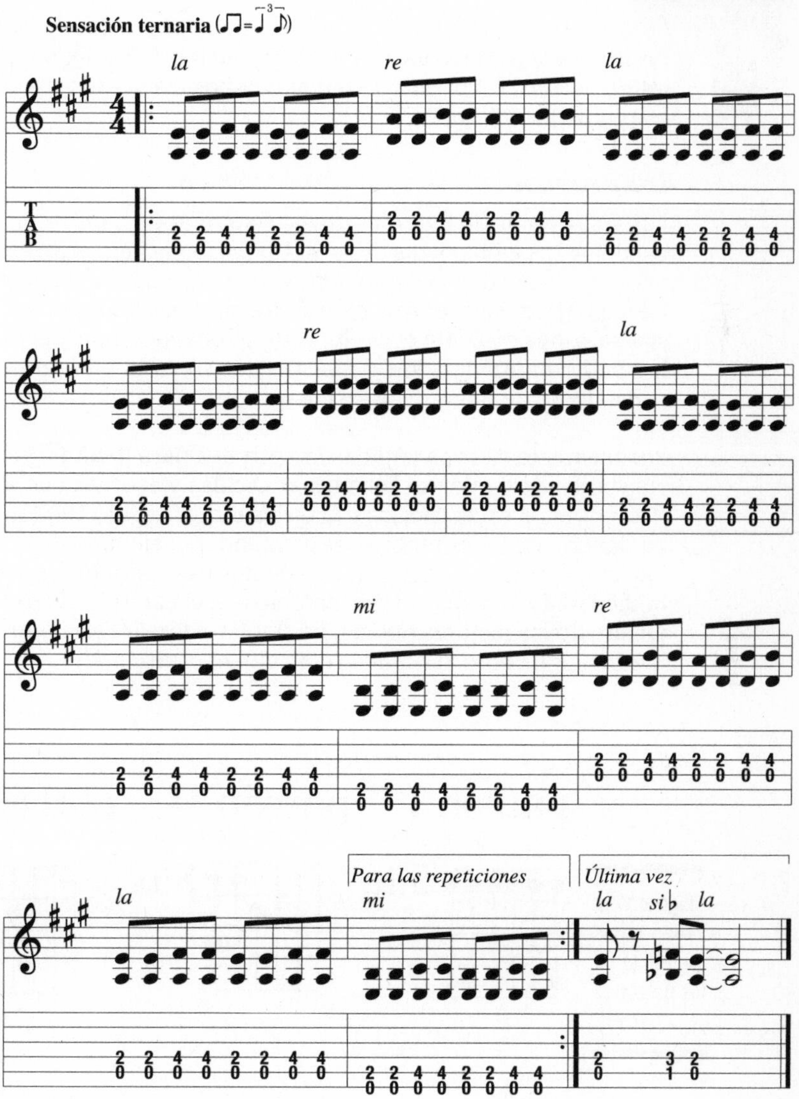

Figura 11-3: Un acompañamiento de blues de doce compases con un *riff* de *boogie* en tresillos

Guitarra solista de blues

La guitarra solista de blues consiste en la línea melódica de notas sueltas, formada por una mezcla de líneas melódicas compuestas y frases
improvisadas. Un buen solo integra ambos elementos en un conjunto
inspirado y continuo.

Los patrones

Los guitarristas de blues improvisan sobre todo a partir de patrones,
igual que los guitarristas de rock. Un patrón es una progresión de notas en el diapasón (que normalmente define una escala pentatónica
menor). (Para más información sobre la escala pentatónica menor y
sus patrones consulte el capítulo 10 .) Tocando notas del patrón, usted podrá improvisar líneas solistas que sonarán bien sobre un acompañamiento de blues de doce compases.

Posiblemente ya sepa cómo usar patrones para tocar la guitarra
solista de rock, que usa las mismas escalas y acordes que el blues.
(Describimos estas escalas y acordes en el capítulo 10.) En ese caso
no debería de tener problema en entender el ejemplo de la figura 11-4,
que muestra las tres cajas que podemos usar para hacer solos en la
tonalidad de *la*, y que ya presentamos en el capítulo 10; rodeamos con
un círculo las mejores notas para doblar o forzar (*bending*). (Para más
información sobre el *bending*, consulte el capítulo 9.)

patrón I   patrón II   patrón III

Figura 11-4:
Diagramas
de rejilla de
los patrones
I, II y III

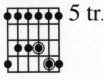 5 tr. 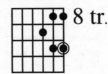 8 tr. 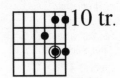 10 tr.

La figura 11-5 muestra dos nuevos patrones que también podemos
usar para solos de blues. Lo que llamamos "patrón IV" (a falta de una
designación o numeración estándar) se parece al patrón III, salvo que
lo desplazamos tres trastes más arriba, hasta la decimotercera posi-

ción (en la tonalidad de *la*), y eliminamos las dos notas de la 1ª cuerda (consulte el capítulo 7 sobre cómo tocar en posición). Nuevamente rodeamos la nota adecuada para el *bending*. Toque las notas de este patrón usando el segundo dedo en la 3ª cuerda y los dedos primero y tercero en la 2ª cuerda. El patrón V a veces se considera una ampliación del patrón I hacia abajo. Use los dedos primero y tercero para tocar las notas de ambas cuerdas.

patrón IV

13 tr.

patrón V

3 tr.

Figura 11-5:
Diagramas de rejilla de los patrones IV y V

Puede que usted se haya dado cuenta de que el patrón I abarca todas las cuerdas, mientras que los demás sólo abarcan dos o tres cuerdas. En realidad, lo que le enseñamos en los patrones II a V son *partes*. Existen versiones completas de todos los patrones (los cuales emplean las seis cuerdas), pero en las versiones completas acabamos teniendo alguna digitación "conflictiva" o incómoda, como aquellas en las que las notas importantes se tocan con los débiles dedos 2 y 4 en lugar con los dedos 1 y 3, más fuertes; también nos encontramos con que las notas idóneas para doblar corresponden a un dedo que no es bueno para el *bending*. Ésa es la razón por la que la mayoría de los guitarristas prefieren usar sólo patrones parciales como los que muestran estas figuras.

Si sabe tocar *licks* típicos basados en los patrones I, II y III (véase el capítulo 10), el *lick* de la figura 11-6, basado en el patrón IV, no debería de plantearle mayor problema. Tóquelo con sensación ternaria, y asegúrese de aplicar vibrato a la última nota para crear así un auténtico efecto de blues (Para más información sobre el vibrato consulte el capítulo 9). Fíjese en cómo el *bending* cae en el tercer dedo, que es el más cómodo para doblar cuerdas.

Pista 71, 0:00

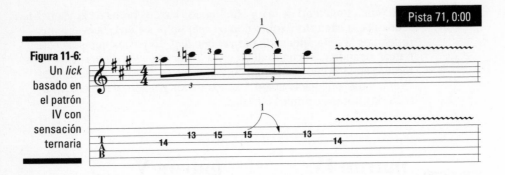

Figura 11-6: Un *lick* basado en el patrón IV con sensación ternaria

La figura 11-7 muestra un típico *lick* basado en el patrón V. Una técnica habitual en el blues consiste en *arrastrar* (*slide*) la 5ª cuerda (tercer dedo) entre los patrones V y I. (Consulte el capítulo 9 para más información sobre los arrastres.) Observe qué bien encajan todas las notas en los dedos primero y tercero, incluso al moverse usted entre los patrones.

Pista 71, 0:10

Figura 11-7: Un *lick* sobre en el patrón V con arrastre al patrón I

Añadir profundidad con notas adicionales

La escala pentatónica menor produce buenas notas de blues, pero añadiendo dos notas más usted conseguirá una paleta sonora aún más variada. La quinta disminuida y la tercera mayor contribuyen a dar mayor definición a la línea al introducir una nota *disonante*, esto es, llena de tensión (la quinta disminuida) y otra nota (la tercera mayor) que refuerza el carácter mayor del acorde I.

Una *quinta disminuida* es una nota que está un semitono (un traste) por debajo de la quinta normal de la escala. En la escala pentatónica menor en *la*, por ejemplo, la nota *mi* es la *quinta*. (Use los dedos y cuente desde *la* hasta *mi* para comprobar que *mi* está cinco notas por encima de *la*.) La nota *mi*♭ será, por tanto, la *quinta disminuida*. Una *tercera mayor* es una nota que está un semitono (un traste) por encima de la tercera normal (menor) de una escala pentatónica menor. En la escala pentatónica menor en *la*, por ejemplo, la nota *do* es la *tercera menor*. La nota *do*♯ es la *tercera mayor*. (Consulte el apéndice A para más información sobre sostenidos, bemoles y alteraciones.)

La escala de blues con la quinta disminuida

La escala pentatónica, con sus cinco notas, funciona estupendamente en el blues básico, pero si quiere crear un sonido realmente funky y dramático añada de vez en cuando la nota de la *quinta disminuida* (*mi*♭ en la tonalidad de *la*). Añadir la quinta disminuida a la escala pentatónica añade cierto sabor diferente al sonido que ya conocemos de la escala pentatónica menor. Pero, como ocurre siempre que se añade algo para dar más sabor (ya sea sal, orégano o quintas disminuidas), hay que hacerlo con moderación y con criterio.

Los patrones I, II y IV, como aparece en la figura 11-8, consisten en notas de la escala pentatónica menor. Las notas de los círculos no indican esta vez las notas que se pueden doblar, sino el añadido de *mi*♭ (la quinta disminuida o ♭5). El patrón I muestra la escala de blues completa (dos octavas) en quinta posición (*la*), mientras que los patrones II y IV muestran escalas parciales de blues que son especialmente interesantes para usar en la improvisación.

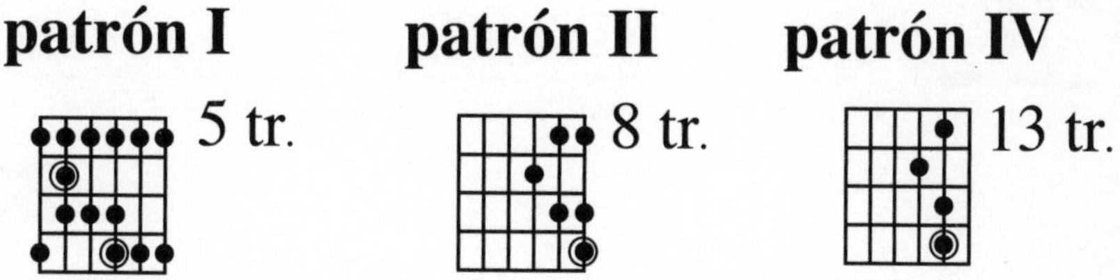

Figura 11-8:
Diagramas de rejilla que muestran el añadido de la quinta disminuida (♭5) a los patrones I, II y IV

patrón I   5 tr.   **patrón II**   8 tr.   **patrón IV**   13 tr.

La figura 11-9 muestra un típico *lick* de blues sobre el patrón I que emplea la escala de blues. Fíjese en que se puede tocar el *mi*♭ de dos maneras:

tocándolo en el octavo traste de la 3ª cuerda o doblando en un semitono la nota del *séptimo* traste (la típica nota de *bending* en el patrón I).

Las figuras 11-10 y 11-11 ilustran un típico *lick* de la escala de blues que usa primero la patrón II (en octava posición) y después (en el mismo *lick*) patrón IV (en decimotercera posición). Nuevamente, se toca ♭5 tanto de forma normal como a modo de nota doblada (con el tercer dedo) en cada una de las posiciones.

Pista 72, 0:00

Figura 11-9:
Un *lick* de
la escala
de blues
con el
patrón I

Pista 72, 0:13

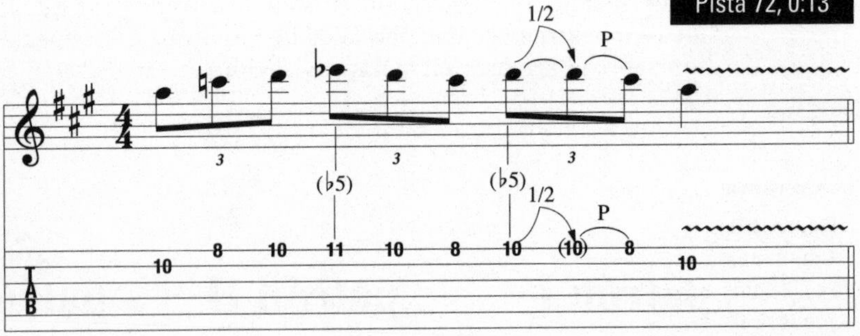

Figura 11-10:
Un *lick* de
la escala de
blues con el
patrón II

Pista 72, 0:23

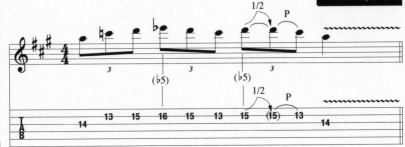

Figura 11-11:
El mismo
lick de la
escala de
blues con el
patrón IV

Un préstamo: la tercera mayor

Otra nota que los guitarristas de blues suelen añadir a la escala pentatónica menor o de blues es la tercera mayor. Podemos pensar en esta nota como si fuera una nota que "tomamos prestada" de la escala pentatónica mayor o de la escala completa. En la tonalidad de *la*, la tercera mayor añadida es *do* ♯, y la figura 11-12 muestra dónde cae dentro del patrón I (la nota del círculo). Es la única nota que se toca con el segundo dedo si se está usando el patrón I (a no ser que también añadamos la quinta disminuida mencionada en la sección anterior).

Figura 11-12:
Diagrama de rejilla que muestra el añadido de la tercera mayor al patrón I

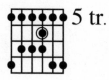

patrón I

 5 tr.

 Muy a menudo se hace un martilleo en la tercera mayor desde la tercera menor del traste inferior, tal y como vemos en la figura 11-13. (Para más información sobre los martilleos consulte el capítulo 9.)

Pista 73, 0:00

Figura 11-13:
Lick con tercera mayor en el patrón I

Aunque usemos la escala pentatónica *menor* para hacer los solos, la *tonalidad* del blues típico es una tonalidad mayor (como *la* mayor, por ejemplo), porque el guitarrista rítmico toca acordes de acompañamiento *mayores* (que contienen terceras mayores). En los *licks* de dobles cuerdas que oímos a menudo en la música de Chuck Berry o los Beach Boys, el final de un *lick* descendente suele contener una tercera mayor que contribuye a establecer que la tonalidad es mayor y no menor, como muestra la figura 11-14.

Fraseo

Aunque los solos de blues usan muchas de las mismas técnicas, escalas, acordes y patrones que los solos de rock, los dos estilos difieren en cuanto al *fraseo*. Los solos de rock se suelen caracterizar por un sinfín de corcheas incesantes (piense en el solo de *Johnny B. Goode*). Los solos de blues (piense en B. B. King) suelen usar frases más cortas y espaciadas que las del rock. (Consulte el apéndice A para más información sobre las corcheas.)

Pista 73, 0:10

Figura 11-14:
Un *riff* con
dobles
cuerdas
y tercera
mayor con
el patrón I

En una melodía de blues típica es posible oír frases muy cortas seguidas de un espacio vacío y a continuación una repetición de la misma frase. Normalmente estas frases breves tienen cierto carácter vocal por su expresividad, que a menudo transmite sentimientos de dolor y de pena. A veces, si el guitarrista es también el cantante, los fraseos vocales e instrumentales son prácticamente una misma cosa. La figura 11-15 contiene un breve pasaje que ejemplifica el concepto de la frase corta. Fíjese en cómo la misma figura (el tirón del octavo traste al quinto) suena bien pero de forma diferente si se toca sobre acordes diferentes (primero sobre *la* 7 y después sobre *re* 7). Repetir una figura después de un cambio de acorde es una técnica típica del blues.

Pista 74

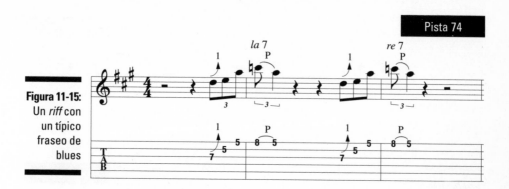

Figura 11-15:
Un *riff* con
un típico
fraseo de
blues

Movimientos de blues

La figura 11-16 presenta cuatro típicos movimientos de blues. Un *movimiento de blues* no es otra cosa que un breve *lick* (frase musical autónoma) que se caracteriza por lo bien que queda en este tipo de música. En el MP3 puede escuchar cómo suenan estos movimientos cuando los tocamos en el contexto de una progresión.

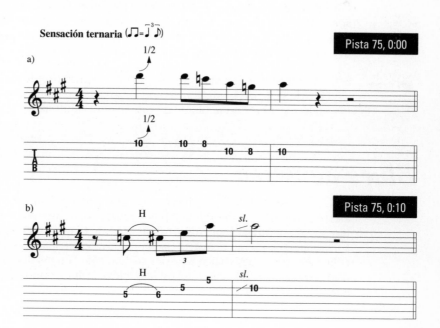

c)

Figura 11-16:
Riffs que
contienen
cuatro
típicos
movimientos
de blues

Los movimientos de blues son bastante fáciles de crear debido a que son muy cortos. Invente los suyos propios y fíjese en qué tal suenan al tocarlos sobre las progresiones de blues de doce compases presentadas en las figuras 11-2 y 11-3.

Si desea tocar ahora mismo un blues eléctrico practicando los movimientos de la figura 11-16, échele un vistazo a la canción *Chicago Shuffle*, en la sección "Toque blues" de este mismo capítulo.

Blues acústico

Actualmente la guitarra de blues se oye sobre todo en su versión eléctrica. B. B. King, Buddy Guy, Muddy Waters, Johnny Winter, Stevie Ray Vaughan, Albert King, Albert Collins y Eric Clapton, por ejemplo, son conocidos por su maestría con la guitarra eléctrica. Pero el blues comenzó como una música acústica tocada sólo con los dedos, y todavía evoca el mundo rural del delta del Mississippi, donde surgió y floreció.

Conceptos generales

Aunque el blues eléctrico se toca en diferentes tonalidades por medio del uso de patrones móviles (consulte la sección "Guitarra solista de blues" en este mismo capítulo), el blues acústico (llamado a veces *blues del delta*) se toca en posición abierta (normalmente tocando en la parte baja del mástil y con una combinación de cuerdas al aire y notas pisadas), casi siempre en la tonalidad de *mi*.

Bajo constante con pentatónica menor en posición abierta

La idea básica que hay detrás del blues acústico es que tocamos un solo que incorpora al mismo tiempo tanto la melodía (que a menudo es improvisada) como el acompañamiento. Este método es el contrario de aquel que se da en el blues eléctrico, en el que un guitarrista toca la melodía (la parte solista) mientras otro guitarrista toca el acompañamiento (la parte rítmica).

La esencia del estilo es la siguiente: el pulgar de la mano derecha toca la *fundamental* de cada acorde (la nota que le da nombre al acorde) en negras constantes en las cuerdas graves. (Para más información sobre las negras consulte el apéndice A.) Mientras, los demás dedos de la mano izquierda tocan en posición abierta notas melódicas tomadas de la escala pentatónica menor en *mi* o de la escala de blues en *mi*. (Para más información sobre la escala pentatónica menor y la escala de blues, consulte el capítulo 10 y la sección "Guitarra solista de blues", en este mismo capítulo.) Podemos usar cualquiera de las dos escalas, o mezclar ambas. La figura 11-17 es una representación en rejilla de las escalas pentatónica menor en *mi* y de blues en *mi* en posición abierta. Sin las notas rodeadas tenemos la escala pentatónica menor en *mi*; con ellas (las quintas disminuidas ♭5-, *si*♭ en esta tonalidad) tenemos la escala de blues en *mi*.

Fíjese en cómo la escala de la figura 11-17 es en realidad ¡el patrón I en posición abierta! Para la digitación de la mano izquierda, toque en la primera posición, es decir, coloque cada dedo en el traste que le corresponde numéricamente. Puesto que normalmente el pulgar derecho sólo pisa las cuerdas graves, la melodía se obtiene de las cuerdas altas.

Figura 11-17:
Rejilla con las escalas pentatónica menor en *mi* y de blues en *mi* en posición abierta

La figura 11-18 presenta un sencillo ejercicio que muestra el estilo básico del blues acústico por medio de una escala de blues en *mi*, primero descendente y después ascendente. Asegúrese de tocarlo con la sensación ternaria, como en el MP3. Ya ve cómo es posible tocar a la vez la melodía y el acompañamiento (y ni siquiera es difícil hacerlo). ¡Esto es gracias a que la parte del bajo es muy fácil de tocar!

Sensación ternaria (♫ = ♩ ♪)

Pista 76

Figura 11-18:
Combinación de notas de bajo constante con notas agudas de la escala de blues en *mi*

Repetición

Un aspecto importante del blues acústico (y también del eléctrico) es la *repetición*. Esta idea implica que existe un *motivo* (una frase musical breve) que se repite, a veces una única vez, otras veces más, incluso de forma incesante. En el blues acústico podemos lograr este efecto a través de uno de los siguientes modos:

✔ **Repetir una frase *en la misma altura* mientras cambia el acorde del acompañamiento.** En la figura 11-19, el acorde cambia de *mi* a *la*. (Las diferentes notas de bajo que toca el pulgar señalan implícitamente el cambio de acorde.) El motivo, sin embargo, se repite en la misma altura. Fíjese en cómo las mismas notas suenan de forma diferente si se las toca sobre un acorde diferente (aunque sea implícito). Esta técnica es todo un clásico en el blues.

✔ **Repetir una frase *en una altura diferente* mientras cambia el acorde del acompañamiento.** Si usamos esta técnica, la relación entre la melodía y el acorde de acompañamiento se mantiene igual. Este tipo de repetición aparece en la figura 11-20. Haga cejilla en el quinto traste para tocar el acorde de *la* en el segundo compás. (Nos ocupamos de los acordes con cejilla en el capítulo 8.)

Observe cómo en la figura 11-20 usamos en cada uno de los acordes un martilleo para pasar de la tercera menor a la tercera mayor. Esta técnica es habitual en el estilo del blues acústico. (Para más información sobre los martilleos consulte el capítulo 9.)

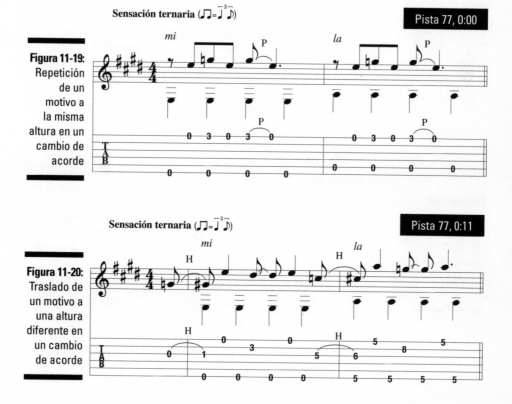

Figura 11-19: Repetición de un motivo a la misma altura en un cambio de acorde

Figura 11-20: Traslado de un motivo a una altura diferente en un cambio de acorde

Técnicas específicas

Podemos usar dos técnicas sencillas para dar más variedad a nuestro estilo de blues. Alterar la *textura* (esto es, combinar diferentes patrones musicales, tales como tocar un compás rítmico seguido de otro solista) crea un sonido inesperado y menos homogéneo. Combinar cuerdas al aire con cuerdas pisadas crea efectos inusuales al dejar sonar algunas notas mientras otras evolucionan melódicamente.

Alternancia

La *alternancia* hace referencia a la práctica de tocar las partes de la melodía y el bajo de forma alternante, haciendo que se turnen en lugar de ser simultáneas. En lugar de hacer que el pulgar toque constantemente notas de bajo mientras los demás dedos tocan a la vez notas melódicas, a veces podemos tocar solamente notas melódicas o solamente notas de bajo. Esta técnica no sólo añade variedad a la textura de la música, sino que le permitirá a usted (al poner a su disposición *todos* los dedos) tocar *licks* más llamativos, difíciles y meritorios, que de otro modo serían imposibles.

La figura 11-21 muestra una frase que comienza sólo con la melodía (que se toca con dobles cuerdas, una técnica habitual en el blues acústico) y termina sólo con el bajo (un ritmo de *boogie*). Puede usted ver fácilmente cómo la parte del bajo, en lugar de limitarse a tocar negras en las fundamentales, puede hacerse más elaborado cuando no tenemos que preocuparnos de las notas melódicas. (Para más información sobre las dobles cuerdas consulte el capítulo 7.)

Pista 78, 0:00

Figura 11-21: Alternancia entre un *lick* solista y un ritmo de bajo

Hay un sofisticado truquillo que consiste en tocar un *lick* de bajo (esto es, una *melodía* de bajo en lugar de una simple figura de *boogie*) en *alternancia*. El ejemplo de la figura 11-22 comienza como el de la figura 11-21. En el esquema de alternancia, le toca el turno a la melodía. Entonces, en el compás 2, le toca al bajo, y así tenemos un atractivo *lick* de bajo. Lo habitual es que estos *licks* de bajo utilicen notas de la escala pentatónica menor en *mi* (o de blues en *mi*) con el añadido de algunas terceras mayores (en el cuarto traste de la 6ª cuerda) y sextas mayores (en el cuarto traste de la 5ª cuerda).

Sensación ternaria (♫=♩♪)

Pista 78, 0:13

Figura 11-22: Alternancia entre un *lick* solista y un *lick* de bajo

Combinaciones de cuerdas al aire y cuerdas pisadas

Otra importante técnica en el blues acústico consiste en alternar notas al aire y notas pisadas (en una cuerda adyacente) que tengan una altura idéntica o cercana. Normalmente se ejecuta esta técnica en las cuerdas agudas, pero también se puede tocar en el bajo.

En el ejemplo representado en la figura 11-23, tocamos el primer *mi* agudo en la 2ª cuerda (nota pisada); a continuación tocamos el *mi* en la 1ª cuerda (nota al aire), y después otra vez en la 2ª cuerda. El *mi* al aire vuelve entonces después de que hayamos tocado algunas notas cercanas en la 2ª cuerda. La misma idea aparece después en las notas de *si* en la 3ª cuerda trasteada y en la 2ª cuerda al aire. El compás 2 (sólo bajo) ilustra la misma idea en un contexto de bajo. En los compases 3 y 4, el *re* al aire en la 4ª cuerda se alterna con el *re* de la 5ª cuerda y otras notas cercanas.

Sensación ternaria (♫=♩♪)

Pista 78, 0:26

Figura 11-23: Combinación de notas pisadas y notas al aire

Turnarounds

En un típico solo de blues acústico, la progresión de doce compases se toca una y otra vez; de lo contrario, el solo resultaría demasiado corto. Normalmente, al llegar hacia el final (compases 11 y 12) se toca un breve *lick* especial que se llama *lick* de *vuelta* (o *turnaround*), que tiene la función tanto de poner énfasis en el final como de preparar el regreso (la "vuelta") al compás 1.

La guitarra *slide*

La guitarra *slide* es un añadido importante a la técnica de la guitarra de blues. Al tocar *slide* no usamos la mano izquierda para pisar contra el diapasón, como hacemos habitualmente. En lugar de esto, sostenemos una barra de metal o de cristal (el *slide*) sobre el mástil y *paramos* las cuerdas (reducimos su longitud vibratoria) presionando ligeramente con el *slide* sobre las cuerdas en un determinado traste. Para tocar sin desafinar, debemos colocar el *slide* directamente sobre el traste metálico, no detrás de él como hacemos al digitar.

En cuanto a los propios *slides*, se puede usar desde el cuello de una botella de vino hasta una botella de medicina (la medicina para la tos llamada *Coridicin* venía en un recipiente idóneo, que era el preferido de Duane Allman), pasando por un trozo de tubo metálico. En caso de apuro también sirve el filo trasero de un cuchillo. Hoy en día existen *slides* de metal y de cristal fabricados especialmente, con diferentes diámetros para los distintos tamaños de dedo. La mayoría de los guitarristas colocan el *slide* en el dedo anular o meñique, porque esto deja libres los demás dedos para digitar. El propio material del *slide* determina el peso y el timbre, y es cuestión de gusto elegir un *slide* más pesado o más ligero.

Puesto que el *slide* se coloca perpendicularmente sobre todas las cuerdas, tocar acordes en los que las notas estén en diferentes trastes se convierte en una tarea algo difícil. Muchos guitarristas resuelven este problema utilizando una afinación abierta (al aire), tal como *sol* o *re*. (Para más información sobre afinaciones abiertas consulte el capítulo 10.) Muchos de los grandes del *slide blues* usaban (o siguen usando) afinaciones abiertas: Robert Johnson tocaba en *sol* abierto; Duane Allman tocaba en *re* o *mi* abierto; y Bonnie Raitt toca en *la* abierto.

El carácter de la guitarra solista se hace más abierto, expresivo y vocal cuando tocamos con *slide*. Como el *slide* permanece colocado sobre las cuerdas y no depende de los trastes para producir las notas, la respuesta se parece más a la de un violín o a la de la voz, con cambios de nota más suaves y continuos frente a los cambios "a saltos" que se derivan de la digitación habitual. Cuando escuche a los grandes artistas del *slide*, fíjese especialmente en el *fraseo*. Es el mejor modo de apreciar la fuerza emocional de la guitarra *slide*: en la ejecución expresiva de la línea melódica.

Generalmente, si estamos en la tonalidad de *mi*, la vuelta nos situará en un acorde de *si* o de *si* 7 (porque este acorde es el que mejor nos devuelve al acorde de *mi*, el acorde del compás 1 que sigue). Pero si nos limitamos a tocar un acorde de *mi* 7 en el compás 11 y un *si* 7 en el compás 12, nos estaremos perdiendo todo un abanico de posibilidades musicales, como demuestran los siguientes ejemplos.

La figura 11-24 muestra los cuatro *turnarounds* o vueltas habituales en el blues acústico. Fíjese en cómo la mayoría de las vueltas emplean una especie de línea en *movimiento cromático* (es decir, que se avanza en semitonos).

(continúa)

Pista 79, 0:39

Figura 11-24: Cuatro vueltas (*turnarounds*) típicas en *mi*

Si se encuentra cómodo tocando las figuras de la sección "Blues acústico", ya está usted en condiciones de tocar la canción *Mississippi Mud,* en la sección siguiente. ¡Adéntrese en las profundidades de blues!

Tocar blues

B. B. King dijo una vez: "Tengo derecho a cantar el blues", y si usted está dispuesto a tocar un par de auténticas canciones de blues, ¡tiene exactamente el mismo derecho! Las dos canciones de esta sección emplean muchas de las técnicas que hemos ido introduciendo a lo largo de este capítulo.

Al empezar a tocar estas piezas no se precipite. En el blues, el sentimiento es anterior a la técnica, y la mejor manera de expresar el sentimiento es manteniendo el tempo lento y manejable mientras se avanza. Céntrese en el sentimiento y deje que la técnica le siga los pasos. Lo hará, se lo prometemos.

Aquí tiene cierta información especial acerca de las canciones, que puede serle de utilidad:

✔ **Chicago Shuffle:** para tocar esta canción, necesita saber tocar líneas de blues con notas sueltas (véase la sección "Guitarra solista de blues", en este mismo capítulo); unir las piezas de diferentes movimientos de blues para crear un todo cohesionado (véase la sección "Movimientos de blues", en este mismo capítulo), y cómo darle marcha y *boogie* al asunto lamentándose "como si su espalda no tuviera espinazo".

La guitarra solista de este tema requiere los recursos habituales en los solos de blues: frases cortas con amplios espacios entre sí, repetición, escala de blues, dobles cuerdas y una vuelta al final. (Consulte las secciones anteriores de este capítulo para más información sobre estas técnicas.) La rítmica (que no aparece aquí en la notación, excepto los nombres de los acordes) sigue el mismo patrón que el de la figura 11-3 (que tampoco aparece aquí en la notación, aunque puede oírlo en el MP3). Fíjese en cómo esta progresión incluye un IV anticipado.

✔ *Mississippi Mud:* Para tocar esta canción, necesita saber tocar con el pulgar una línea de bajo independiente mientras toca la melodía con los demás dedos (consulte la sección "Bajo constante con pentatónica menor en posición abierta", en este mismo capítulo); alternar texturas sin brusquedad (véase la sección "Alternancia", en este mismo capítulo); tocar una vuelta (*turnaround*) final, y utilizar la guitarra para expresar el lado más oscuro de su corazón.

Esta canción presenta muchos de los conceptos de blues acústico abarcados a lo largo de este capítulo: la escala pentatónica menor en *mi* en posición abierta, las notas de bajo constante, la alternancia (el bajo toca sólo en el compás 2, por ejemplo), la repetición de un *lick* a la misma altura aunque cambie el acorde de acompañamiento (compás 5), la combinación de notas al aire y notas pisadas (compás 9) y el *lick* de vuelta (compases 11-12).

Chicago Shuffle

Mississippi Mud

Capítulo 12

Folk

En este capítulo

▶ Usar la técnica de mano abierta

▶ Usar la cejilla

▶ Las técnicas de arpegiado, de pulgar y digitación y Carter y Travis

▶ Afinaciones abiertas

▶ Toque canciones de folk

En la terminología guitarrística, hoy en día "folk" significa bastante más que tocar la guitarra en torno a una hoguera campestre con un puñado de vaqueros tristones y un cocinero que toca la armónica. Aunque la guitarra folk tuvo unos comienzos humildes en los que se limitaba a unos melancólicos rasgueos de acompañamiento para canciones sencillas, desde entonces ha evolucionado dentro de la música popular para convertirse en todo un género.

La guitarra de folk ha evolucionado de las cancioncillas de vaqueros del siglo XIX, pasando por las canciones y baladas de los apalaches de los años treinta y cuarenta, hasta llegar a los éxitos de artistas del primer country como Jimmie Rodgers, Hank Williams y Johnny Cash, o el rockabilly de finales de los cincuenta. En los años sesenta la música folk se desarrolló enormemente, desde el Kingston Trio hasta la culminación que representaron Bob Dylan, Joan Baez y Peter, Paul and Mary. Desde entonces, la popularidad del folk creció sin parar y entró a formar parte de la corriente musical principal gracias a la estilización de sus formas, que desembocaron en el pop folk, por parte de John Denver, James Taylor, Joni Mitchell y Crosby, Stills and Nash.

En este capítulo hemos abarcado un amplio abanico de enfoques en relación con la técnica de la guitarra folk, incluidos el estilo arpegiado, el de pulgar y digitación y los estilos Carter y Travis. Le enseñaremos asimismo a usar la cejilla para cambiar de tonalidad, a crear nuevos sonidos con afinaciones abiertas y a tocar armónicos.

Tocar con técnica de mano abierta

El folk tiende a favorecer un estilo de interpretación llamado de mano abierta o *fingerstyle* (un estilo en el que se pulsan las cuerdas con los dedos de la mano derecha en lugar de utilizar púa). Piense en las canciones de Peter, Paul and Mary (*Puff the Magic Dragon*), Bob Dylan (*Don't Think Twice, It's Alright*) y Arlo Guthrie (*Alice's Restaurant*), y podrá oír los agradables patrones oscilantes que los dedos producen en el acompañamiento.

Pero también en el rock podemos oír tocar con los dedos (*Blackbird*, de los Beatles, *Dust in the Wind*, de Kansas, y la introducción de *Stairway to Heaven,* de Led Zeppelin), así como en el country y en el blues. Y, por supuesto, toda la música para guitarra clásica se toca con técnica de mano abierta.

La técnica de mano abierta abre un mundo de posibilidades musicales que simplemente quedan fuera del alcance de la púa. Por ejemplo, se pueden tocar dos o más líneas simultáneamente: el pulgar de la mano derecha toca la línea de bajo mientras que los demás dedos tocan la melodía y las *voces interiores* (notas de relleno o acompañamiento con las cuerdas intermedias, entre la melodía y el bajo) para crear un sonido más denso y matizado.

Técnica de mano abierta

En la técnica de mano abierta, las cuerdas se pulsan con cada uno de los dedos de la mano derecha en lugar de golpearlas con la púa. En la mayoría de los casos, tocamos las cuerdas una tras otra, en una especie de patrón repetido, mientras la mano izquierda dibuja un acorde. Lo habitual es que el pulgar, que pulsa hacia abajo, toque las cuerdas más bajas (graves), y que los demás dedos, que pulsan hacia arriba, toquen las cuerdas más altas (un dedo por cuerda).

Después de pulsar cada nota, aleje el dedo para que no se apoye en una cuerda adyacente. Esta técnica permite que todas las cuerdas suenen y produzcan acordes en lugar de una simple sucesión de notas sueltas. De este modo, tocamos la guitarra de forma muy parecida al modo en que tocaríamos el arpa.

Posición de la mano derecha

Para tocar con los dedos, conviene rotar ligeramente la mano derecha de tal manera que los dedos estén más o menos perpendiculares respecto a las cuerdas. La figura 12-1 muestra por medio de ilustraciones de "antes y después" cómo se coloca la mano en la

Figura 12-1:
La mano
derecha en
posición
para tocar
con púa
(a); la mano
derecha en
posición
de mano
abierta (b)

posición normal y de sujeción de la púa y cómo se coloca en
una posición girada y perpendicular, más adaptada al estilo de
mano abierta. Al mantener la mano derecha en posición perpendicular frente a las cuerdas, atacamos de forma precisa y directa, no
desde un ángulo como cuando mantenemos la mano sin girar y en
línea con el brazo. (Por cierto, esta posición representa el mismo
método perpendicular que se utiliza para tocar la guitarra clásica.
Para más información sobre la posición de la mano derecha consulte el capítulo 13.)

Puede hacer como hacen muchos guitarristas: dejarse las uñas de la
mano derecha un poco largas, de forma que al pulsar las cuerdas éstas produzcan un sonido más brillante y con mayor volumen. Si quiere conseguir un sonido especialmente brillante, use púas de dedo
(unos utensilios de plástico o metal que se colocan sobre las uñas) o
pegue unas uñas acrílicas a sus uñas naturales (algo bastante común
en los salones de manicura y una medida de emergencia que usan
muchos guitarristas clásicos si se rompen una uña justo antes de un
concierto).

En la notación musical de este libro indicamos los dedos de la mano
derecha mediante las letras *p* (pulgar), *i* (índice), *m* (medio o corazón) y *a* (anular). Este sistema procede de la notación de la guitarra
clásica; puesto que la guitarra clásica se ha desarrollado especialmente en España, se toman las iniciales españolas. (En inglés se utilizan en alguna ocasión las iniciales inglesas: *t*, *i*, *m* y *r*). En el estilo
de mano abierta no se suele utilizar el dedo meñique de la mano
derecha.

Usar la cejilla

Una *cejilla* (llamada igual que la técnica de pisar varias cuerdas con
un único dedo) es un aparato que pisa todas las cuerdas en un determinado traste del diapasón. Las cejillas pueden funcionar por medio
de gomas elásticas, resortes o incluso piezas metálicas ensartadas,
pero todas tienen la misma función: acortar la longitud de todas las
cuerdas, creando a efectos prácticos una nueva cejuela. Con la cejilla
puesta, todas las cuerdas al aire suenan más altas que con las cuerdas
al aire.

¿Cuánto más alto suenan las cuerdas? Un semitono por traste. Si colocamos la cejilla en el tercer traste, por ejemplo, el *mi* al aire se pasa
a ser *sol* (tres semitonos por encima de *mi*). Todas las demás cuerdas

también ascienden en altura en la misma medida: Si se convierte en *re*, *sol* se convierte en *si* ♭, *re* se convierte en *fa* y *la* se convierte en *do*. (Por cierto, no se puede tocar nada por debajo de la cejilla, sólo en la parte del diapasón que queda por encima.)

Para colocar la cejilla correctamente, sitúela justo *antes* del tercer traste (del lado del clavijero) y *no* directamente encima del tercer traste metálico. La figura 12-2 muestra una cejilla colocada correctamente en el tercer traste de la guitarra. (Para más información sobre diferentes tipos de cejillas consulte el capítulo 16.)

¿Por qué usar una cejilla? Porque ésta le permitirá cambiar de inmediato la tonalidad de una canción. Imagínese que usted sabe tocar una canción en la tonalidad de *do*, y sólo en la tonalidad de *do*, pero quiere acompañar a un cantante (quizá usted mismo) cuyo ámbito vocal se adapta mejor a la tonalidad de *re*.

Ningún problema. Ponga la cejilla en el segundo traste y simplemente toque la canción en *do* como suele hacerlo. La cejilla hace que todas las cuerdas suenen dos semitonos por encima de lo normal, ¡así que la música suena en *re*! De hecho es posible mover la cejilla a cualquier traste: basta con subirlo o bajarlo por el mástil hasta que usted encuentre el traste (la tonalidad) que se ajuste de manera idónea al ámbito vocal.

Naturalmente, si las notas y acordes de la canción que está tocando no contienen cuerdas al aire, puede simplemente cambiar las posiciones en el diapasón, usando acordes móviles, para encontrar la tonalidad que busque para cantar. Use cejilla solamente si la canción requiere el uso de cuerdas al aire.

La gente también usa cejilla por una razón que no tiene nada que ver con el ámbito de la voz. Si colocamos una cejilla en el mástil (especialmente las partes más alta), la guitarra tiene un sonido más brillante. Puede incluso sonar de un modo parecido a una mandolina (ya sabe, ese pequeño instrumento de cuerda en forma de lágrima que los gondoleros venecianos tocan en las películas).

Las cejillas pueden resultar especialmente útiles si dos guitarristas están tocando juntos una canción. Uno de ellos puede tocar los acordes sin cejilla, en *do*, por ejemplo. El otro puede tocar los acordes en la tonalidad de *sol*, por ejemplo, con una cejilla colocada en el quinto traste, sonando así en *do*. La diferencia de *timbres* (del color o las cualidades del sonido) entre los dos instrumentos creará un efecto llamativo.

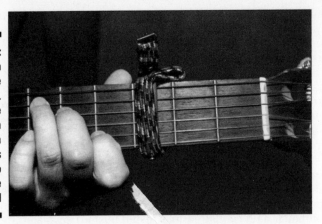

Figura 12-2:
Una cejilla en el mástil de la guitarra. Observe que la cejilla está situada justo antes del traste, no directamente sobre él

Algunos dicen que usar cejilla es "hacer trampa". Piensan que un principiante sólo sabe tocar en tonalidades fáciles (*la* y *re*, por ejemplo), por eso necesita hacer esta "trampa" para poder tocar en *si* ♭. Al fin y al cabo, si uno vale algo como guitarrista, tendrá que ser capaz de tocar en *si* ♭ sin colocar una cejilla, simplemente tocando acordes con cejilla de dedo.

Pero en la guitarra folk, la combinación de cuerdas al aire y cuerdas pisadas es la esencia del estilo. A veces estas combinaciones de notas al aire y pisadas pueden llegar a ser bastante intricadas.

Piense, por ejemplo, en la introducción de *Fire and Rain,* de James Taylor, en tonalidad de *la*. Lo cierto es que James la toca usando una cejilla en el tercer traste, lo que hace que la música suene tres semitonos por encima, en *do*, porque esa tonalidad es la que mejor se ajusta a su ámbito vocal. ¿Por qué no limitarse a tocar la canción en *do* sin cejilla? Porque la digitación hace imposible esta opción: las cuerdas al aire que necesitaría James no existen en *do*, sólo en *la*.

Una ventaja más de usar cejilla: puesto que los trastes están más cerca entre sí a medida que ascendemos por el mástil, tocar con cejilla requiere estirar menos la mano izquierda, lo que hace que algunas canciones sean un poquito más fáciles de tocar.

A lo largo de este capítulo, al tocar los diferentes ejercicios y canciones, experimente con la cejilla. Fíjese en cómo puede utilizar este pequeño artefacto para buscar la tonalidad idónea para su ámbito vocal. E incluso en las selecciones instrumentales, experimente colocando la cejilla en diversos trastes para ver cómo la colocación afecta al timbre. Seguro que le gustará lo que oye.

Algunas veces, colocar o retirar la cejilla hace que las cuerdas se desafinen. Recuerde comprobar la afinación y hacer los ajustes que sean necesarios cada vez que coloque o retire la cejilla.

Técnica del arpegiado

Para tocar *arpegiando* (técnica también llamada estilo de *acordes arpegiados* o *acordes partidos*), mantenga un acorde con la mano izquierda y toque las notas una por una, sucesivamente, con la derecha, permitiendo que las notas se mantengan o resuenen. Esta técnica produce un sonido fluido y más ligero que el que se da cuando tocamos todas las notas a la vez, como cuando rasgueamos.

Tocar usando la técnica del arpegiado

Para tocar en estilo arpegiado, coloque los dedos de la mano derecha sobre las cuerdas, en la posición básica de la técnica de mano abierta: pulgar (*p*) en la 6ª cuerda, índice (*i*) en la 3ª, el corazón o medio (*m*) en la 2ª cuerda, y el anular (*a*) en la 1ª cuerda. Ahora todos los dedos están preparados para pulsar las cuerdas.

Incluso sin llegar realmente a formar un acorde con la mano izquierda (puesto que en un acorde de *mi* m casi todas las cuerdas que se pulsan son cuerdas al aire), es posible tocar un arpegio de *mi* m tocando primero *p*, después *i*, entonces *m* y finalmente *a*. Debería oír resonar un bonito acorde de *mi* m.

Simplemente para que usted sepa qué aspecto tiene este patrón en la notación, fíjese en la figura 12-3, que le indica exactamente cómo tocar las cuerdas al aire de un acorde de *mi* m arpegiado.

Ahora pruebe arpegiar hacia arriba (desde las cuerdas graves hacia las agudas) y regresar hacia abajo en el acorde de *mi* m abierto. Utilice de nuevo las cuerdas 6ª, 3ª, 2ª y 1ª. En lugar de tocar simplemente *p-i-m-a*, como antes, toque *p-i-m-a-m-i*. Consulte la notación de la figura 12-4 para comprobar que está tocando las notas correctas.

Pista 82, 0:00

Figura 12-3: Un arpegio de *mi* m con cuerdas al aire

Pista 82, 0:10

Figura 12-4: Un patrón arpegiado ascendente y descendente en *mi* m

A continuación pruebe la digitación de los diferentes acordes que ha aprendido en los capítulos 4 y 6, y trate de tocar *p-i-m-a* y *p-i-m-a-m-i*. Pero en cada nuevo acorde, asegúrese de que el pulgar pulse la cuerda de bajo adecuada: la *fundamental* del acorde (la 6ª cuerda en todos los acordes de *mi* y *sol*, la 5ª cuerda en todos los acordes de *la* y *do*, y la 4ª cuerda en todos los acordes de *re*). (La *fundamental* de un acorde es simplemente la nota de la que el acorde toma su nombre; por ejemplo, la fundamental de un acorde de *do* es *do*.)

Se pueden crear múltiples patrones arpegiados, todo depende del orden en que se pulsen las cuerdas. Los patrones *p-i-m-a* y *p-i-m-a-m-i* son dos de los más habituales.

Para tocar ahora mismo una canción que utiliza el patrón arpegiado *p-i-m-a-m-i*, salte directamente a la sección "Toque canciones de folk", en este mismo capítulo y eche un vistazo a la canción *House of the Rising Sun*.

El patrón de "canción de cuna"

Algunos guitarristas llaman al patrón que aparece en la figura 12-5 *"patrón de canción de cuna"*, porque es un patrón cuyo sonido delicado es apto para acompañar canciones de cuna.

Este patrón incorpora dobles cuerdas (dos notas tocadas a la vez; véase el capítulo 7) a un patrón arpegiado. Después de tocar *p* y *m* individualmente se toca *m* y *a* juntos (al mismo tiempo) en las dos cuerdas superiores. Recuerde mantener cada acorde con la mano izquierda mientras resuenan las notas. Una vez más, use la cejilla para encontrar la mejor tonalidad para cantar.

Para tocar ahora mismo una canción con el patrón de "canción de cuna", salte directamente a la sección "Toque canciones de folk", en este mismo capítulo y eche un vistazo a *The Cruel War Is Raging*.

Pista 83, 0:00

Figura 12-5: El patrón de acompañamiento de "canción de cuna"

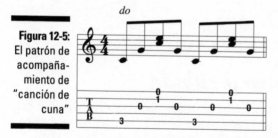

Técnica de pulgar y rasgueo (thumb-brush)

La técnica de *pulgar y rasgueo* (*thumb-brush*) es un patrón de acompañamiento que tiene un sonido "bum-chic". Aquí el pulgar toca normalmente (pulsando hacia abajo una cuerda de bajo), pero los demás dedos golpean ("cepillan") las tres o cuatro cuerdas más altas con el reverso de las uñas en un movimiento descendente (hacia el suelo). En realidad estos dedos rasguean las cuerdas como una púa, pero sin mover todo el brazo ni toda la mano. Básicamente se encogen los dedos hacia la palma y a continuación se estiran, pasando de una posición con la mano cerrada a otra con la mano abierta, golpeando las cuerdas con las uñas al hacerlo.

Pulgar y rasgueo sencillo

La figura 12-6 muestra dos compases del patrón de pulgar y rasgueo en un acorde de Do. No se preocupe de golpear *exactamente* tres cuerdas con el "cepillo" de los dedos. Es más importante que usted consiga un movimiento continuo y fluido en la mano derecha.

Pista 83, 0:10

Figura 12-6:
Un sencillo
patrón de
pulgar y
rasgueo en
un acorde
de *do*

Pulgar, rasgueo y subida

Una variante de la técnica de pulgar y rasgueo es la técnica de pulgar, rasgueo y subida (que crea un sonido "bum-chiqui"). Después de rasguear con el dorso de las uñas de los dedos corazón y anular, utilice la yema del dedo índice para pulsar la 1ª cuerda (hacia arriba). Invariablemente se ejecuta esta técnica en un ritmo de corcheas en los tiempos 2 y 4 (uno, dos-y, tres, cuatro-y). (Para más información sobre las corcheas consulte el apéndice A.)

La figura 12-7 contiene un patrón de dos compases que emplea la técnica de pulgar, rasgueo y subida. Mantenga constantes los golpes descendentes y ascendentes, sin romper el ritmo. (No deje aquí de oír el MP3 y no se desanime si no consigue acostumbrarse a este patrón a la primera.)

No vea el movimiento ascendente del dedo índice como un movimiento de punteo, sino como un movimiento de roce ejecutado con toda la mano. En otras palabras, mantenga la mano derecha suelta y fluida mientras la eleva para pulsar la 1ª cuerda con el primer dedo.

Pista 84, 0:00

Figura 12-7:
El patrón
de pulgar,
rasgueo y
subida en
un acorde
de *do*

Puede utilizar el patrón de pulgar y rasgueo y el de pulgar, rasgueo y subida para cualquier canción que tenga un sonido "bum-chic" o "bum-chiqui", como *Jingle Bells* o *I've Been Working on the Railroad*.

Estilo Carter

En el *estilo Carter* (llamado así por la famosa familia Carter, entre cuyos miembros estaban June Carter, *Mother* Maybelle y *Uncle* A. P.), la melodía se toca con el pulgar en las cuerdas inferiores al tiempo que los demás dedos proporcionan un acompañamiento en forma de rasgueos o cepillados. Este estilo funciona bien en aquellas canciones cuyas notas melódicas coinciden principalmente con los tiempos 1 y 3. (Los rasgueos aparecen en los tiempos 2 y 4.) Pero si una nota melódica cae en el tiempo 2 o 4, se puede simplemente omitir el rasgueo en ese tiempo.

Se puede tocar en este estilo con la misma facilidad usando una púa que con los dedos, así que puede probar a hacerlo de las dos formas para ver cuál le resulta más cómoda.

La figura 12-8 muestra un pasaje que usted puede tocar usando el estilo Carter, en el que la toda la melodía está en las cuerdas inferiores. Ésta procede de una melodía tradicional llamada *Wildwood Flower* y que fue popularizada por la familia Carter. Woodie Guthrie le puso su propia letra y la llamó *The Sinking of the Ruben James*.

Para tocar ahora mismo una canción aplicando la técnica Carter, vaya directamente a la sección "Toque canciones de folk", en este mismo capítulo y échele un vistazo a la canción *Gospel Ship*.

Figura 12-8:
El estilo
Carter pone
la melodía
en el bajo
y el acom-
pañamiento
en las notas
altas

Punteo Travis

El punteo Travis, denominado así por el guitarrista country Merle Travis, es probablemente la técnica más extendida en el *fingerstyle* o técnica de mano abierta dentro del folk. Aquí el pulgar alterna entre dos cuerdas de bajo (a veces tres) en negras constantes mientras los otros dedos pulsan las cuerdas más altas, normalmente entre las negras (en los tiempos débiles). El resultado es una sensación de impulso rítmico que puede usarse en diferentes contextos, desde el ragtime hasta el blues, pasando por el patrón de acompañamiento rotatorio que oímos en *The Boxer*, de Simon y Garfunkel, y *Dust in the Wind*, de Kansas.

Esta técnica es más compleja que las que hemos visto en las secciones anteriores, así que vamos a enseñarle a tocarla paso a paso.

Tocar el patrón

Puede tocar diferentes patrones con la técnica Travis variando los tiempos en los que pulsar las cuerdas agudas. Lo que permanece sin alteración es el ritmo fijo que se toca con el pulgar. Hay un patrón en las cuerdas agudas que está tan extendido que lo llamamos aquí "patrón Travis básico". Se puede tocar siguiendo estos pasos:

1. **Empiece con una digitación de *re* en la mano izquierda y mantenga formado el acorde a lo largo del compás.**

2. **Usando sólo el pulgar, pulse de forma alternante las cuerdas 4ª y 3ª en negras regulares, como muestra la figura 12-9a.**

La parte que toca con el pulgar es el fundamento del patrón. La notación habitual marca la parte del pulgar usando *plicas descendentes* (las líneas verticales descendentes unidas a las cabezas de las notas). Toque la del patrón correspondiente al pulgar tantas veces como sea necesario hasta que consiga hacerla firme como una roca.

3. **Ahora añada la 2ª cuerda al patrón al pulsarla con el dedo índice después de la parte 2 (entre las notas del pulgar), como muestra la figura 12-9b.**

Asegúrese de que la 2ª cuerda siga sonando cuando el pulgar golpee la 4ª cuerda en la parte 3. Toque este patrón parcial varias veces hasta que le resulte natural. Escuche el archivo MP3 y fíjese en el ritmo.

4. **Ahora añada la 1ª cuerda al patrón pulsándola con el dedo corazón después del tiempo 3 (entre las notas del pulgar), como muestra la figura 12-9b.**

Toque este patrón parcial varias veces hasta sentirse cómodo con él.

5. **Finalmente, añada la 1ª cuerda (que se toca con el dedo corazón) al tiempo 1, tocando la 4ª cuerda simultáneamente con el pulgar, como muestra la figura 12-9d.**

En el punteo Travis, tocar juntas una cuerda grave y una cuerda aguda se conoce como un *pellizco*.

Una variante del patrón clásico se conoce a veces como el *rollo*. Este patrón no usa pellizcos, y se puntean todos los tiempos débiles, como muestra la figura 12-9e. Lo típico es tocar el último tiempo débil sólo si no se cambia de acordes al pasar al siguiente compás. En cambio, si hay cambio de acordes, se prescinde del último tiempo débil.

Se pueden crear otras variantes del patrón básico añadiendo u omitiendo pellizcos y tiempos débiles, pero *nunca* debe omitir las notas del pulgar. Puede crear estas variantes sobre la marcha, usándolas para romper la monotonía de un patrón que de lo contrario se repetiría una y otra vez.

Para el patrón Travis básico, un modo fácil de recordar qué cuerdas pulsar y el orden en que debemos hacerlo consiste en ver el grupo de cuatro notas y cuerdas como un conjunto de *cuerdas de fuera* y un conjunto de *cuerdas de dentro*. En el acorde de *re*, por ejemplo, las cuerdas 1ª y 4ª son "de fuera" y la 2ª y 3ª son "de dentro". Fíjese nuevamente en la figura 12-9e. Diga la siguiente frase mientras toca: "Pellizco, dentro, fuera, pulgar". Los siguientes pasos identifican esta frase con las acciones que usted lleva a cabo:

1. ***Pellizco:*** En el tiempo 1, toque las cuerdas exteriores (4ª y 1ª) como un pellizco: el pulgar golpea la 4ª cuerda y el corazón golpea la 1ª simultáneamente.

2. ***Dentro:*** En el tiempo 2, toque las cuerdas interiores (3ª y 2ª) de forma sucesiva: primero el pulgar y después el índice.

3. ***Fuera:*** En el tiempo 3, toque las cuerdas exteriores (4ª y 1ª) de forma sucesiva: primero el pulgar y después el corazón.

4. ***Pulgar:*** En el tiempo 4, sólo toque con el pulgar la cuerda de bajo del conjunto interior (la 3ª cuerda).

Tenga en cuenta que en el estilo Travis no se suele usar el dedo anular al tocar patrones.

Figura 12-9: Punteo Travis, paso a paso

Estilo de acompañamiento

Después de hacerse con el patrón básico, puede crear todo el acompañamiento de una canción simplemente ensartando una serie de acordes y aplicando el patrón apropiado en cada acorde. Puede tocar el patrón de cualquier acorde si se aprende de memoria la siguiente información:

- ✔ Qué grupo de cuatro cuerdas tocar en cada acorde (consulte la tabla que aparece en la figura 12-10).

- ✔ Qué dedos de la mano derecha usar en esas cuerdas. (El pulgar y el corazón tocan las cuerdas exteriores, y el pulgar y el índice las interiores.)

- ✔ La frase "pellizco, dentro, fuera, pulgar". Usando esta frase, puede tocar cualquier patrón con cualquier acorde.

La figura 12-10 muestra qué cuatro cuerdas se pueden usar para los diversos acordes e identifica las cuerdas "interiores" y "exteriores" de cada grupo. Pruebe los grupos indicados en cada acorde, tocando tanto el patrón básico como el "rollo".

	Grupo superior	Grupo inferior
fundamental en *la* 4ª cuerda *re, re* m, *re* 7, *fa* con 4 cuerdas	dentro [① ② ③ ④] fuera	
fundamental en *la* 5ª cuerda *do, do* 7, *la, la* m, *la* 7, *si* 7	dentro [① ② ③ ⑤] fuera	dentro [② ③ ④ ⑤] fuera
fundamental en *la* 6ª cuerda *mi, mi* m, *mi* 7, *sol, sol* 7	dentro [① ② ③ ⑥] fuera	dentro [② ③ ④ ⑥] fuera (no es bueno para *sol* 7)

Figura 12-10: Pares de cuerdas interiores y exteriores para diferentes acordes en el punteo Travis

Para tocar ahora mismo usando un acompañamiento en estilo Travis, vaya directamente a la sección "Toque canciones de folk", en este mismo capítulo y échele un vistazo a *All My Trials*.

Estilo solista

Se puede usar el punteo Travis para crear emocionantes solos instrumentales situando la melodía de la canción en la parte aguda (en forma de pellizcos o notas en partes débiles) mientras el bajo, con otras notas en partes débiles estratégicamente situadas, proporciona el acompañamiento. En este estilo solista no se toca necesariamente en agrupamientos de cuatro cuerdas como se hace en el acompañamiento: la melodía dicta en buena medida los agrupamientos, que a veces llegan a abarcar cinco cuerdas.

La figura 12-11 indica cómo tocar una melodía (en este caso *Oh Susanna*) con la técnica del punteo solista al estilo Travis. Observe que los tiempos 1 y 2 de cada compás son pellizcos (el pulgar y otro dedo tocan las cuerdas juntos), porque tanto la melodía como el bajo caen en estos tiempos. Otras notas melódicas caen en tiempos débiles, y aparecen entre dos notas de bajo.

Para tocar ahora mismo una canción usando el estilo Travis en versión solista, vaya directamente a la sección "Tocar canciones de folk", en este mismo capítulo y échele un vistazo a *Freight Train*.

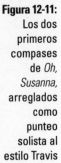

Figura 12-11: Los dos primeros compases de *Oh, Susanna*, arreglados como punteo solista al estilo Travis

Pista 86

Afinación abierta

Se pueden crear algunos interesantes efectos con el punteo Travis en afinaciones abiertas. La figura 12-12 es un pasaje con afinación en *sol* abierto (*re-sol-re-sol-si-re*, de la más grave a la más aguda), que se parece a lo que Joni Mitchell podría haber tocado en uno de sus primeros discos. Lo único inusual es que tenemos que afinar la guitarra de modo distinto. La técnica de la mano derecha no cambia (punteo Travis normal).

Para conseguir una afinación en sol abierto, siga estos pasos:

1. **Haga descender la afinación de la 6ª cuerda hasta que suene una octava por debajo de la 4ª cuerda al aire.**

2. **Haga descender la afinación de la 5ª cuerda hasta que suene una octava por debajo de la 3ª cuerda al aire.**

3. **Haga descender la afinación de la 1ª cuerda hasta que suene una octava por encima de la 4ª cuerda al aire.**

Fíjese en que en la figura 12-12 se usa únicamente un agrupamiento de cuatro notas (5ª, 4ª, 3ª y 2ª). Las cuerdas 5ª y 3ª suenan al aire hasta el final, cuando se tocan los *armónicos* en el duodécimo traste (consulte el siguiente párrafo sobre cómo producir armónicos). Piense en "pellizco, dentro, fuera, pulgar" a lo largo de todo este ejemplo.

Un armónico es un bonito sonido agudo, como de campana, que se produce al tocar ligeramente una cuerda con la yema de un dedo de la mano izquierda sobre un determinado traste (normalmente el duodécimo, el séptimo o el quinto), no delante de él como haríamos al digitar normalmente, sino justo encima de la barra de metal. Una vez colocado el dedo, pulse sutilmente la cuerda con la mano derecha.

Pista 87

* Afinación en *sol* abierto (de grave a agudo): *re sol re sol si re*

Arm. ⌐

Figura 12-12:
Punteo
Travis con
afinación en
sol abierto

Arm. ⌐

Toque canciones de folk

La selección de canciones que presentamos aquí abarca una gran variedad, desde un patrón de acompañamiento que repetimos una y otra vez hasta el tratamiento solista de una canción, con bajo independiente, melodía superpuesta y un par de trucos añadidos. En estas cinco canciones se pueden encontrar prácticamente todos los enfoques posibles de la técnica de mano abierta que se adaptan a las canciones folk. Pero no se deje engañar por la sencillez de las propias canciones: es la guitarra la que las hace sonar aquí en toda su plenitud. Una vez que se haya hecho con estos arreglos, lo único que le hará falta será la camisa de franela y las botas campestres de rigor, y entonces ya podrá vagabundear, organizar a los trabajadores y encabezar protestas políticas.

Aquí tiene información sobre las canciones que le será de utilidad. Algunas de las canciones emplean una técnica llamada *escala de bajo*. Esta técnica consiste en una línea de una única nota (tocada con el pulgar) que lleva hacia el siguiente acorde y sirve para romper la monotonía de un patrón repetido.

✔ *House of the Rising Sun:* Para tocar *House of the Rising Sun*, necesita saber tocar un patrón arpegiado ascendente y descendente (consulte la sección "Estilo arpegiado", en este mismo capítulo); cómo formar acordes básicos mayores y menores (consulte el capítulo 4), y cómo darle cierta ligereza a una canción sobre una vida desperdiciada en una casa de mala reputación.

El patrón arpegiado ascendente y descendente (*p-i-m-a-m-i*) supone un buen acompañamiento para *House of the Rising Sun* y otras canciones de ese tipo. La mano izquierda debe mantener cada acorde durante todo el compás. Piense en *acordes arpegiados* (en los que las notas resuenan), no en *notas sueltas* (que se apagan pronto). Fíjese en que los dedos tocan sólo las tres notas más altas de cada acorde de la canción, aunque el pulgar cambia de cuerda entre acorde y acorde.

✔ *The Cruel War is Raging:* Para tocar *The Cruel War is Raging*, necesita saber tocar el patrón de "canción de cuna" (consulte la sección "Estilo arpegiado", en este mismo capítulo); cómo formar acordes básicos mayores y menores (véase el capítulo 4), y cómo dormir a un bebé con una canción sobre el fin del mundo.

Recuerde que debe mantener cada uno de los acordes con la mano izquierda mientras las notas resuenan. Utilice la cejilla para encontrar la tonalidad que más cómoda le resulte para cantar.

✔ *Gospel Ship:* Para tocar *Gospel Ship*, necesita saber cómo tocar un solo al estilo Carter (consulte la sección "estilo Carter", en este mismo capítulo); tocar martilleos y tirones (consulte el capítulo 9), y si es que hay alguien en el mundo que de verdad se sepa la letra de esta canción.

Los martilleos, tirones y escalas de bajo son una parte importante del estilo Carter, como puede ver en este arreglo basado libremente en la canción tradicional *Gospel Ship*. (Para más información sobre los martilleos y tirones consulte el capítulo 9.) El pentagrama nos ayuda a determinar qué notas se tocan con el pulgar (las que tienen la plica descendente) y cuáles con los restantes dedos (las que tienen la plica hacia arriba). Esta canción funciona igualmente bien, sin embargo, si se usa utiliza una púa. Pruebe de ambas maneras.

✔ *All My Trials:* Para tocar *All My Trials,* necesitará saber tocar un acompañamiento en estilo Travis (consulte la sección "Punteo Travis", en este mismo capítulo); cómo tocar martilleos (consulte el capítulo 9), y cómo cantar de forma convincente una canción sobre el sufrimiento y la penuria sin sonar cursi porque en realidad ha vivido una vida fácil y privilegiada.

El compás 1 usa las cuerdas graves para el acorde de *sol,* porque si usamos las más agudas tendremos un acorde incompleto. Puesto que el compás 2 sólo tiene dos tiempos, sólo se toca la mitad del patrón en ese compás. El compás 5 comienza como si estuviéramos usando el grupo de cuerdas superiores (para resolver con naturalidad la nota aguda del compás anterior), pero entonces, en el tiempo 2, pasa a las cuerdas graves, nuevamente para evitar un acorde incompleto. El compás 9 incorpora al patrón una pequeña línea de bajo en el paso de *sol* a *mi* m. En el compás 12, un martilleo pellizcado añade un especial sabor folk a la canción.

✔ *Freight Train:* Para tocar *Freight Train*, necesita saber tocar un solo en estilo Travis (véase la sección "Punteo Travis", en este mismo capítulo); cómo tocar martilleos (consulte el capítulo 9), y cómo sonar como un pobre vagabundo pese a estar tocando un sofisticado arreglo de mano abierta con cuatro técnicas nuevas.

Una escala de bajo rompe la monotonía en los compases 4 y 8. En el compás 9, está usted formando un acorde de *mi*, y puede usar el dedo índice, extendido a modo de cejilla, para tocar la 1ª cuerda, primer traste. Use el pulgar izquierdo, rodeando el mástil, para pisar la 6ª cuerda en los compases 11 y 12. En el compás 14 nos encontramos con un truco especial: se martillea a la vez una nota aguda y una nota de bajo. En el compás 15 el bajo alterna entre tres notas en lugar de dos.

House of the Rising Sun

(continúa)

House of the Rising Sun (continuación)

The Cruel War Is Raging

Pista 90

Gospel Ship

All My Trials

(continúa)

...y Trials *(continuación)*

Pista 92

Freight Train

Capítulo 13

Guitarra clásica

· ·

En este capítulo

▶ Sentarse correctamente

▶ Posición de las manos derecha e izquierda

▶ Cortar y limar las uñas

▶ Tocar tirando y apoyando

▶ La técnica del arpegiado

▶ La técnica del contrapunto

▶ Interprete piezas clásicas

· ·

*L*a guitarra clásica no sólo sugiere un cierto estilo musical, sino que también implica un modo de tratar el instrumento que resulta bastante distinto del de los demás estilos, ya se trate de folk, jazz, rock o blues. La guitarra clásica engloba una larga tradición de técnicas y prácticas que los compositores e intérpretes han venido observando a lo largo del tiempo y a las que se mantienen fieles actualmente, incluso con la llegada de nuevas composiciones más modernas y vanguardistas.

Para interpretar las grandes piezas de Bach, Mozart y Beethoven (y para hacer que suenen en todo su esplendor) *debemos* ejecutarlas en el estilo clásico. Incluso aunque no tengamos intención de convertirnos en guitarristas clásicos serios, practicar técnicas de guitarra clásica puede ayudarnos (y mucho) mejorar nuestro sonido, técnica y fraseo.

No piense que, por llevar implícita cierta disciplina, la música clásica es sólo un conjunto de rígidas normas y reglas. Muchos guitarristas con carreras tanto en el campo del pop como de la música clásica ven en algunos aspectos de la guitarra clásica un elemento de liberación, hasta el punto de que estos individualistas inquebrantables de hecho han tratado de aplicar técnicas clásicas a la guitarra en el pop y en el rock. Steve Howe (de Yes), Michael Hedges y Chet Atkins se han apropiado de técnicas clásicas para incorporarlas a sus estilos propios e inimitables. Aun así, es difícil imaginar miles de melenudas cabezas agitándose desenfrenadas si los músicos de Metallica se encaramaran a sillas de respaldo recto con las piernas elevadas y las muñecas en ángulo recto.

Este capítulo lo dedicamos en serio con la guitarra clásica. En él explicaremos la postura sentada adecuada y las posiciones correctas de la mano derecha e izquierda. Además, le daremos una serie de pautas para que usted pueda combinar melodías para crear contrapunto y tocar apoyando y tirando para obtener una melodía a partir de un patrón arpegiado.

Preparación para tocar la guitarra clásica

La guitarra clásica siempre lleva cuerdas de nailon (frente a los modelos con cuerdas de acero usadas en muchos otros estilos) y se toca en posición sentada. Además de esto, para conseguir el sonido deseado, requiere la aplicación de ciertas técnicas especiales de ejecución, ciertos *golpes* (modos de pulsar las cuerdas). Además, hay que adoptar un nuevo método en relación con la posición de la mano izquierda.

Cómo sentarse

La enorme mayoría de los guitarristas clásicos se sientan de un modo distinto a los demás guitarristas: sostienen la guitarra sobre la pierna *izquierda* en lugar de la derecha. También elevan la pierna izquierda unos quince centímetros usando un escabel o taburete. Al hacer esto se consigue lo siguiente:

✔ La parte más aguda del mástil (la que está más próxima a la caja) descansa prácticamente sobre la pierna izquierda, y el fondo del instrumento descansa sobre el abdomen. El peso del brazo derecho sobre el lado grave mantiene el instrumento en su lugar (en equilibrio, por así decirlo). Las manos quedan así completamente libres para tocar y nada más que tocar. No necesitamos las manos para evitar que la guitarra se caiga al suelo (a no ser que nos levantemos rápidamente para descolgar el teléfono, claro).

✔ La guitarra se coloca de tal manera que la mano izquierda puede tocar en cualquier traste con el ángulo adecuado (perpendicular) —consulte la sección "Posición de la mano izquierda", en este mismo capítulo—. Esto nos permite tocar en las posiciones más altas (de la séptima en adelante) con mayor facilidad que con una guitarra acústica en posición sentada (véase el capítulo 3).

Lo cierto, sin embargo, es que mucha gente que intenta aprender a tocar la guitarra clásica ni siquiera se preocupa de tener en cuenta todo esto de la correcta colocación del instrumento. ¿Por qué? Porque es demasiada molestia. Y además, ¿dónde se compra un escabel? (Vale, a lo mejor se puede comprar uno en la tienda de música.) Si usted sólo quiere probar unas cuantas piezas de guitarra clásica por pura diversión, sostenga la guitarra como suele hacerlo. La policía musical no le va a detener por ello, y podrá oír la bonita disposición de las notas, aunque no esté tocando estrictamente "según las normas".

Sin embargo, si realmente quiere tomarse en serio la guitarra clásica, cómprese un escabel y fíjese en la figura 13-1, que le muestra la posición sentada adecuada. También se puede utilizar un chisme especial que levanta la guitarra por encima de la pierna, permitiendo poner los dos pies en el suelo. Estos artefactos están ganando en aceptación, pues evitan la tensión asimétrica en los músculos de piernas y espalda que a menudo resulta de levantar una pierna y dejar la otra en el suelo. Ah, y por cierto, si quiere practicar en serio la guitarra clásica, aprenda solfeo (si no lo sabe ya), porque casi todas las partituras de guitarra clásica vienen sin tablatura. (Consulte el apéndice A para iniciarse en el solfeo.)

Figura 13-1:
Posición
sentada
para tocar
la guitarra
clásica

Es importante que se asegure de que está sentado recto y en el borde del asiento, elevando la pierna izquierda (o la guitarra) y sosteniendo el instrumento contra el centro de su cuerpo. Mantenga el clavijero de la guitarra (las llaves de afinación) aproximadamente a la misma altura que su hombro, como ilustra la figura 13-1.

La mano derecha

Después de la postura, el uso de la mano derecha es la consideración más crítica en el momento de conseguir un verdadero sonido de la guitarra clásica. Hay que tocar con la mano derecha en la posición correcta y ejecutar los golpes de dedos adecuados.

Posición de la mano derecha

Lo más importante en la posición de la mano derecha es mantener los dedos (índice, medio y anular) perpendiculares a las cuerdas al pulsar. (Normalmente no se usa el dedo meñique en la guitarra clásica.)

Esta colocación no es tarea fácil. ¿Por qué? Porque la mano, que es una prolongación del brazo, recae de forma natural sobre la guitarra en un ángulo de unos sesenta grados respecto a las cuerdas. Pruebe a hacerlo. ¿Lo ve? Pero si se mantienen los dedos en posición oblicua, no se puede obtener de las cuerdas el máximo volumen. Para conseguir el sonido más fuerte (algo necesario para hacer sonar melodías en el bajo y en las voces interiores), necesitamos golpear las cuerdas en un ángulo recto, es decir, de forma perpendicular.

Gire la mano derecha por la muñeca de tal forma que los dedos queden perpendiculares respecto a las cuerdas y el pulgar quede (desde su propio punto de vista) unos cuatro centímetros a la izquierda del dedo índice, como muestra la figura 13-2. Pose los dedos de la mano derecha (pulgar, índice, medio y anular) sobre las cuerdas 6ª, 3ª, 2ª y 1ª, respectivamente, como muestra la figura. Esta colocación es la posición básica de la mano derecha en la guitarra clásica. ¿Tiene los dedos perpendiculares respecto a las cuerdas?

Si va en serio en su intención de perfeccionar su técnica clásica de mano derecha, he aquí un consejo para obligar a los dedos a ponerse en la posición correcta: coloque los cuatro dedos (pulgar, índice, medio y anular) sobre la *misma cuerda* (la 3ª, pongamos como ejemplo), poniéndolos en fila. Colocando los dedos de esta manera, el pulgar no puede reposar a la derecha del índice. Entonces, sin girar la mano, mueva cada dedo a su posición correcta: el pulgar sobre la 6ª cuerda, el índice queda sobre la 3ª, el medio va a la 2ª y el anular a la 1ª. Compárese

Figura 13-2:
Posición
correcta
de la mano
derecha

con la figura 13-2 para cerciorarse de que el pulgar está en la posición correcta con respecto a los demás dedos (a un lado, no detrás de ellos).

Las uñas

Las uñas de la mano derecha afectan al sonido al tocar. Si tiene las uñas muy cortas, sólo la parte carnosa del dedo tocará la cuerda, de manera que el sonido resultante será más bien tenue y apagado. Por el contrario, si las uñas son muy largas, sólo la uña golpea la cuerda, así que el sonido es más cortante y metálico. La mayoría de los guitarristas clásicos se dejan las uñas algo largas, de forma que tanto la carne como la uña toquen la cuerda al mismo tiempo, lo que produce un sonido redondo y agradable.

Algunos guitarristas tienen un *kit* de manicura que contiene tijeras o cortaúñas, limas de uñas y paños abrasivos que les permiten mantener las uñas en la longitud, forma y lisura deseadas.

Si está seriamente decidido a tocar la guitarra clásica, déjese las uñas algo largas y córteselas de tal forma que queden redondeadas, según el mismo contorno de las yemas de los dedos. Entonces alíselas con una lima de uñas. Déjese largas sólo las uñas de la mano derecha. Las de la mano izquierda deben seguir cortas para no tocar el diapasón al digitar las cuerdas, lo cual impediría que las notas sonasen correctamente. Pero si está tocando la guitarra clásica de manera informal, simplemente por diversión o por probar, no se preocupe por la longitud de las uñas de su mano derecha. Mucha gente toca la guitarra clásica con uñas cortas (¡y también con la guitarra apoyada sobre la pierna derecha!).

Cambiar el timbre

Se puede alterar el timbre de las cuerdas (el "color" del sonido) colocando la mano derecha en diferentes puntos de la cuerda: más cerca del puente, más cerca del diapasón o directamente encima de la roseta. Si se toca directamente sobre la roseta, el timbre es rico y sonoro. A medida que nos acercamos al puente, el sonido es más brillante y metálico; si nos acercamos al diapasón, el sonido es más completo y melodioso.

¿Para qué cambiar el timbre? Sobre todo por variedad. Si estamos tocando una pieza que contiene una sección que se repite, se puede tocar sobre la roseta la primera vez y después repetirla cerca del puente. O puede que nos estemos acercando al clímax de una pieza y queramos crear un mayor efecto tocando con un sonido más brillante y metálico. En ese caso podemos tocar más cerca del puente. Las partituras de guitarra clásica a menudo indican esas posiciones, y se pueden oír claramente los cambios en las grabaciones de piezas de guitarra clásica.

Posición de la mano izquierda

Al pisar los trastes en el estilo clásico, trate de ver su mano izquierda como una maquinaria que usted fija en una determinada posición, una posición caracterizada por los ángulos rectos y la perpendicularidad (para conseguir comodidad al tocar y un sonido óptimo). Al subir o bajar por el diapasón hacia unas cuerdas u otras, el aspecto de la pequeña máquina nunca cambia. Simplemente hay que moverla dentro de las coordenadas de la rejilla, como haríamos con un *telesketch*. He aquí cómo funciona la máquina:

✔ Mantenga los dedos redondeados y arqueados de tal forma que las puntas caigan sobre el diapasón en un ángulo recto, y colóquelos perpendiculares a las cuerdas.

✔ Estire el pulgar y manténgalo más o menos frente al índice mientras lo aprieta ligeramente contra el reverso del mástil. Al moverse hacia los trastes superiores, traslade igualmente el pulgar, manteniéndolo frente al dedo índice. Se puede mover hacia arriba y hacia abajo como los dedos que cambian de cuerda, pero nunca lo deje ponerse por encima del diapasón.

✔ Mueva el brazo junto con la mano, de forma que la mano se mantenga perpendicular respecto a las cuerdas. Al tocar en los trastes inferiores, mantenga el codo alejado del cuerpo. En los trastes altos, traiga hacia sí el codo, acercándolo al cuerpo.

Teóricamente, y con independencia de la cuerda y el traste en los que toquemos, la posición de la mano izquierda tendrá el mismo aspecto (el que se ve en la figura 13-3). Naturalmente, algunos requerimientos especiales de la música *podrían* obligarnos de cuando en cuando a abandonar la posición básica de la mano izquierda. Así que las anteriores pautas sólo son eso: unas pautas.

Figura 13-3: Posición correcta de la mano izquierda

Si lleva algún tiempo tocando otros estilos de guitarra (como el rock o el blues), probablemente vea a menudo cómo el pulgar izquierdo asoma y bordea el mástil, sobresaliendo por encima de la 6ª cuerda. Este hábito del pulgar trepador está prohibido en la guitarra clásica: el pulgar *siempre* queda detrás del mástil. Por fortuna, existe un buen modo de corregir este hábito (aunque deberá estar dispuesto a sufrir un poco de dolor). Dígale a un amigo que sostenga un objeto punzante (por ejemplo, un lápiz) mientras le observa tocar. Dígale a su amigo que, cada vez que el pulgar asome por encima del mástil, le pinche un poco en el pulgar con el objeto punzante. Este método de entrenamiento puede ser un poco doloroso, pero después de unos cuantos pinchazos el pulgar se esconderá detrás del mástil, como debe ser. En la época de Charles Dickens los niños aprendían así la técnica de la mano izquierda.

Tirando y apoyando

Si usted tuviera un entrenador de golf o de bolos, probablemente le daría una buena charla sobre la importancia de un buen acompañamiento. Pues, créalo o no, lo mismo ocurre al pulsar una cuerda de guitarra. El dedo puede seguir o acompañar el movimiento después de pulsar una cuerda de dos maneras, que dan lugar a dos tipos de golpes. Uno es el *tirando*, que se usa para arpegios y pasajes rápidos con escalas. El otro, el *apoyando*, se usa para acentuar notas melódicas. El pulgar, sin embargo, prácticamente siempre toca tirando, incluso cuando toca melodías. (El tirando se usa tanto en la guitarra clásica como en el folk; el apoyando es exclusivo de la guitarra clásica.) Las siguientes secciones describen ambos golpes.

Tocar tirando

Si pulsamos una guitarra en un ángulo ligeramente ascendente, el dedo correspondiente de la mano derecha descansa en el aire, por encima de la cuerda adyacente. (Naturalmente, no permanece así mucho tiempo, porque debe volver a su posición inicial para volver a tocar.) Este tipo de golpe, en el que el dedo queda libremente suspendido en el aire se llama *tirando*. La figura 13-4, con sus ilustraciones de tipo "antes y después", muestra cómo tocar un tirando.

Figura 13-4: El tirando. Fíjese en cómo, después de pulsar la cuerda, el dedo de la mano derecha descansa en el aire

En la guitarra clásica se usa el tirando para tocar material no melódico, tal como los *arpegios* (acordes cuyas notas se tocan una por una en lugar de simultáneamente). Pruebe a arpegiar las cuerdas al aire (pulgar en la 6ª cuerda, índice en la 3ª, medio en la 2ª y anular en la 1ª) usando en todos los casos el tirando.

La figura 13-5 es un fragmento de una pieza española, *La malagueña,* que prácticamente todos los guitarristas prueban a tocar alguna vez en su vida. Se toca la melodía con el pulgar mientras el dedo medio toca tirando en la cuerda de *mi* agudo al aire.

La notación de la guitarra clásica indica los dedos de la mano derecha mediante las iniciales *p, i, m* y *a*, que hacen referencia al pulgar, el índice, el medio el medio y el anular. Esta misma notación se encuentra también en la guitarra folk punteada con los dedos.

Pista 93, 0:00

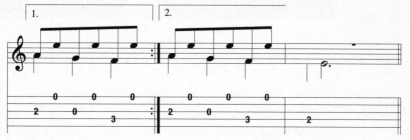

Figura 13-5:
Un ejercicio de tirando (tomado de la pieza clásica *La malagueña)*

Tocar apoyando

El *apoyando* utiliza un tipo de "acompañamiento" diferente del tirando. En lugar de golpear la cuerda en un ángulo ligeramente hacia arriba, como para retirar después el dedo hacia arriba, pulsamos directamente de forma transversal, de tal modo que el dedo quede o *se apoye* en la cuerda adyacente más grave. Al tocar la cuerda cruzándola directamente (en lugar de cruzarla en un ángulo ascendente), se consigue sacar el máximo sonido a la cuerda. Ésa es la razón por la que tocar apoyando es bueno en las notas melódicas; las notas melódicas son las notas destacadas, aquellas que conviene acentuar.

La figura 13-6, con sus imágenes de antes y después, muestra cómo tocar apoyando.

Utilice el apoyando para acentuar notas melódicas en una pieza clásica que incluya voces interiores (notas de relleno o acompañamiento en las cuerdas intermedias, tocadas tirando) y notas de bajo.

Figura 13-6:
El apoyando. Fíjese en cómo, después de pulsar la cuerda, el dedo de la mano derecha descansa sobre la siguiente cuerda

Toque la escala de *do* mayor en dos octavas que aparece en la figura 13-7; hágalo *despacio*, usando siempre el apoyando. Cambie de la segunda a la quinta posición al final del compás 1 deslizando suavemente el primer dedo a lo largo de la 3ª cuerda hasta llegar al quinto traste (consulte el capítulo 7 para más información sobre cómo tocar en posición). Al bajar, cambie de nuevo a la segunda posición deslizando suavemente el tercer dedo a lo largo de la 3ª cuerda hasta llegar al cuarto traste. Hágalo alternando entre *i* (dedo índice) y *m* (dedo medio).

Para mayor rapidez y precisión, es costumbre alternar entre dos dedos de la mano derecha (normalmente *i* y *m*) cuando se tocan melodías en la guitarra clásica.

Figura 13-7:
La escala
de *do*
mayor con
apoyando,
usando
dedos
alternantes

Estilo arpegiado y estilo contrapuntístico

La mayoría de las piezas de guitarra clásica se tocan bien en estilo arpegiado o bien en estilo contrapuntístico. En el estilo *arpegiado*, se mantienen pisados acordes con la mano izquierda mientras con la mano derecha se pulsan las cuerdas de forma sucesiva (de tal modo que cada cuerda suene y mantenga su sonido). Es habitual tocar simultáneamente una melodía en las cuerdas superiores (apoyando) por encima de los arpegios.

La música *contrapuntística* de guitarra clásica tiene normalmente dos voces, la voz de bajo, que se toca con el pulgar, y la voz aguda (la melodía), que se toca (normalmente tirando) con dedos alternantes (por ejemplo *i* y *m*. La palabra *contrapuntístico* hace referencia al estilo del *contrapunto*, en el que se tocan de manera simultánea dos o más melodías (normalmente con ritmos diferentes o en contraste), algo parecido a lo que tenemos cuando dos personas con ideas contrarias hablan a la vez. En la música, sin embargo, las líneas separadas no se anulan las unas a las otras, sino que se apoyan entre sí. Imagínese cómo sería si pasara lo mismo con los debates políticos.

Combinar tirando y apoyando en los arpegios

La figura 13-8 muestra un ejercicio de arpegiado. Se tocan con el pulgar la primera nota de cada compás y las notas que en el pentagrama tienen la plica (el "palito") hacia abajo; las demás notas se tocan con los dedos restantes (*i* en la 3ª cuerda, *m* en la 2ª y *a* en la 1ª).

Las notas que se tocan en la 1ª cuerda tienen encima un *acento* (>) en la notación en pentagrama. Los acentos nos dicen cuándo tenemos que *acentuar* ciertas notas tocándolas más fuerte para que destaquen. En otras palabras, use el apoyando, que es el golpe más fuerte, en las notas acentuadas, y el tirando en todas las demás notas. La indicación *sim.* significa que hay que seguir tocando el mismo patrón de digitación a lo largo de todo el ejercicio.

Recuerde mantener pisadas a la vez todas las notas de cada compás con la mano izquierda durante toda la extensión del compás.

Antes de combinar apoyando y tirando, toque la figura 13-8 sólo tirando para hacerse una idea de la pieza. Una vez que esté familiarizado con ella, añada los golpes de apoyando a las notas de la 1ª cuerda.

Contrapunto

La figura 13-9 es un fragmento de una composición anónima del Barroco, una época en la que la música contrapuntística gustaba mucho. Toque las notas de plica descendente (en el pentagrama) usando el pulgar. Toque alternando entre dedos (tirando) para tocar la melodía.

Pista 93, 0:15

Figura 13-8:
Ejercicio de arpegios que combina tirando y apoyando

La pieza no indica ninguna digitación en concreto para la mano derecha. Mientras usted aplique el concepto de la alternancia entre dedos (aunque sea de forma flexible) con el fin de ganar en velocidad y precisión, puede usar la digitación que le resulte más cómoda. No hay ningún método que sea realmente correcto o incorrecto.

Sin embargo, sí indicamos la digitación de la mano izquierda, porque esta digitación en concreto es la única posible en esta pieza. La línea inclinada situada delante del 2 en el segundo tiempo del compás 3 y en el tercer tiempo del compás 5 indica que empleamos el mismo dedo que hemos utilizado en la nota anterior.

Practique tocando unas cuantas veces sólo la parte aguda (con los dedos en alternancia). Entonces toque unas cuantas veces sólo la línea de bajo con el pulgar. A continuación toque las dos voces simultáneamente. Escuche el MP3 como ayuda para aprender el ritmo.

Pista 93, 0:47

Figura 13-9:
Ejercicio contrapuntístico

Toque piezas clásicas

Tocar la guitarra clásica nos ahorra complicaciones porque no tenemos que cantar y no necesitamos amplificador. Además se puede hacer en cualquier momento y en cualquier lugar (siempre que tengamos una guitarra con cuerdas de nailon).

La notación estándar utiliza en la guitarra clásica ciertos símbolos especiales para indicar los acordes que se tocan con cejilla (Para más información sobre los acordes con cejilla consulte el capítulo 8). El símbolo *C* con un número romano a continuación indica una cejilla en las seis cuerdas. (El número romano nos indica en qué traste hacer la cejilla). Una *C* con una línea (|) que la atraviesa indica una cejilla parcial (menos de seis cuerdas). Y una línea horizontal a la derecha de la *C* indica por cuánto tiempo hay que mantener la cejilla.

Todos los guitarristas clásicos se encuentran tarde o temprano con las piezas de este capítulo. Son ideales si usted quiere tener una vida llena de "romances".

✔ **Romance anónimo:** Para tocar el *Romance anónimo,* necesita saber tocar tirando y apoyando (consulte la sección "Tirando y apoyando", en este mismo capítulo); cómo formar acordes con cejilla (ver el capítulo 8), y cómo tocar con la rodilla en el suelo a la usanza medieval.

Romance anónimo es una sencilla pieza arpegiada que le da la oportunidad de acentuar las notas melódicas apoyando (hágalo en la 1ª cuerda y con el dedo *a*). A modo de práctica, puede tocar la pieza usando todo el tiempo el tirando, y añadir después el apoyando. Use el pulgar para tocar las notas de bajo (las que tienen la plica hacia abajo en el pentagrama). Use a lo largo de toda la pieza la digitación de la mano derecha que le damos en el primer compás. En los compases 9-10, asegúrese de mantener el primer dedo formando cejilla en el séptimo traste, con el segundo dedo pisando *en todo momento* el octavo traste (3ª cuerda). Estire el dedo meñique hasta llegar al undécimo traste en el primer tiempo del compás 10. Fíjese en que esto se refleja en las indicaciones de digitación de la mano izquierda.

✔ **Bourrée en mi menor:** Para tocar *Bourrée en mi menor* necesita saber tocar una melodía usando dedos en alternancia mientras toca una línea de tirando y apoyando con el pulgar (véase la sección "Contrapunto", en este mismo capítulo); cómo tocar acordes con cejilla (véase el capítulo 8), y cómo escribir y pronunciar *bourrée.*

La *bourrée* era un baile popular hace algunos siglos (cuando todavía no existía *Macarena*). Esta pieza de contrapunto es divertidísima de tocar porque suena preciosa y complicada, pero en realidad es bastante fácil. Leo Kottke toca una versión en *fingerstyle* folk de la pieza, y los Jethro Tull hicieron un arreglo de jazz. Toque todas las notas de bajo (plicas hacia abajo) usando el pulgar. Alterne entre dedos (por ejemplo *m-i-m-i*) con la mano derecha. La alternancia no tiene por qué ser estricta. Use aquella que le resulte más cómoda. Indicamos algunas digitaciones de mano izquierda para ayudarle al principio; después utilice cualquier digitación que le resulte natural. Para inspirarse, puede oír las grabaciones de esta pieza a cargo del guitarrista clásico John Williams, así como la versión folk de Kottke y la versión swing de Jethro Tull. Hasta el guitarrista de heavy metal Yngwie Malmsteen toca su propia versión, con una distorsión ensordecedora. Aunque J. S. Bach nunca se imaginó que esta discreta pieza sacada de una suite de danzas pudiera ser objeto de arreglos tan dispares, lo cierto es que todos suenan magníficamente.

Romance anónimo

(continúa)

Romance anónimo (continuación)

Pista 95

Bourrée en mi menor

Capítulo 14

Jazz

En este capítulo

▶ Entender la guitarra de jazz

▶ Acompañamiento rítmico de jazz

▶ Jazz solista

▶ La guitarra solista de jazz

▶ Toque temas de jazz

El jazz es un tipo de música que los instrumentistas crearon cuando empezaron a tomarse ciertas libertades con las formas de canción existentes, improvisando a partir de melodías ya compuestas por otros y variando las estructuras melódicas. Los guitarristas siguieron los pasos de otros instrumentistas, como el gran trompetista Louis Armstrong, uno de los primeros maestros de la improvisación melódica.

La guitarra de jazz puede ser difícil de dominar porque la *improvisación* (inventar música sobre la marcha) es una parte fundamental de este estilo. Normalmente, crear la música es cosa de los compositores. Pero en el jazz (normalmente) se espera de los intérpretes que improvisen; para hacer esto bien, ¡usted necesita saber bastante más que lo que le puede enseñar un capítulo de un libro *Para Dummies*! Pero no se agobie, le vamos a enseñar algunos fundamentos sencillos para que comience a labrarse un camino por las mágicas y abruptas tierras del jazz.

Para este capítulo póngase las gafas de sol, nosotros le ayudaremos a estar en la onda enseñándole acordes de jazz, progresiones, las melodías con acordes incorporados, acordes de sustitución y solos de notas sueltas. También le enseñaremos la diferencia entre acordes interiores y exteriores, y cómo darle un poco de jazz a una melodía.

Una armonía totalmente nueva

La guitarra de jazz se diferencia significativamente de la guitarra de rock y de blues en lo siguiente:

- ✔ La guitarra de jazz no utiliza la distorsión; en su lugar se prefiere un sonido más suave y melodioso.

- ✔ Las melodías de jazz son más sofisticadas desde el punto de vista armónico y siguen de forma más fiel la construcción de los acordes, que son de por sí más complejos.

- ✔ Las líneas de jazz a menudo usan más *saltos* (distancias musicales de más de un tono, por ejemplo, de *la* a *do*) que las líneas de rock o de blues.

El guitarrista de jazz aborda los acordes de un modo más profundo que el músico de rock o de blues. En el rock y el blues, los guitarristas suelen usar una única escala para tocar por encima de todos los acordes, pero en el jazz se pueden utilizar muchas escalas. Por lo tanto, los guitarristas de jazz han de ser conscientes de qué notas forman cada uno de los acordes, puesto que los *arpegios*, o las notas de acordes tocadas de forma sucesiva, son un sello característico del sonido del jazz.

La mayor parte de la música que oímos, pop, rock, blues, folk y clásica (especialmente la música clásica de los siglos XVII y XVIII, como la de Bach y Mozart), se basa en la armonía tradicional (acordes y progresiones básicos, como los descritos en los capítulos 4 a 13). Pero la armonía de jazz usa lo que la mayoría de la gente llama (¿por qué será?) acordes de jazz. Los *acordes de jazz* a menudo contienen más notas que los acordes básicos y a veces pueden tener el mismo número de notas que los acordes básicos, pero con una o más de ellas en *alteración cromática* (un semitono por encima o por debajo).

Acordes ampliados

Los acordes simples mayores y menores se componen sólo de tres notas (los grados 1º, 3º y 5º de una escala mayor o menor cuya nota de partida coincide con la fundamental del acorde). (Para más información sobre los grados de la escala y la construcción de los acordes, consulte el capítulo 10.) Estos acordes de tres notas se llaman *tríadas*. Los acordes de séptima están formados por cuatro notas (los grados 1º, 3º, 5º y 7º de la escala correspondiente).

En el jazz encontramos acordes compuestos de cinco o más notas. Si seguimos tomando los grados impares de la escala, se puede ir más allá del 7º para crear acordes de 9ª (utilizando los grados 1º, 3º, 5º, 7º y 9º), de 11ª (1º, 3º, 5º, 7º, 9º y 11º) y de 13ª (1º, 3º, 5º, 7º, 9º, 11º y 13º).

Estos acordes que incluyen notas más allá de la 7ª se llaman acordes ampliados. Normalmente no todos los miembros de un acorde ampliado llegan a tocarse. Por ejemplo, puede que en un acorde de 13ª toquemos sólo cuatro o cinco de las siete notas, así que es posible tocar un acorde de 13ª usando sólo cuatro cuerdas.

Acordes alterados

Los acordes de jazz a menudo contienen notas que están *alteradas* (subidas o bajadas en un semitono). Estas alteraciones dan lugar a acordes con todo tipo de nombres, tales como *do* 7♭9, *si*♭ 13♯11 o *sol* 7♯5. Cada uno de estos acordes de jazz —y hay docenas de ellos— tiene un sonido totalmente diferente al de los demás.

Al tocar versiones de jazz de canciones conocidas, los acordes alterados normalmente *sustituyen* a acordes más tradicionales, pero saber qué acordes sustituir y cuándo hacerlo no es tarea fácil y requiere la habilidad de un músico de jazz consumado. (Para más información sobre los acordes de sustitución, consulte más adelante en este mismo capítulo "Crear acordes de sustitución".) Eche también un vistazo a la sección "Toque temas de jazz", en este mismo capítulo, para ver algunos acordes de sustitución típicos.

Acompañamiento rítmico

El acompañamiento (a veces llamado *comping* en la jerga del jazz) es el término que se refiere a cuando se toca el instrumento a modo de fondo o de apoyo. En el caso del guitarrista, decir acompañamiento es tanto como decir guitarra rítmica (tocar los acordes). Los guitarristas de jazz generalmente utilizan acordes interiores, acordes exteriores y acordes completos; los explicaremos en las secciones siguientes.

Acordes interiores

Los *acordes interiores* son acordes que no emplean la 1ª cuerda (*mi* agudo). Normalmente son acordes de cuatro notas que se tocan en las cuerdas 2ª, 3ª, 4ª y 5ª o 6ª. A los guitarristas de jazz les encanta tocar acordes interiores, y hay muchísimos.

Disposiciones de voces interiores

La figura 14-1 muestra disposiciones de voces típicas de acordes de jazz. La *disposición de voces* es la colocación concreta de las notas en un acorde, elegida en detrimento de otras para adaptarse a una finalidad o situación en la música. Todos los acordes de la figura 14-1 son acordes móviles y aparecen en la posición más baja posible en el diapasón. Para producir otros acordes del mismo tipo, basta con mover el acorde un traste por semitono. Por ejemplo, el primer acorde mostrado es *si* 7 ♯ 9. Para tocar *do* 7 ♯ 9, lleve el acorde un traste más arriba.

Algunos de los nombres de los acordes pueden tener un aspecto extraño. Así se denominan los tres primeros (de izquierda a derecha en la fila superior): "Si séptima con novena sostenida", "Si séptima con novena bemol" y "Fa sostenido con sexta novena". Un pequeño círculo (°) en un nombre de acorde significa "disminuido". El penúltimo acorde (en la última línea) se denomina "*fa* sostenido de séptima disminuida".

Rasguee alguno de estos acordes, enseguida podrá percibir su particular sonido jazzero. A los guitarristas de jazz les gusta especialmente tocar estos acordes hacia la mitad del mástil, o ligeramente más arriba (normalmente entre el cuarto y el undécimo traste, más o menos). Pruebe a rasguearlos ahora.

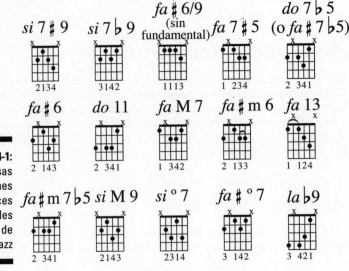

Figura 14-1: Diversas disposiciones de voces de acordes interiores de jazz

Movimientos interiores

A los guitarristas de jazz les gusta cuidar la *conducción de voces*, esto es, les gusta que los cambios de acordes sean suaves y con economía de movimientos. A menudo, la única diferencia entre un acorde y el siguiente en las progresiones de jazz es que una de las notas se ha movido un traste o dos (véanse las figuras 14-2 y 14-4). Esta economía de movimientos hace que la música sea más fácil de tocar, y al mismo tiempo hace que su sonido sea más agradable.

La figura 14-2 muestra tres movimientos (o *progresiones*) típicos que consisten en acordes interiores que utilizan los guitarristas de jazz. Toque cada acorde una vez, y después toque el siguiente acorde: sonará como un guitarrista de jazz. Pruebe estas progresiones en diferentes trastes: ¡son acordes móviles!

Acordes exteriores

Acorde exterior es un término que usamos para un acorde, especialmente de jazz, que usa sólo las cuatro cuerdas más altas; las cuerdas de *mi* grave y de *la* se toman el día libre. En los acordes exteriores a menudo la *fundamental* (la nota que da nombre al acorde) no está en la parte más grave, o incluso desaparece por completo.

Pista 96, 0:00

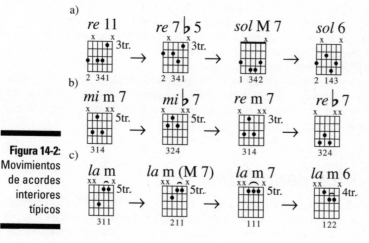

Figura 14-2: Movimientos de acordes interiores típicos

Disposiciones de voces exteriores

La figura 14-3 muestra once acordes exteriores típicos del jazz. De nuevo, todos aparecen en la posición más baja posible en el mástil, y todos son móviles. Pruebe tocándolos entre los trastes cuarto y undécimo, que son los que prefieren los guitarristas de jazz para este tipo de acordes.

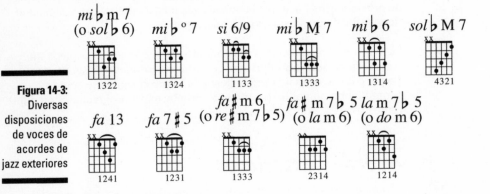

Figura 14-3:
Diversas disposiciones de voces de acordes de jazz exteriores

Movimientos exteriores

Como los interiores, los movimientos exteriores aplican el principio de la buena conducción de voces que es tan importante en la guitarra de jazz. El último movimiento, la figura 14-4c, parece un poco excepcional porque hay que hay que dar saltos por el mástil, algo bastante habitual. Se puede tomar la forma del acorde de séptima disminuida y subirla o bajarla tres trastes sin cambiar de acorde, éstas son las denominadas *inversiones de acordes* (estaremos cambiando la disposición de voces u orden de las notas, pero seguimos tocando las mismas cuatro notas). Cuando los guitarristas de jazz tocan un acorde de séptima disminuida, a menudo lo suben por el mástil para conseguir cambios de texturas y una sensación de movimiento.

Acordes completos

No todos los acordes de jazz están limitados a cuatro notas interiores o exteriores. La figura 14-5 muestra cinco diferentes acordes de jazz completos (acordes que utilizan cinco o seis cuerdas), que pueden tocarse en cualquier traste (aunque aquí aparezcan en la posición más baja posible).

Pista 96, 0:17

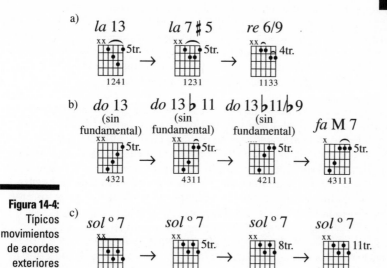

Figura 14-4:
Típicos movimientos de acordes exteriores

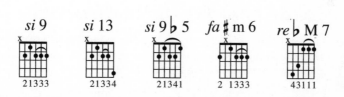

Figura 14-5:
Diversas disposiciones de voces de acordes completos en la guitarra de jazz

Jazz solista: armonización de melodías y acordes

La armonización melodías y acordes, como su propio nombre indica, es un estilo de jazz solista que incorpora tanto la melodía como los acordes de una canción. Esta forma de tocar la llevaron a lo más alto figuras del jazz como Johnny Smith, Jim Hall y Joe Pass. Las armonizaciones conllevan muy a menudo convertir al jazz canciones ya existentes de otros estilos de música. Aunque la melodía de la canción normalmente se toca *tal y como* (como fue compuesta), el intérprete cambia los acordes tradicionales por los correspondientes acordes de jazz. Estos acordes de jazz, cuando ocupan el lugar de acordes normales, se llaman *sustituciones o acordes de sustitución*.

Aunque tocar un solo de jazz en forma de melodía con acordes no es especialmente difícil, crear uno por nosotros mismos (que es lo que hacen los guitarristas de jazz) no es nada fácil. En primer lugar hace falta saber armonizar una melodía (poner acordes de acompañamiento); después tiene que saber cómo aplicar las sustituciones de acordes. Estas técnicas van más allá de lo que representa materialmente tocar la guitarra para entrar en el campo de la composición y los arreglos. Por esta razón no le enseñaremos a hacerlo.

En lugar de esto, le daremos una idea de qué es lo que se hace y después le mostraremos una manera fácil de "hacer trampa", para que lo que toque *suene* como si estuviera improvisando un solo de melodía con acordes. Más adelante, en la sección "Toque canciones de jazz" de este capítulo, podrá tocar *Greensleeves* en un arreglo de melodía con acordes leyendo la tablatura.

Crear acordes de sustitución

Las *sustituciones* o *acordes de sustitución* son acordes de jazz que utilizamos en lugar de los acordes normales. Estos acordes presentan alguna de estas dos formas generales:

✔ **Fundamental igual:** A veces se sustituye un acorde por otro que tiene la misma fundamental, pero que es una versión ampliada o una alteración cromática (consulte la anterior sección "Una armonía totalmente nueva", en este capítulo). Por ejemplo, si la progresión de acordes de la canción empieza con *do* y llega a *la* 7, se pueden sustituir estos acordes por *do* M 7 y *la* ♭ 9, simplemente para hacer que la música suene a jazz.

✔ **Fundamental diferente:** Otras veces se pueden sustituir los acordes por otros que ni siquiera tienen la misma fundamental. En lugar de ello, el acorde sustituto puede tener otras notas en común con el original. Tomando el mismo ejemplo, en vez de tocar *do* y *la* 7, podríamos tocar algo así como *do* 6/9 y *mi* ♭ 7, porque *la* 7 y *mi* ♭ 7 tienen dos notas en común (*do* ♯ y *sol*).

En cualquier caso, existen infinidad de sustituciones de acordes posibles, y puede tardar años en desarrollar la intuición que le permita, al tocar jazz, saber qué acordes pueden sustituir a cuáles.

Fingir con tres acordes

En lugar de aprender cientos de sustituciones, pruebe a improvisar un solo de melodía con acordes empleando tres acordes sencillos. Mire de nuevo las tres primeras formas de acordes móviles de la figura 14-3: son disposiciones de voces exteriores correspondientes a m 7, º 7 y 6/9. Puesto que estos acordes tienen un sonido algo ambiguo, normalmente sonarán bien los toque donde los toque o en el orden en que los coloque: simplemente sonarán a jazz.

Puede usted mantener un acorde por unos momentos, moviéndolo por diferentes trastes (subir o bajar traste por traste suena genial). O puede cambiar libremente entre los tres acordes, tocándolos en diversos trastes. Invéntese el ritmo sobre la marcha. Si quiere puede usar la figura 14-6 para ir empezando y ver un ejemplo de lo que estamos diciendo. ¡Que se divierta!

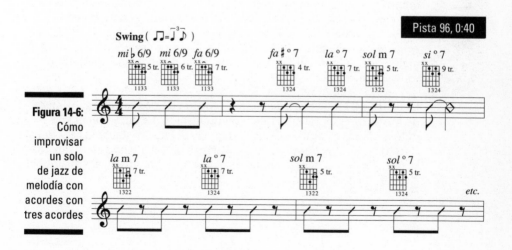

Figura 14-6: Cómo improvisar un solo de jazz de melodía con acordes con tres acordes

La guitarra solista: la melodía del jazz

Tocar la guitarra solista en el jazz parte de un planteamiento muy similar al de la guitarra solista en el blues o rock. Se tocan principalmente melodías de notas sueltas (compuestas o improvisadas) y *licks* (breves pasajes característicos). Tampoco es necesario variar en exceso la técnica; toque las notas con una púa, punteando de manera alterna (consulte el capítulo 5). Lo que sí cambia es la sensación y el punto de vista respecto a las melodías. El vocabulario, el fraseo y el tipo de sonido diferencian la guitarra solista de jazz de otros estilos de guitarra.

Más allá de los tipos de acordes, podemos crear una melodía de jazz o hacer que su estilo al tocar la guitarra solista suene más a jazz aplicando unos cuantos principios sencillos. Las tres técnicas siguientes pueden hacer que sus melodías suenen a jazz en mucho menos de lo que imagina.

Escalas con notas alteradas

Una de las características del jazz son las *notas alteradas*, notas que no están dentro de la tonalidad. En el blues esas notas se añaden con moderación; en el jazz cualquier nota puede ser alterada e incluida en la melodía improvisada. Siempre que una nota alterada sea *resuelta* (sea llevada a una finalización lógica por medio de una nota melódica "en la tonalidad" o por una nota de acorde), cualquier nota es legítima.

La figura 14-7 muestra una melodía tocada de dos maneras: primero de forma directa, tal como está compuesta; y después con el añadido de notas alteradas. Fíjese en que esta figura está en sensación ternaria, también llamada *swing*. Muchas piezas de jazz se tocan con *swing*. (Para más información sobre la sensación ternaria, consulte el capítulo 11.)

Pista 96, 0:53

Sensación ternaria (♫ = ♩ ♪)

Sensación ternaria (♫ = ♩ ♪)

Figura 14-7:
Una melodía
disfrazada
con notas
alteradas

Acercamiento a notas de destino

Parte del carácter libre y fluido del jazz procede de la manera en que se produce a veces la aproximación a la nota melódica principal (o de destino) desde un traste más arriba o más abajo. Al hacerlo, usted añade variedad y diversidad a su interpretación.

La figura 14-8 muestra una melodía tocada de dos maneras: primero en un contexto directo y después con las notas melódicas principales abordadas desde el traste superior o inferior (las flechas indican las notas principales).

Pista 96, 1:18

Sensación ternaria (♫ = ♩³♪)

Sensación ternaria (♫ = ♩³♪)

Figura 14-8:
Acercamiento
a notas de
destino desde
un traste
superior o
inferior

Crear melodías a partir de acordes arpegiados

A veces, para producir una línea que suene a jazz, lo único que hay que hacer es tocar las notas de los acordes que se oyen en la parte rítmica. Como los acordes de jazz son a menudo complejos (por ejemplo, *do* 7♭9♯5), sólo con tocar las notas del acorde de forma arpegiada (de una en una, en sucesión) ya estará creando jazz (consulte la figura 14-9). Sin embargo, el mejor jazz suele incorporar una buena mezcla de arpegios y notas lineales (en semitonos).

Pista 96, 1:45

Sensación ternaria (♫ = ♩³♪)

Figura 14-9:
Melodía
en forma
de notas
de acorde
arpegiadas

re m 7   *sol* 7♭9   *do*

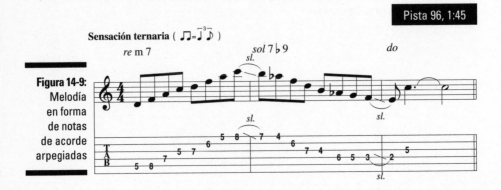

Tocar canciones de jazz

En las canciones siguientes encontrará un amplio abanico de técnicas de jazz: acordes ampliados, acordes alterados, acordes interiores y exteriores, acordes de sustitución, notas alteradas, y melodías formadas con notas de acordes arpegiados.

Puede tocar *Greensleeves* con una púa o bien con los dedos. Toque *Swing Thing* con púa (tanto los acordes como la melodía). Aquí tiene algunos consejos que le ayudarán a entender y tocar las canciones:

✔ **Greensleeves:** Tratamos esta canción tradicional inglesa como un arreglo solista de melodía con acordes. Los acordes directos para esta canción son *mi* m, *re, do, si*, etc., pero aquí, como es típico en un arreglo de melodía con acordes de jazz, hemos utilizado acordes de sustitución. Para tocar esta canción necesita saber cómo tocar formas de acordes de jazz; cómo combinar una melodía de notas sueltas con acordes (consulte la sección "Jazz solista: armonización de melodías y acordes"), y cómo quedar muy moderno tocando una canción popular del siglo XVI.

Trate de combinar con suavidad las notas melódicas sueltas con las notas melódicas acompañadas por los acordes. Al tocar los acordes, asegúrese de realzar la nota más alta pulsándola un poco más fuerte o haciendo rodar el acorde (es decir, arpegiándolo) ligeramente de manera que la voz melódica destaque.

✔ **Swing Thing:** Esta canción emplea algunos movimientos típicos de jazz tanto en la faceta rítmica como en la solista. Para tocar y darle ritmo a esta pieza necesita saber tocar acordes interiores (consulte la sección "Acordes interiores" en este capítulo); cómo tocar una línea melódica de corcheas en la parte alta del diapasón (véase el capítulo 7), y cómo menear el esqueleto hasta el agotamiento.

La progresión empieza con una figura de acompañamiento típica en *fa*. La parte solista sigue una progresión II-V-I-VI (*sol* m 7-*do* 7-*fa*-*re* 7) sobre la cual están escritas una serie de variaciones. Fíjese en el patrón arpegiado de la primera mitad del compás 6, al que sigue un trío de notas alteradas. Éstos son sólo dos ejemplos de las técnicas típicas de jazz de las que hablamos en este capítulo. Pero usted mismo puede dar con muchas otras.

Pista 97

Greensleeves

Pista 98

Swing Thing

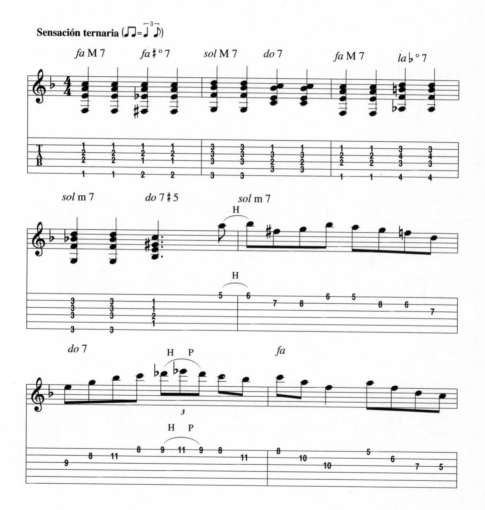

(continúa)

Swing Thing (continuación)

Parte V
Compra y cuidado de la guitarra

En esta parte...

Si quiere hacerse una idea de qué buscar en su primera guitarra, su segunda guitarra eléctrica o su primer
amplificador para llevar de gira, en esta parte encontrará
lo que necesita. En el capítulo 15 le explicaremos los requisitos básicos que buscar en una guitarra que se adapte
a su nivel, a su estilo y a su presupuesto, y en el capítulo 16
le daremos unas cuantas recomendaciones acerca de los
complementos que usted necesita (o desea) desesperada-
mente.

Cuanto más toque su guitarra, más probable será que
se dé cuenta de que un instrumento musical no es muy
distinto de un animal doméstico. Le tomará mucho apego,
pero también verá que requiere muchos cuidados y
atenciones. De acuerdo, probablemente no le echará las
sobras de la comida, pero necesitará saber cómo cuidarla. El capítulo 17 explica qué hacer cuando se rompen las
cuerdas, y el capítulo 18 contiene información sobre el
mantenimiento diario del instrumento que todo guitarrista debe saber llevar a cabo.

Capítulo 15

La guitarra perfecta

En este capítulo

▶ Estrategia de compra

▶ Lo que buscamos en una guitarra

▶ Entender la calidad

▶ Estilos musicales y modelos de guitarra

▶ Licenciarse con una segunda guitarra (y una tercera, y una cuarta...)

Comprar una guitarra nueva es una aventura emocionante. Usted va a la tienda de música e inmediatamente se le abre un mundo de posibilidades, un supermercado de opciones cada cuál más tentadora. Desde la pared de la tienda, todas las guitarras parecen estar gritando "¡Elígeme, elígeme!". ¿Qué hacemos? ¿Resistirnos? ¿Contenernos? ¿Evitar los modelos que sabemos que no nos podemos permitir?

Pues no, qué diablos. Sea valiente y pruebe el modelo que le haga ilusión. Después de todo, usted no está pidiendo probar un Ferrari de un concesionario; simplemente está usted pidiendo al vendedor que le permita ver cómo se manejan y suenan las diferentes guitarras. Y tampoco estará pecando de frívolo. Tocar diferentes guitarras le ayudará a entender las diferencias entre las guitarras caras y de gran calidad y las guitarras aceptables y de precio asequible.

Así que dése el capricho. Aunque no tenga suficiente experiencia para reconocer las sutiles diferencias entre una buena guitarra y una gran guitarra, al menos entre en contacto con ellas. Y no espere hasta el día en que usted se decida a comprar un instrumento para probarlo por primera vez. Haga varias visitas a la tienda de música antes de decidirse a comprarla y tómese su tiempo en asimilar sus experiencias. Si puede, visite varias tiendas de música diferentes. Puede que algunas tiendas sean distribuidoras en exclusiva de una marca determinada y que otros comerciantes no la vendan. Además, manejando instrumentos diferentes usted aprenderá mucho más de lo que cree sobre aquello que hace que una guitarra sea buena y cómoda de tocar.

Ir a la tienda de guitarras nos puede hacer sentirnos como cuando creemos conocer los rudimentos de una lengua extranjera y después visitamos el país en el se habla el idioma: hemos practicado el método Berlitz durante semanas, pero en cuanto un nativo nos dice algo nos quedamos totalmente aturdidos. No se apure, aguante. Sólo está comprando una guitarra, no en el extranjero buscando los aseos más cercanos. Al final todo irá bien.

Antes de sacar la cartera

Antes de entrar en la tienda de música dispuesto a gastarse en una guitarra el dinero ganado con el sudor de su frente, es necesario que evalúe lo que está haciendo. Tiene que hacerse a sí mismo algunas preguntas difíciles sobre la compra y tiene que hacerlo *ahora*. No espere a llegar a la tienda para elaborar una estrategia de compra (en ese momento, ello equivaldrá a no tener estrategia alguna). Tenga siempre en mente que los dos factores más importantes al tomar cualquier decisión de compra (especialmente con respecto a una guitarra, algo en lo que las pasiones suelen pesar mucho) son elaborar un plan y reunir toda la información necesaria para realizar la mejor elección.

Empiece elaborando su plan de compra respondiendo a algunas preguntas concretas acerca de lo que usted quiere exactamente en una guitarra y cuánto se puede gastar para conseguirla. Limitar sus opciones no significa que usted no pueda cambiar de idea después de llegar a la tienda y ver los fenomenales instrumentos que tiene a su disposición, ni que no pueda dejarse llevar por la inspiración del momento y permitir que el capricho cumpla un papel en su decisión final ("No consigo decidirme entre estas dos guitarras ¡Qué diablos, déme las dos y ya está!"). Pero lo cierto es que usted necesita un punto de partida.

Al concentrarse en el instrumento de sus sueños (prácticos), hágase a sí mismo las siguientes preguntas:

✔ **¿Cuál es mi nivel de interés?** Al margen de su capacidad actual como guitarrista, siendo realista, ¿se ve usted practicando todos los días durante los próximos cinco años, siguiendo fielmente un programa de excelencia guitarrística? ¿O primero quiere ver si "esto de la guitarra" es lo suyo? Que usted se pueda permitir una guitarra de mil euros no significa necesariamente que deba comprarla. Antes de dejar caer la "calderilla", piense con sinceridad cuál es la importancia de la guitarra en su vida y después actúe responsablemente y en consecuencia. (¡O no haga ni caso de esta advertencia y vuélvase loco, guitarrista rebelde!)

✔ **¿Cuál es mi límite de gastos?** La respuesta a esta pregunta es crítica, porque, a menudo, cuanto más cara sea la guitarra, mayor será su atractivo. Así que tiene usted que sopesar su nivel de interés y los recursos de los que dispone. No querrá dejar de comer durante seis meses y vivir en una caja de cartón sólo por haberse dejado llevar por un arrebato en la tienda de música. Es fácil pasarse de la raya y más cuando es tan fácil solicitar un crédito. Si usted no establece un límite de cuánto puede gastar, nunca sabrá si se está pasando, ni por cuánto.

✔ **¿Compro en una tienda, por internet o por correo?** Si sabe exactamente lo que quiere (hasta el color y las opciones), puede plantearse comprar una guitarra por correo o por internet, pues a menudo se encuentra así el instrumento elegido al mejor precio.

Comprar algo sin verlo antes es habitual en muchos productos, como los automóviles y los ordenadores. Pero si usted no se ve capaz de comprar algo tan personal como una guitarra sin enamorarse primero (y quiere tener una "cita" con su guitarra antes de "casarse" con ella), sin duda es mejor que opte por comprar en una tienda. La compra convencional normalmente conlleva un acuerdo de servicio oficial y otro extraoficial, consistente en la colaboración amistosa de los empleados, que vale su peso en oro. Las tiendas de música saben que están compitiendo con servicios por Internet y de venta por correo, y están más que dispuestas a compensar con un buen servicio.

✔ **¿Busco un instrumento nuevo o de segunda mano?** Le será mucho más fácil comparar las características en las guitarras nuevas, y los precios de los instrumentos nuevos están mucho más estandarizados. Esto no quiere decir, sin embargo, que los precios sean iguales en todas las tiendas, pues suelen ofrecer descuentos diferentes. Espere pagar entre el diez y el treinta y cinco por ciento menos del precio marcado (el precio de venta al por menor propuesto por el fabricante) en una tienda de música, y conseguir un descuento ligeramente superior si compra por internet o por correo. Las grandes cadenas de establecimientos ofrecen mejores descuentos que los negocios pequeños, porque compran en mayores cantidades y consiguen un mejor precio del fabricante.

Ya realice su compra en una tienda de música, por internet o por correo, usted contará con una garantía ante cualquier defecto que puedan tener los instrumentos nuevos. No ocurre lo mismo si compra una guitarra a través de un anuncio en el periódico (aunque las tiendas de música también venden instrumentos usados, generalmente con garantía). Pero por otra parte, usted se *puede* comprar un instrumento usado… *si sabe lo que está buscando*. Y, por supuesto, si quiere un instrumento antiguo, por definición estará usted buscando una guitarra usada.

Como regla, la mayoría de los precios que se piden en los anuncios de los periódicos son excesivos. Esté dispuesto a regatear el precio para conseguir una guitarra, aunque sea exactamente la que está buscando.

Cuando crea que tiene respuestas satisfactorias a las preguntas anteriores, vaya adelante con la segunda parte de su plan de ataque en la compra de una guitarra: *reunir información sobre la guitarra concreta para usted*. La sección siguiente le ayudará a estar más informado sobre la construcción, los materiales y la fabricación de la guitarra. Recuerde, ser un comprador informado es la mejor defensa para evitar una mala compra.

Guitarras para principiantes

Si usted está sólo iniciándose como guitarrista, puede que se pregunte: "¿Qué es lo mínimo que necesito gastar para no acabar con un trozo de chatarra?". Es una buena pregunta, porque la fabricación moderna permite ahora a los *luthiers* (término elegante para referirse a los fabricantes de guitarras) producir instrumentos bastante buenos a partir de ciento cincuenta euros.

Si usted es adulto (es decir, si es mayor de catorce años) y está pensando en crecer con un instrumento, debe estar dispuesto a gastarse entre ciento cincuenta y doscientos euros por una guitarra acústica y un poco menos para una eléctrica. (Las guitarras eléctricas son un poco más fáciles de fabricar que las acústicas, así que normalmente cuestan un poco menos que las acústicas equiparables.) No está mal teniendo en cuenta que es algo que puede proporcionarle entretenimiento para toda la vida y ayudarle a desarrollar sus aptitudes musicales, ¿no?

Al intentar decidirse por una posible guitarra, considere los siguientes criterios:

✔ **Aspecto:** Tiene que gustarle el aspecto de la guitarra en particular o nunca estará contento con ella. Así que use su ojo y su sentido del gusto (y nos estamos refiriendo aquí a su sentido de la estética; por favor, no chupe la guitarra) para seleccionar las posibles candidatas. Una guitarra roja no es intrínsecamente mejor o peor que una verde, pero usted es totalmente libre para basar su decisión de compra simplemente en que le guste el aspecto de una guitarra.

✔ **Facilidad de uso:** Que una guitarra sea relativamente barata no significa necesariamente que sea difícil de tocar (aunque esta correlación fuera a menudo un hecho en el pasado). Debe usted ser capaz de pisar las cuerdas en el diapasón con relativa facilidad. Y no debe encontrar los trastes de la parte superior del mástil excesivamente difíciles tampoco, aunque a veces resulten más difíciles de tocar que los trastes inferiores.

He aquí una manera de conseguir cierta perspectiva sobre la facilidad de uso. Pida probar el Ferrari (bueno, queremos decir, esa guitarra cara) que hay en la tienda y fíjese cómo es tocar con una guitarra de gran calidad. Después vuelva al instrumento más asequible que usted está considerando. ¿Es su facilidad de uso muy diferente? No debería serlo. Si el instrumento no le resulta cómodo, no pierda el tiempo con él.

✔ **Entonación:** Aparte de ser relativamente fácil de tocar, una guitarra se ha de poder afinar correctamente. Pruebe la entonación tocando un armónico sobre el duodécimo traste (para información sobre cómo producir un armónico consulte el capítulo 12) en la 1ª cuerda y compárelo con la nota pisada en el duodécimo traste. Aunque las notas son de diferentes cualidades sonoras, la altura debe ser exactamente la misma. Aplique esta prueba a las seis cuerdas. Escuche especialmente las cuerdas 3ª y 6ª. En una guitarra que no esté bien construida, lo más probable es que estas cuerdas se desafinen las primeras. Si no confía en sus oídos para percibir la diferencia, hágase para esta tarea con la ayuda de un guitarrista experimentado, es *crucial*. Para más información sobre la entonación consulte el capítulo 18 .

✔ **Construcción sólida:** Si está usted probando una acústica, dé un golpecito sobre la parte de arriba del instrumento (como hacen los médicos con nuestras costillas) para asegurarse de que está libre de ruidos. Mire dentro del agujero para ver si encuentra restos de pegamento u otros indicios de fabricación descuidada. (Unos refuerzos lijados desigualmente son un importante aviso de que se trata de un instrumento construido con más prisa que calidad.) En una eléctrica, compruebe que todos los elementos metálicos estén firmemente sujetos y no traqueteen al mover la guitarra. Sin enchufarla a un amplificador, rasguee las cuerdas al aire con fuerza y escuche por si hay algún traqueteo. Otra buena prueba es pasar la mano por el borde del mástil para comprobar que los trastes sean lisos y estén limados correctamente. Si no está seguro de cómo debe ser, consulte a un guitarrista versado en esta "inspección de los trastes".

Modelos para un estilo determinado

Imagínese que entra en una tienda y dice: "Soy músico folk. ¿Tiene usted un fagot de folk? No, no quiero un fagot de rock ni un fagot de jazz, *por favor*; tampoco ese fagot de country. ¿Me deja ver ese bonito fagot de folk de ahí, el de la esquina?".

Pero usted es guitarrista, así que preguntar por un modelo de guitarra que se adapte a estilo musical está completamente justificado. Pregunte por una guitarra de heavy metal, por ejemplo, y el dependiente asentirá con complicidad y le llevará a usted a la parte de la tienda donde todo el género tiene un aspecto espeluznante. Si pide una guitarra de jazz, usted y el vendedor tomarán otra dirección (irán a un sector lleno de gente con boinas y jerseys negros de cuello alto con chapas en las que pone *"Bird lives!"*).

La figura 15-1 presenta una colección de algunos modelos conocidos. Fíjese en la diversidad de formas y estilos.

Figura 15-1:
Diferentes
guitarras
para
diferentes
guitarristas

Ahora bien, algunos estilos musicales comparten modelos de guitarra. Usted puede tocar tanto blues como rock igual de bien con una Fender Stratocaster. Y de una Gibson Les Paul podrá arrancar un solo tan dramático como una Stratocaster. (Como regla, sin embargo, el sonido de una Les Paul es más grueso y menos tintineante que el de una Stratocaster.) Hacer su propia música con la guitarra de su elección es parte de la diversión.

A continuación vamos a ver algunos estilos musicales importantes y cuáles son las guitarras clásicas que la mayoría de la gente asocia con esos estilos. Esta lista no es en modo alguno exhaustiva, pero incluye conocidos buques insignia de los respectivos géneros:

✔ **Blues acústico:** National Steel y Gibson J-200.

✔ *Bluegrass:* Martin Dreadnought, Taylor Dreadnought, Collings Dreadnought, Santa Cruz Dreadnought y Gallagher Dreadnought.

✔ **Clásica:** Ramírez, Hopo, Khono, Humphrey, Hernández y Álvarez.

✔ **Country:** Fender Telecaster, Gretsch 6120 y Fender Stratocaster.

✔ **Blues eléctrico:** Gibson ES-355, Fender Telecaster, Fender Stratocaster y Gibson Les Paul.

✔ **Folk:** Dreadnoughts y Grand Concerts de Martin, Taylor, Collings, Larrivée, Lowden y Guild, Gibson J-200 y Ovation Adamas.

✔ *Heavy metal:* Gibson Explorer, Flying V, y SG, Fender Stratocaster, Dean, Ibanez Iceman y Jackson Soloist.

✔ **Jazz:** Gibson ES-175, Super 400 L-5 y Johnny Smith; guitarras de tapa arqueada (*archtop*) de D'Angelico, D'Aquisto y Benedetto, Epiphone Emperor Regent y modelos "firmados" de Ibanez.

✔ **New Age, nueva música acústica:** Taylor Grand Concert, Ovation Balladeer y Takamine eléctrica con cuerdas de nailon.

✔ **R&B:** Fender Stratocaster y Gibson ES-335.

✔ **Rock:** Fender Stratocaster, Gibson Les Paul y SG, Ibanez RG y series "firmadas", Paul Reed Smith y Tom Anderson.

Aunque la lista contiene guitarras que la gente suele asociar con estilos determinados, no deje que eso limite su creatividad. Toque la música que usted quiera tocar con la guitarra que usted quiera, diga lo que diga cualquier tabla. En otras palabras, después de estudiar esta lista, dude de ella y salga a comprarse la guitarra que usted quiera, toque la música que usted quiera y ya está. Estas guitarras son todas maravillosas, y sus etiquetas de precio reflejan tanto la calidad como la tradición de sus fabricantes.

La segunda guitarra (y la tercera, y...)

Puede que las decisiones más difíciles al comprar una guitarra no lleguen con el primer instrumento, sino con su segundo. Admítalo: su primera vez fue probablemente demasiado confusa, pero ahora que usted sabe algo sobre cómo se toca la guitarra y qué es lo que hay en el mercado, quizá se vea ante un elenco de posibilidades aún más abrumador que antes: ¿Qué guitarra elegir como *siguiente* guitarra?

Si aún no se ha desarrollado en usted un ansia irremediable por conseguir un determinado modelo pero sí que anhela tener un nuevo juguete, considere los tres puntos de vista que le ofrecemos para escoger otra guitarra:

✔ **Contraste y complemento:** Si usted posee una acústica, puede que esté considerando conseguir una eléctrica (o viceversa), porque tener una colección de guitarras diferentes en su arsenal es siempre agradable. La variedad es muy saludable para una persona que busca mejorar su colección.

✔ **Clonación:** Algunas personas sólo quieren adquirir, pongamos por caso, todas las Les Paul que puedan a lo largo de su vida: viejas, nuevas, rojas, azules... Bueno, usted está disponiendo de *su* dinero, así que ¿por qué no? Cómprese tantas como quiera (y pueda permitirse).

✔ **Mejora:** Si lo único que ha querido siempre es dominar la Stratocaster, simplemente hágase con una versión mejor que la anterior. De esa manera puede utilizar la guitarra nueva para las ocasiones importantes, como las grabaciones y las actuaciones, y el instrumento viejo para irse a la playa.

¿Cuánto debe usted gastar en su segundo (o siguiente) instrumento? Una buena pauta consiste en pasar a la gama siguiente respecto a su guitarra anterior. Así no acabará teniendo muchas guitarras parecidas. Piense en pagar unos ciento cincuenta euros más que el valor actual de la guitarra que tiene ahora (no lo que usted pagó). Haciendo esto, se asegura de que incluso aunque siga en una misma línea en cuanto al modelo, está usted consiguiendo una guitarra claramente diferente de su primer instrumento.

¿Cuándo debe dejar de comprar guitarras? En cuanto el dinero se acabe, claro, qué pregunta. En realidad no hay ninguna regla fija que diga cuántas guitarras son "suficientes". Hoy en día, sin embargo, un buen arsenal de guitarras incluye una eléctrica de bobinado simple (como una Fender Stratocaster), una eléctrica con *humbucker* (como una Gibson Les Paul), una eléctrica de cuerpo semihueco, una de jazz de cuerpo hueco (eléctrica), una acústica de cuerdas de acero, una acústica de doce cuerdas y una clásica de cuerdas de nailon. Después, a lo mejor usted puede añadir una o dos guitarras más especializadas, como una guitarra construida especialmente para tocar *slide*, una eléctrica de doce cuerdas o un bajo eléctrico.

También puede empezar a coleccionar instrumentos con trastes que no sean guitarras, como mandolinas, banjos y dobros (un tipo de guitarra que tiene trastes y se toca con *slide*)... Pero ésa es otra historia.

Al comprar a una segunda guitarra inevitablemente nos vuelve a asolar la cuestión primordial: la *calidad*. Pero esta vez, en lugar de asegurarse simplemente de que usted tiene un instrumento que suena afinado, se toca con facilidad y no se desmorona como un castillo de naipes con sólo mirarlo, también debe tomar *decisiones informadas*. No se preocupe, no es tan grave como parece. Considere por el momento, no obstante, los cuatro pilares siguientes para juzgar la calidad de un instrumento:

- ✔ **Construcción:** Cómo está diseñada la guitarra y cómo ha sido montada.

- ✔ **Materiales:** Las maderas, metales (usados en los elementos metálicos, las pastillas, los elementos electrónicos) y otros elementos empleados.

- ✔ **Fabricación:** La calidad de la construcción.

- ✔ **Ornamentación:** Añadidos estéticos y otros chismes.

¿No está del todo seguro de qué significan todos estos términos en el momento de determinar la calidad de una guitarra? Las secciones siguientes le darán una idea.

Construcción

El modo en que una guitarra está construida define qué tipo de guitarra es y (generalmente) para qué tipo de música se utiliza. Considere sólo dos ejemplos: una guitarra *eléctrica de cuerpo macizo* se utiliza para el rock. No tiene agujeros en el cuerpo, lo que contribuye a una mayor *duración* de la nota pulsada. Una guitarra de tapa arqueada *acústica* se utiliza para el jazz tradicional, porque tiene una tapa tallada, contorneada, que produce el sonido denso que asociamos a ese estilo. Las siguientes secciones tratan las tres cuestiones más importantes que tienen que ver con la construcción de la guitarra.

Madera maciza frente a madera laminada

Una guitarra acústica de madera maciza es más deseable que una guitarra acústica *laminada* (en la que, en lugar de emplear una pieza de madera maciza y más gruesa a modo de de tapa, el fabricante utiliza varias capas de madera económica prensada y cubierta con un enchapado). Las guitarras fabricadas completamente de madera maciza son muy caras y cuestan unos mil euros.

La tapa de la guitarra es el elemento crítico en la producción de sonido; el fondo y los costados no hacen sino reflejar el sonido y devolverlo a través de la tapa. Así que, si no puede permitirse una guitarra acústica de madera maciza, busque diversas configuraciones en las que la tapa sea maciza y otras partes sean laminadas. Una buena elección es una guitarra de tapa sólida con el fondo y los costados laminados, que puede costar unos trescientos euros.

Otra configuración muy conocida, sólo un paso allá en cuanto a calidad, es una guitarra de tapa sólida, fondo sólido y costados laminados. Puede encontrar un amplio surtido de acústicas construidas de esta manera por menos de mil euros. Como los costados tienen una repercusión insignificante en el sonido (incluso menos que el fondo) y como las maderas laminadas son estructuralmente más resistentes que las maderas macizas, este sistema viene a crear una situación tan beneficiosa tanto para el fabricante como para el comprador. Alguna gente sostiene, por lo tanto, que este proceso de fabricación más barato (con costados laminados) es también el mejor (porque los laminados son más resistentes que los construidos con madera maciza).

Si no está seguro de si una guitarra está fabricada con madera maciza o laminada, pregúntele al empleado de la tienda o consulte al fabricante.

Cubierta

En el ámbito eléctrico, un gran determinante del precio es si la tapa tiene cubierta. La cubierta es una fina capa decorativa de madera (normalmente en alguna variedad de madera de arce con un patrón decorativo natural) que se asienta sobre la tapa del cuerpo sin afectar al sonido. Entre las maderas de cubierta más habituales conocidas están el arce rizado y el arce veteado. Las tapas de madera con patrones decorativos naturales suelen contar con acabados claros o transparentes que permiten que destaquen las atractivas vetas de la madera.

Construcción del mástil

La lista siguiente describe los tres tipos más frecuentes de construcción de mástiles, desde el menos caro hasta el más caro:

✔ **Atornillado:** El mástil se une al fondo de la guitarra en el talón por medio de cuatro o cinco tornillos (aunque hay a veces una placa metálica que tapa los agujeros). Las Fender Stratocaster y Telecaster tienen mástiles atornillados.

✔ **Encajado (encolado):** El mástil se une al cuerpo por una superficie ininterrumpida situada sobre el punto de unión, creando un efecto de continuidad entre el mástil y el cuerpo. La junta es encolada. Las Gibson Les Paul y Paul Reed Smith tienen mástiles encolados.

✔ **Mástil que atraviesa el cuerpo:** Una construcción de alta calidad en la que el mástil es una unidad larga (aunque habitualmente consta de varias piezas de madera pegadas entre sí) que no termina en el cuerpo sino que continúa hasta el extremo posterior de la guitarra. Este tipo de mástil es estupendo para conseguir una duración máxima en las notas. La Jackson Soloist es un ejemplo de una guitarra con un diseño de mástil que atraviesa el cuerpo.

El mero hecho de que una técnica de construcción sea más avanzada o cara no significa que sea necesariamente mejor que otras técnicas. ¿Podría usted "mejorar" el sonido de la Stratocaster de Jimi Hendrix modificando su mástil para hacer de él un mástil encolado? ¡Sería un sacrilegio!

Materiales

Una guitarra no se limita a aquello de lo que está hecha, igual ocurre con una escultura. El *David* de Miguel Ángel y la bombonera de mi tía Inés están los dos hechos de mármol, pero ¿por cuál de los dos viajaría usted a Florencia? (Nota: partimos de que no es usted una persona extraordinariamente golosa.) Así que no juzgue una guitarra *sólo* por sus materiales constructivos, pero tenga en cuenta que una guitarra con mejores materiales (incrustaciones de abulón en lugar de plástico) suele tener una fabricación mejor (por lo tanto ser una guitarra mejor) que un modelo fabricado con materiales más económicos.

Maderas

Como cabe esperarse, cuanto más cara o infrecuente sea una madera, más cara será la guitarra que se construya con ella. Los fabricantes de guitarras dividen las maderas en categorías, y cada categoría tiene una relación con el precio final de la guitarra.

He aquí los tres criterios usados para clasificar la madera:

✔ **Tipo:** Esta categoría simplemente determina si una pieza de madera es de caoba, de arce o palo de rosa. El palo de rosa suele ser la madera más cara empleada en la construcción de cuerpos de guitarras acústicas, seguida de la de arce y después por la de caoba.

✔ **Estilo:** Se pueden clasificar las maderas también atendiendo a la procedencia de la madera y a su veteado. El palo de rosa brasileño es más rojo y ondulado que el palo de rosa de la India, y también es más caro. Los arces con patrones naturales, como el veteado y el rizado, son más caros que los arces de roca o de ojo de pájaro.

✔ **Calidad:** Los fabricantes de guitarras utilizan un sistema de calidad, desde A hasta AAA (la mejor calidad), para evaluar las maderas sobre la base del veteado, el color y la consistencia. Las guitarras de gran calidad tienen la mejor madera.

Elementos metálicos: clavijas de afinación y ensambladuras del puente

En los instrumentos más caros se percibe una mejora en todos los componentes, incluidos los elementos metálicos de la guitarra. Los elementos metálicos recubiertos de cromo son por lo general los más baratos y, a medida que empezamos a mirar guitarras más caras empezamos a ver, en lugar de cromo, revestimientos dorados o acabados en negro mate en los botones, interruptores y clavijas de afinación.

El propio material metálico que emplea el fabricante (no sólo su acabado) también cambia en los instrumentos más caros. En las mejores guitarras, los componentes de marcas de calidad suelen sustituir a los elementos genéricos de fabricantes menos prestigiosos. Por ejemplo, los fabricantes pueden emplear un producto de la más alta calidad en las clavijas de afinación de una guitarra de gama alta, como las *clavijas fijas Sperzel* (un famoso tipo y marca), que mantienen las cuerdas en su sitio en lugar de obligar al usuario a atarlas a la clavija.

El puente es un área de modernización muy importante también. El llamado *puente flotante* (así denominado porque se puede subir y bajar por medio de la palanca de vibrato) es un complicado sistema de muelles, microafinadores y anclajes. Los mejores puentes flotantes, como el sistema Floyd Rose o los sistemas fabricados bajo una licencia Floyd Rose, operan de un modo mucho más suave fiable que las sencillas variantes con muelles que encontramos en las guitarras de bajo coste. (Las cuerdas vuelven enseguida a su afinación normal en un sistema Floyd Rose, incluso después del más tortuoso abuso de la palanca de vibrato.)

Pastillas y componentes electrónicos

A no ser que un fabricante de guitarras también sea conocido por fabricar grandes pastillas, usted verá utilizar cada vez más pastillas de terceros fabricantes a medida que se asciende en la escala de la calidad. En el campo eléctrico, Seymour Duncan, Bartolini, Bill Lawrence, Lace y EMG son ejemplos de marcas de pastillas de gran calidad que los fabricantes de guitarras incorporan a sus modelos. Fishman y L. R. Baggs son dos sistemas de pastillas acústicas que se encuentran en muchas guitarras muy conocidas.

Aunque no tan conocidos, los componentes electrónicos de las guitarras van mejorando igual que los demás componentes a medida que nos aventuramos en territorios más caros. Puede observarse una mayor variedad, por ejemplo, en las posibilidades de manipulación de las pastillas. Los fabricantes pueden proporcionar un sistema de circuitos que cambie las pastillas de doble bobinado o *humbucker* por pastillas de bobinado simple, permitiendo a la guitarra emular el comportamiento de las pastillas del tipo de la Stratocaster. Tener una guitarra que pueda imitar el comportamiento de pastillas de otros tipos de guitarras permite contar con un instrumento sonoramente versátil. También hay un mayor grado de manipulación en los esquemas eléctricos. Por ejemplo, los fabricantes de guitarras pueden invertir la *polaridad* de una pastilla (la dirección en que discurre la señal) para hacer que la guitarra suene más suave y más arremolinada.

En las guitarras más caras también podemos encontrar mejores potenciómetros de volumen y tono, que dan como resultado una mejor gradación. La *gradación* es el carácter bien gradual o bien abrupto del cambio (también llamado *respuesta*) de las características de una señal (en este caso, el volumen y tono) al girar un control desde su valor mínimo a su valor máximo. Un botón con una gradación más suave refleja una mayor calidad de los componentes electrónicos. Las guitarras realmente baratas no suenan hasta que subimos el volumen al 3; después hay una gran subida de volumen desde el 4 hasta el 7, y no hay cambio alguno entre el 7 y el valor máximo, 10 (o, en algunas guitarras realmente raras y potentísimas, 11). (Si no ha captado este último chiste, no dude en alquilar la parodia de rock *This Is Spinal Tap*. Es de visionado obligado para todos los guitarristas.)

Fabricación

Para ver guitarras de la gama más alta, saque sus guantes blancos y póngase puntilloso. Hemos llegado a ver a algunos compradores sacar un espejo de dentista para inspeccionar el interior de una guitarra acústica.

En las guitarras acústicas de más de quinientos euros es de esperar encontrar *juntas sin huecos*, es decir, que la unión entre las piezas de madera sea de la máxima solidez, especialmente allí donde el mástil se une con el cuerpo. También debe esperar un pegado limpio y sin pegotes (en los refuerzos internos de la tapa y el fondo), un acabado perfectamente continuo y homogéneo y un buen montaje: cuerdas sin zumbidos y a la altura adecuada, un mástil libre de todo combamiento y una entonación adecuada. (Para más información sobre la entonación consulte el capítulo 18.)

Puede recoger toda esta información simplemente tocando la guitarra y apuntando sus impresiones. Al igual que conducir un Rolls-Royce o Bentley, tocar una guitarra de calidad es algo que ha de ser *necesariamente* cómodo.

Ornamentación

La *ornamentación* es todo ese material de adorno que no tiene ningún efecto acústico ni estructural en la guitarra. Existe únicamente por cuestiones decorativas. Algunas personas encuentran estos adornos ostentosos o pretenciosos, pero nosotros creemos que una gran guitarra es una obra de arte que puede ser apreciada también por la vista y no sólo por el oído.

Los adornos típicos incluyen complejas incrustaciones en el mástil (como figuras de abulón engastadas en el diapasón), un clavijero de imaginativo diseño, elementos metálicos chapados en oro y, en una guitarra acústica, incrustaciones en torno a los bordes del cuerpo y a la roseta.

Una sutileza con respecto a los adornos: puede que piense que la única diferencia que haya entre dos guitarras son los adornos, por ejemplo, que unas incrustaciones decorativas sean lo único que distingue una Grand Deluxe de los modelos Deluxe de una determinada marca. Pero la verdad es que la guitarra más cara (aunque nominalmente sea la misma en materiales y construcción) a menudo cuenta con los materiales más selectos y está sometida a unos controles de calidad más estrictos.

Esta situación es simplemente una realidad darwiniana. Si llegan a la fábrica doce piezas de madera, todas ellas destinadas a convertirse en tapas de de seis Grand Deluxe y seis Deluxe (por cierto, son nombres ficticios; cualquier parecido con la realidad es pura coincidencia), las seis mejores piezas de madera serán destinadas a las Grand Deluxe, y las otras seis piezas serán para los modelos Deluxe. Todas tienen una misma clasificación, pero los fabricantes, en base a su propio y fiable criterio, deciden a qué modelo se destinará cada pieza.

Comprar su "guitarra"

El proceso de la compra de una guitarra tiene muchos paralelismos con la compra de un coche o casa (aunque es *un poco* menos ostentoso): es una aventura emocionante y muy divertida, pero también se debe ejercitar la precaución y la astucia. Sólo usted sabe cuál es la guitarra que le conviene, cuál es el precio adecuado para su bolsillo y nivel de interés y si una compra parece buena o no. No niegue sus instintos naturales como comprador, aunque sea usted nuevo comprando guitarras. Mire, escuche, piense en ello, vaya a comer antes de la gran compra y háblelo con su pareja.

Lleve consigo a un experto

Hay una frase que dice que "un experto es alguien que sabe más que nosotros". Si tiene un amigo así (cuyos conocimientos y experiencia en la guitarra sean mayores que los suyos), lléveselo con usted. Este amigo seguramente no sólo sabe de guitarras, sino que además le conoce a usted. Un vendedor no le conoce, ni tiene necesariamente por qué saber qué es lo que más le interesa a usted. Pero un amigo, sí. Y una segunda opinión nunca viene nada mal.

Fiche a su profesor de guitarra (si es que lo tiene) para que le ayude a abrirse paso por la jungla que es el mercado de guitarras, especialmente si ya lleva con un tiempo usted y conoce sus gustos y estilo. Su profesor puede saber sobre usted algunas cosas de las que usted mismo no se da cuenta (por ejemplo, que un dependiente le ha hecho distraerse en la sección de cuerdas de acero cuando en realidad lo que a usted le interesa son las guitarras con cuerdas de nylon). Un buen profesor hace preguntas, escucha las respuestas y le va guiando poco a poco hacia donde *usted* quiere ir.

Hablar con el dependiente

Tratar con el dependiente no tiene ni por qué ser estresante ni por qué conllevar contrariedad alguna, pero alguna gente se pone muy nerviosa ante esa situación. Si usted establece sus prioridades antes de entrar a la tienda, no dará la sensación de ser alguien indeciso y poco preparado cuando él empiece a asediarle con preguntas.

Una primera pregunta típica por parte de un vendedor puede ser "¿Cuánto quiere gastarse?". Básicamente, la pregunta significa "¿Qué gama de precios está considerando para que yo sepa a qué parte de la tienda llevarle?". Es una pregunta lógica y, si puede responderla directamente, acabará ganando bastante tiempo. También es posible que le pregunte acerca de su habilidad para tocar y sus preferencias en cuanto a estilo, así que prepárese para responder también a esas preguntas.

Esté preparado para contestar a las preguntas del dependiente de forma concisa; por ejemplo: "Prefiero las guitarras de tipo Stratocaster, aunque no necesariamente de Fender, toco blues, tengo un nivel intermedio y me gustaría no pasar de los quinientos euros". Respuestas como éstas le harán parecer una persona decidida y seria. El dependiente debería tener mucha información para seguir ayudándole sobre la base de lo que usted le ha dicho. Pero si en lugar de esto usted dice: "Bueno, para comprarme una guitarra, el precio no es problema; me gusta la que toca ese tipo (¿cómo se llama?), sí, el de la MTV", no le van a tomar a usted en serio y también es probable que usted no acabe con el instrumento que necesita.

Cuando el vendedor hable, escuche atentamente y haga preguntas. Usted está allí para observar y para absorber información, no para impresionar. Si decide que no está preparado para comprar en este momento, dígaselo. Déle las gracias por el tiempo que le ha dedicado y quédese con una tarjeta de visita. Usted es totalmente libre para ir a cualquier otro sitio e indagar en otra tienda. No sólo tiene esa opción, también tiene ese deber.

Recuerde que usted está comprando y la experiencia de comprar no es diferente para las guitarras. Haga sus propias investigaciones y recoja opiniones diferentes antes de comprar. Pero confíe en su instinto.

El arte de la compra

Puede averiguar el precio de venta al público o el precio de catálogo de un instrumento antes de entrar en la tienda. El fabricante establece de antemano estas cifras, que son de conocimiento público. Busque en los anuncios de las revistas de guitarra la información de contacto de la compañía fabricante y llame a la compañía o visite su página web para conocer el precio de venta propuesto por el fabricante en un producto determinado o para pedir que le envíen publicidad. Mientras escribimos esto, una Gibson Les Paul Standard tiene un precio en catálogo de 3.248 dólares (unos dos mil setecientos euros), y una Fender American Standard Stratocaster cuesta 1.327 dólares (unos mil cien euros). La figura 15-2 muestra estos dos referentes del mundo de la guitarra.

Gibson Les Paul

Fender Stratocaster

Figura 15-2:
Dos de las referencias por las que los músicos evalúan la mayoría de las guitarras eléctricas del mercado

Una vez más, las cifras anteriores son precios de catálogo. Las tiendas de música ofrecen descuentos cuyo abanico puede variar enormemente. Las grandes tiendas de los centros urbanos, que compran cantidades enormes de instrumentos, pueden ofrecer a menudo mayores descuentos que las tiendas tradicionales de localidades más pequeñas. Las ventas por correo y el mercado de internet pueden igualar y a veces mejorar los precios de los grandes almacenes, porque no tienen los gastos derivados de mantener una instalación de venta minorista.

En el momento de decidir dónde comprar, no deje de lado el valor del servicio. Las tiendas de venta al por menor (a diferencia de la compra *online* y por correo) están en una mejor posición para ofrecer un servicio personal y cercano a un cliente nuevo. Quizá como resultado de afrontar la dura competencia del incipiente comercio por Internet y del negocio de la venta por correo, muchas tiendas están aumentando los alicientes de su servicio. El servicio puede incluir desde la solución de pequeños problemas y la realización de algunos ajustes hasta proporcionar *revisiones* periódicas (algo así como la puesta a punto y el cambio de aceite para su guitarra). Una tienda de música suele ser un agradable lugar para pasar el rato y hablar de guitarras o de música.

Recuerde, sin embargo, que los precios de catálogo son de conocimiento público y que los vendedores tienen que decirle cuál es su precio de venta *sin ponerle contra las cuerdas* (queremos decir, sin ponerle pegas). El vendedor tiene todo el derecho a cobrar el precio de catálogo; usted debe luchar por obtener el máximo descuento posible. ¿Cómo hacerlo? Esto es tan viejo como el regateo mismo, pero un regateo razonable podría quedar a medio camino entre lo que uno se ahorra por comprar en internet o por correo y un diez por ciento de rebaja respecto al precio de catálogo.

Capítulo 16

Accesorios de la guitarra

· ·

En este capítulo

▶ Subir el amplificador a su máxima potencia

▶ Completar su arsenal

▶ La importancia de las pequeñas cosas

· ·

Una vez preparada la guitarra, necesita pensar en todos los pequeños elementos (y algunos no tan pequeños) que nos hacen la vida mucho más fácil, bueno, al menos a los guitarristas. Algunos de los productos que describimos en este capítulo son imprescindibles, como las fundas y las cuerdas (y los amplificadores si está tocando la guitarra eléctrica), en los demás puede pensar sólo como accesorios. Pensamos que todos estos elementos son útiles y tienen cierta aplicación musical y práctica. No le hablaremos aquí de pegatinas para el coche con textos como "Soy guitarrista, *baby*", etcétera, sólo le daremos una breve lista de materiales que realmente pueden serle útiles.

Amplificadores

En sentido estricto, se *puede* tocar una guitarra eléctrica sin ninguna amplificación, pero tocar así no es muy divertido. Sin un amplificador las notas suenan con un zumbido desagradable, como si fueran mosquitos musicales sin ninguna expresión ni voz. Y no podrá hacer vibrar las ventanas ni hacer temblar el suelo con el *riff* de *Smoke on the Water* recién aprendido a no ser se decida a enchufar y a ponerle decibelios al asunto.

CONSEJO

Le recomendamos que reserve su decisión de compra más crítica para la guitarra. Pero después de romper la hucha para comprarse esa guitarra que estaba por encima de sus posibilidades, puede seguir dando rienda suelta a la irresponsabilidad económica y hacerse con un buen amplificador. No empezará a desarrollar una madurez completa ni un sonido personal hasta que tenga tanto una guitarra de calidad como un amplificador adecuado con el que hacerla sonar. Pero si necesariamente *debe* escatimar en algo, le aconsejamos que lo haga en lo que atañe al amplificador, al menos al principio.

En general hay dos tipos de amplificadores: para practicar y para actuar. Las diferencias básicas se resumen en el tamaño, los vatios y el precio. La figura 16-1 muestra un amplificador de práctica y un amplificador de actuación.

Figura 16-1:
Los amplificadores de actuación, como el de la izquierda, son más grandes y potentes que los amplificadores de práctica (derecha)

Póngase en marcha con un amplificador de práctica

Si sus recursos son limitados (algo muy normal), empiece con lo que se conoce como un *amplificador de práctica*: elija uno que cumpla con unos requisitos mínimos (controles de tono, reverberación y dos o más controles de volumen para ir dando forma al sonido distorsionado) y que produzca un buen sonido en volúmenes bajos (entre 6 y 12 vatios es lo habitual en los amplificadores de práctica). Con el amplificador se acostumbrará a oír la guitarra eléctrica tal para lo que ha sido concebida, es decir, para ser oída por medio de un amplificador.

El abanico de precios de amplificadores de práctica ronda los ciento cincuenta euros, éstos ya cuentan con características que aparecen en sus homólogos de precios más elevados. En los amplificadores es la potencia y no las características lo que hace subir el precio. La potencia resulta cara, ya que requiere transformadores y altavoces resistentes. Para un uso casero e informal (por ejemplo tocar con un par de amigos en un garaje o en un sótano), 15 o 20 vatios suele ser más que suficiente, y entre 6 y 12 vatios bastan para practicar en solitario y tocar junto a su aparato de música.

Por otra parte, las características como los controles de tono y los efectos (reverberación y trémolo) son más fáciles de aplicar porque los fabricantes pueden incorporarlos en un chip e instalarlos en la tarjeta de circuitos. A continuación mencionamos algunas cuestiones importantes que hay conviene buscar en un amplificador de práctica:

✔ **Ganancia en etapas múltiples:** *Ganancia* es el término técnico para la "potencia de volumen", y tener dos o más controles diferentes de volumen en un amplificador nos concede mayor flexibilidad para dar modular el sonido distorsionado.

✔ **Ecualizador de tres bandas:** El *ecualizador*, o la ecualización, abarca los controles del tono agudo, medio y grave. Un ecualizador es un interesante control de tono que aporta mayor flexibilidad en los registros sonoros bajo, medio y agudo.

✔ **Reverberación incorporada:** La *reverberación* es un efecto de eco que hace que la guitarra suene como si estuviéramos tocando en un entorno particular (estancias de diferente tamaño, una sala de conciertos, una catedral, un cañón, etcétera.). (Para más información consulte la sección "Pedales y aparatos de efectos", en este mismo capítulo.)

✔ **Cambio de canal con pedal:** El *cambio de canal* le permite acceder a diferentes clases de controles de volumen y de tono. Algunos amplificadores de práctica lo incluyen, otros no. Decida si esa característica es suficientemente importante para usted como para pagar por ella. Siempre puede usted conseguir un sonido distorsionado mediante un efecto externo, como por ejemplo una pedalera, pero eso supone un cierto grado de complicación. (Para más información sobre la distorsión y otros efectos consulte la sección "Pedales y aparatos de efectos.)

✔ **Salida de auriculares:** Una *salida de auriculares* viene muy bien en un amplificador de práctica porque permite a obtener un sonido enteramente tratado por el amplificador sin pasar por el altavoz. Ideal para las sesiones de práctica nocturnas.

Debido a la miniaturización de toda la electrónica, ahora es posible conseguir sonidos auténticos y completos de guitarra con un amplificador del tamaño de una cámara desechable, siempre y cuando usted lo oiga por unos auriculares (no tienen ni altavoz ni amplificador propio). Estas maravillas vienen con pinza de sujeción y funcionan con una pila que nos permite practicar sin conectarnos a la red eléctrica (ideal para tocar en el baño delante del espejo). Ofrecen distorsión, ecualización, reverberación y otros efectos, muchos de ellos *preprogramados* (programados o preparados por el fabricante), así como sonido estéreo. Estas unidades son perfectas para tocar en un vehículo en movimiento, e incluso pueden enviar la señal a una unidad, de manera que permiten hacer grabaciones. Cuestan algo más de ciento cincuenta euros (por dar algunos nombres, citaremos la Korg Pandora y la Zoom 9000), pero merecen la pena si la portabilidad, la privacidad y la autenticidad del sonido son importantes para usted.

A toda potencia con un amplificador de actuación

Los amplificadores de práctica tienen su función, pero no estarán a la altura si usted pretende tocar con ellos en actuaciones. *Actuación* quiere decir en este caso desde una reunión informal con tres amigos músicos en un garaje hasta sonar por encima de la batería y el bajo en la "noche de blues" organizada por un bar musical de su localidad.

Una vez decida dar el gran salto a los amplificadores de calidad, se encontrará ante una galaxia de marcas y modelos entre los que escoger. Hable con otros guitarristas y con los vendedores de los establecimientos musicales, lea revistas de guitarra, escuche discos y trate de descubrir qué amplificadores utilizan sus artistas favoritos. La elección de su amplificador es tan personal como la de su guitarra. El amplificador no sólo tiene que sonar bien, sino que también debe ser visualmente agradable y tiene que *sentirlo* suyo, adecuado para usted. La búsqueda del amplificador perfecto es tan complicada como la búsqueda de la guitarra perfecta, o casi.

Los amplificadores de actuación tienen más potencia que los amplificadores para practicar. Más potencia no significa sólo que un amplificador tenga mayor nivel de volumen sonoro. Más potencia también asegura una señal más limpia, más pura a volúmenes altos. En otras palabras, si dos amplificadores de diferente potencia están sonando a un mismo volumen, el amplificador más potente producirá la señal más limpia.

Amplificación sin amplificador

Puede arreglárselas sin amplificador enchufando la guitarra eléctrica a las entradas auxiliares de su equipo de música casero, pero necesitará comprar un adaptador especial. Por unos dos euros lo puede comprar en tiendas de electrónica o de música. (Simplemente dígale al vendedor lo que quiere hacer y él le proporcionará la unidad apropiada.) El adaptador es sólo un enchufe revestido de metal o de plástico que tiene en un extremo una entrada hembra mono de un cuarto de pulgada (unos seis milímetros) y en el otro extremo una salida macho RCA (a veces llamada *phono*).

¡Advertencia! Antes de enchufar nada en la cadena o radiocassette, asegúrese de que el control de volumen del aparato receptor esté *en el mínimo*. Esto previene cualquier subida repentina de tensión en el sistema, que podría ser dañina para los altavoces.

Si usted enchufa, por ejemplo, la entrada izquierda de su aparato, oirá música sólo por el altavoz izquierdo. Algunos aparatos de calidad permiten seleccionar el *modo de salida* (la configuración en estéreo) de la señal original. Si ve un montón de ajustes como L, R, L+R, etcétera, ponga el control en L (que significa el canal izquierdo por los dos altavoces). No es estéreo, pero suena más completo y se extiende mejor que si saliera sólo de un altavoz.

La figura de abajo muestra el procedimiento para enchufar la guitarra en la parte trasera de su aparato. Conecte un extremo del cable a la guitarra y el otro extremo al adaptador. Enchufe el adaptador en la entrada auxiliar izquierda de la parte trasera de su aparato. En el panel frontal del aparato, seleccione Aux 1 o cualquiera que sea el nombre de la vía entrada por la que usted enchufó la guitarra. (También puede llamarse Tape 1 o tener otro nombre; mírelo en la propia entrada o consulte las instrucciones si tiene alguna duda.) Suba al máximo el volumen de la guitarra. Después, lentamente, suba el control de volumen de su aparato hasta que oiga algún sonido.

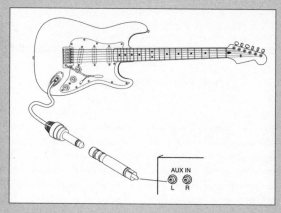

Un amplificador de 50 vatios es habitualmente más que suficiente para tocar en casa y en pequeñas actuaciones, como tocar con un grupo en un pub local. Si usted toca en escenarios más grandes o practica un género que requiere niveles de sonido extraordinariamente altos (como el heavy metal), vaya a por los 100 vatios. Los guitarristas que buscan un sonido límpido y en estéreo (lo cual exige el doble de potencia) también pueden optar por 100 vatios, eso les garantizará, aún a volúmenes muy altos, un sonido limpio.

Muchos amplificadores pueden operar en 100 o en 50 vatios, usted sólo tiene que seleccionar la potencia por medio de un conmutador. ¿Por qué quiere operar a 50 vatios si usted ha pagado por un amplificador de 100 vatios? Porque un amplificador de 50 vatios distorsiona el sonido antes (a un nivel más bajo) que uno de 100 vatios, y en muchos tipos de música (blues, rock, metal) es deseable la distorsión.

Hace mucho tiempo todos los circuitos electrónicos funcionaban impulsados por tubos de vacío o válvulas (esos cilindros de cristal al rojo vivo en la parte trasera de las radios antiguas). Con la evolución de la tecnología, los componentes electrónicos sólidos (transistores y más tarde microchips) han sustituido a las válvulas de tubos, salvo en algunos amplificadores de guitarra. Las últimas generaciones de amplificadores, con tecnología digital, modelan el sonido al gusto del consumidor y pueden recrear fielmente diversos sonidos y efectos. Sin embargo, muchos aseguran que la tecnología de válvulas sigue siendo la que mejor sonido ofrece (más cálido y más completo, debido en parte al modo en que las válvulas afectan a la señal) porque, aunque no son ni tan eficaces ni tan precisos en la reproducción fiel de la señal original, los amplificadores de válvulas producen un

"Amplis" de grabación

Aunque los amplificadores de gran potencia normalmente cuestan más que los que están fabricados de forma similar pero con menor potencia, esto no significa que todos los amplificadores de baja potencia sean baratos. Muchos fabricantes crean amplificadores de gran calidad y elevado precio que sólo emiten a baja potencia, y estos amplificadores tienen especial aceptación para las grabaciones porque no hacen que toda la casa retumbe al tocar la guitarra. En los *amplificadores de grabación*, es la calidad, no la potencia, la que hace subir el precio.

sonido más auténtico. Le aseguramos que la gran mayoría de sus guitarristas favoritos graban y tocan exclusivamente con amplificadores de válvulas, desde el Marshall de 100 vatios hasta el Fender Twin, pasando por el Vox AC30 y el MESA/Boogie Dual Rectifier.

Como principiante, puede que no aprecie (o no le importen) las diferencias entre el sonido de válvulas y el de estado sólido. Con un amplificador de estado sólido puede conseguir de todas formas una buena distorsión, y este tipo de amplificadores es por lo general más barato, así que probablemente le convenga inclinarse por un amplificador de estado sólido y olvidar toda esta discusión. Además, puede que prefiera conseguir el sonido distorsionado con un pedal, con lo cual todo lo demás carecerá de sentido. Fíjese mejor en características como los efectos incorporados (reverberación, *chorus*, etcétera) y la salida de auriculares. Sobre todo, escuche el sonido y pruebe los controles. Si a usted le gusta lo que oye y se siente cómodo configurando los diferentes sonidos, el amplificador es para usted.

Fundas de guitarra

Una funda o estuche es tan importante para la guitarra que muchos fabricantes lo incluyen en el precio del instrumento. Algunos fabricantes elaboran estuches especialmente diseñados para modelos concretos y envían las guitarras al minorista dentro de ellos. Esta práctica hace difícil comprar la guitarra sin el estuche, y con razón.

Comprar un buen instrumento serio y querer sacarlo de la tienda sin una protección adecuada es una manera insensata de querer ahorrarse unos euros. El mayor gesto de respeto que puede mostrar por su instrumento es proporcionarle un lugar seguro para dormir.

Existen estuches y fundas de tres tipos básicos: duras o de armazón duro, blandas y la bolsa de concierto. Cada uno de ellos ofrece sus ventajas, y el factor protección es proporcional al coste: cuanto más cara sea la funda mejor protegerá su instrumento.

Fundas duras

El *estuche* o *funda dura* es la opción más cara (desde unos setenta euros hasta más de cien) pero ofrece a su guitarra la mejor garantía contra posibles daños. Fabricada con madera cubierta de cuero o nailon, puede incluso sobrevivir a los rigores de los viajes en avión, proporcionando al instrumento una protección a toda prueba. Se pueden arrojar objetos pesados sobre la funda o apilarla bajo otros equipajes sin que su preciado contenido sufra ningún daño.

Lo mejor que puede hacer es optar por la funda dura, a no ser que tenga alguna razón verdaderamente convincente para no hacerlo. Si todavía no tiene una funda para su guitarra y está pensando en comprarse una, trate de imaginar alguna situación en la que una funda dura pueda *no* ser apropiada. Si no se le ocurre una respuesta fácil y rápida, no lo piense más y vaya a por la funda dura.

Fundas blandas

La *funda blanda* no es del todo blanda, sino que en realidad es más resistente que blanda. Por lo general están hechas de materiales compuestos a base de partículas prensadas, como el cartón, y puede proporcionar una cierta protección a su instrumento, por ejemplo si alguien derrama una taza de café sobre ella (queremos decir si la taza está vacía). Pero eso es todo. Puede adquirir estas fundas desde unos veinticinco euros.

La funda blanda es una alternativa barata a la funda dura porque le permite transportar su instrumento sin exponerlo a los elementos y al menos evita que se raye. Pero estas fundas se deforman fácilmente si están sometidas a situaciones complicadas (por ejemplo, la cinta transportadora de los aeropuertos) y ceden, se doblan y se perforan con mucha más facilidad que una funda dura. En la mayoría de los casos, sin embargo, una funda blanda aporta protección contra los choques y golpes de todos los días, de otra manera rayarían una guitarra desprotegida.

Bolsas de concierto

Las bolsas de concierto apenas proporcionan protección contra el golpe porque son de nailon, cuero o de otro tejido; en fin, ya sabe lo que es una bolsa. Las bolsas de concierto se cierran con cremallera y tienen la consistencia de cualquier otra bolsa de equipaje. Su precio oscila entre 15 y 125 euros.

La ventaja de las bolsas de concierto es que son ligeras, se llevan bien colgadas del hombro y no ocupan más espacio que la guitarra misma. Esto las convierte en ideales si estamos tratando de meter la guitarra eléctrica en el compartimento del equipaje de mano de un avión.

La gente que vive en grandes ciudades y utiliza el transporte público es partidaria de las bolsas de concierto. Con la bolsa de concierto al hombro y un carrito de equipaje con el amplificador en la otra mano, todavía queda una mano libre para pasar el billete de metro por el torniquete y agarrarse a las barras en el vagón. Pero una bolsa de concierto no es ni siquiera tan protectora como una funda blanda ¡así que no se le ocurra depositar nada sobre la guitarra!

Cejillas

Una *cejilla* es una abrazadera con resorte y tensión ajustable (o elástica) que se coloca alrededor del mástil de la guitarra y pisa todas las cuerdas haciéndolas bajar al diapasón en un traste determinado. Este mecanismo sube la altura de todas las cuerdas en un número determinado de trastes (o semitonos). En algunos casos puede que queramos afinar la guitarra con la cejilla puesta, pero la mayor parte de las veces afinamos sin ella y después la colocamos en el traste deseado. Las cejillas permiten transportar o transponer a otra tonalidad la música que tocamos en la guitarra mientras tocamos con las digitaciones del acorde original. (Para más información sobre el modo de tocar con cejilla consulte el capítulo 12.) La figura 16-2 muestra diferentes modelos de cejillas, que encontrará en la mayoría de las tiendas de música.

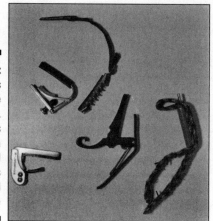

Figura 16-2:
Diversos
tipos de
cejillas.
Las cejillas
suben la
tonalidad
de las
cuerdas al
aire

Las cejillas cuestan entre 5 y 25 euros, siendo el tipo de banda elástica el más barato. Las cejillas de abrazadera y atornilladas, más caras, son preferidas por los usuarios habituales de cejilla porque se pueden colocar con una mano y suelen mantener mejor pisadas las cuerdas que las de tipo elástico. El tipo atornillado, como el creado por Shubb, es el preferido, especialmente porque se puede variar su tamaño y la tensión de estrangulamiento que ejerce, lo que permite adaptar el tamaño de la cejilla a las diferentes partes del mástil. (Los trastes superiores del mástil, hacia el clavijero, requieren que la cejilla esté un poco menos abierta que en los trastes inferiores.)

Pedales y aparatos de efectos

Los guitarristas eléctricos rara vez se limitan a conectarse a un amplificador y empezar a tocar. Bueno, puede que empiecen de esa manera, pero si escucha cualquier música de guitarra grabada, rápidamente se dará cuenta de que por ahí suenan muchas cosas que van más allá del sonido básico de la guitarra. Como mínimo oirá algún tratamiento ambiental en forma de un eco artificial o *reverberación*, como se conoce este efecto en la jerga guitarrística. Puede que oiga alguna distorsión (intencionada), especialmente en el rock y el blues, y puede oír efectos adicionales, como un *wah-wah*, un vibrato y otras manipulaciones electrónicas.

Bienvenido al maravilloso y disparatado mundo de los *efectos*. Los efectos son artefactos que se conectan entre la guitarra y el amplificador y permiten alterar la señal posibilitando todo tipo de formas sonoras inusuales. Esta infinidad de pequeños recursos están a su disposición ofrecidas por multitud de fabricantes y en un amplísimo abanico de precios. Puede comprarlos como unidades individuales o como una caja "todo en uno", llamada *procesador multiefectos* o (coloquialmente) *pedalera*. Pero elija lo que elija, es decir, el menú completo o comer a la carta, los efectos pueden condimentar el sonido básico de su guitarra de mil emocionantes maneras distintas.

La mayoría de los efectos vienen en forma de *pedales*, pues estas unidades de efectos se accionan con el pie por medio de un interruptor. Este sistema nos permite activar o desactivar los efectos de modo selectivo y sin interrupción mientras estamos tocando la guitarra. La figura 16-3 muestra un típico sistema de efectos con un número razonable de pedales en la *cadena sonora* (es decir, el camino que recorre la señal sonora desde la guitarra hasta el amplificador).

Si usted enchufa, por ejemplo, un recurso de reverberación *interna* (esto es, entre el amplificador y la guitarra), usted puede hacer que suene como si estuviera tocando en una catedral. Una unidad de distorsión puede hacer que su guitarra suene como la de Jimi Hendrix, incluso a volúmenes bajos y con el amplificador en el canal de sonido limpio.

Figura 16-3:
Sistema típico de un guitarrista que utiliza efectos

Docenas de tipos diferentes de efectos están a su disposición (más de los que jamás podría poseer, por no hablar de utilizarlos a la vez). El precio de estas unidades individuales también varía, y abarca desde pedales de distorsión que pueden costar unos cuarenta euros hasta reverberadores y *delays* digitales que pueden llegar a costar unos ciento cincuenta euros (o más). Para ayudarle a abrirse paso entre esta multitud de sabores y colores, le ofrecemos a continuación una lista con los efectos más conocidos:

✔ **Distorsión:** Este efecto simula el sonido de una señal de guitarra demasiado fuerte para el amplificador; el aparato eleva la señal hasta tal punto que la destroza, pero de un modo que resulta musicalmente muy agradable. Para un guitarrista, la distorsión puede ir desde un sonido de un carácter cálido y ligeramente denso hasta un sonido prolongado y borroso, pasando por un sonido enmarañado y vociferante como una motosierra, como el empleado por las bandas de heavy metal y de grunge.

✔ *Chorus:* Este efecto simula el sonido de muchas guitarras tocando a la vez, creando un sonido final más grueso. Aumentando la velocidad se consigue un efecto de gorjeo parecido al trémolo. *Every Breath You Take*, de The Police, es un ejemplo del sonido *chorus*.

✔ *Flanger/Phaser:* Estos dos recursos producen efectos similares que crean un sonido acuático, giratorio, submarino, que aparece en los primeros álbumes de Van Halen y en la guitarra rítmica de muchas canciones del funk de los años setenta.

✔ **Alterador de afinación:** Este recurso (también conocido como *armonizador*) le permite tocar en armonía consigo mismo dividiendo su señal en dos vías, la original y un intervalo musical definido por el usuario, como una tercera mayor (separación de dos tonos); también crea efectos similares a los del *chorus*. Un famoso alterador de afinación con un intervalo fijo es el *pedal de octavas* u *octavador*, usado con gran dominio por Jimi Hendrix, que produce una nota una octava (12 semitonos) o dos más baja que la original (o ambas).

✔ *Delay* **digital:** Este dispositivo produce una discreta repetición del sonido y es bueno para crear ecos, efectos de espacio y repeticiones rítmicamente calculadas de las notas. La versión analógica era un aparato de eco que realmente grababa el sonido en una cinta magnética y lo reproducía instantes después. El eco grabado todavía goza de cierta popularidad debido a su sonido único y de época (pese a ser inferior a la versión digital en cuanto a reproducción exacta de la señal original). Escuche el principio de *Welcome to the Jungle*, de Guns N' Roses, para oír el sonido del *delay* digital.

✔ **Pedal de *wah-wah*:** Este pedal de efectos es una especie de filtro de frecuencias (variando el contenido en graves y agudos de una señal), que impregna la guitarra de unas características expresivas parecidas a la voz (en realidad suena como si dijera "gua"). Se controla el sonido con el pie, subiendo y bajando la superficie del pedal. Este recurso fue popularizado por Jimi Hendrix, y también fue un clásico en el sonido de la música disco. Eric Clapton también se explayó con el *wah-wah* en *White Room*, de Cream.

✔ **Reverberación:** Este efecto reproduce el eco natural producido en lugares tales como una sala grande, un gimnasio, una catedral, etcétera. Suele venir incorporado en los amplificadores en una versión limitada (a menudo disponiendo con un único control), pero si lo utiliza como efecto aparte tendrá usted mayor variedad y control.

✔ *Trémolo:* Como la reverberación, el trémolo fue incluido en muchos amplificadores de los años cincuenta y sesenta (como el Fender Twin Reverb) y ahora está disponible como pedal. El *trémolo* es la ondulación rápida del volumen (no la altura, como el vibrato), que hace que la guitarra suene como si la oyéramos a través de un ventilador eléctrico que se moviera lentamente. La canción *Crimson and Clover,* de Tommy James y los Shondells, cuenta con un destacado efecto de trémolo.

Los pedales individuales son muy convenientes porque le permiten comprar los efectos uno por uno y usarlos de forma *modular* (es decir, puede optar por incluirlos o no en la cadena sonora y puede cambiar su orden para crear diferentes efectos). Pero muchos guitarristas optan por una *unidad multiefectos* o *pedalera*, que reúne todos los efectos individuales en un único aparato. Las pedaleras son *programables*, lo que quiere decir que usted puede preparar diferentes ajustes en los efectos y activarlos con un toque de pie. Las unidades multiefectos, al igual que los pedales individuales, también ofrecen un enfoque modular en la ordenación de los efectos, aunque lo hacen de un modo más electrónico que físico.

Por lo general, una unidad multiefectos puede hacer producir los mismos efectos que los pedales sueltos, así que la mayoría de los guitarristas que utilizan muchos efectos acaban por comprar una. Además se pueden seguir empleando los pedales individuales conectándolos a la unidad multiefectos. La mayor parte de los guitarristas aún conservan sus pedales individuales incluso después de adquirir una unidad multiefectos, porque son pequeños, prácticos y fáciles de manejar. Un guitarrista puede no querer cargar con la unidad multiefectos, más grande y voluminosa cuando va a tocar en una sesión informal en la que sólo necesita uno o dos efectos. El precio medio de las unidades multiefectos oscila entre los ciento veinte y los mil trescientos euros.

Púas

Dé por seguro que a lo largo de su carrera dirá adiós a cientos de púas, ya sea por haberlas perdido, roto o lanzado a sus incondicionales fans como recuerdo, así que no se encariñe con ellas. Trátelas

como el objeto barato y prescindible que son. Abastézcase en canti-
dad de púas de su color y calibre o grosor favoritos y lleve siempre
púas de más en el bolsillo, en el coche, en los zapatos o en cualquier
otro lugar accesible. Cuando se haya acostumbrado a utilizar un
determinado calibre, forma, y marca de púa, no cambie demasiado,
incluso aunque pase de la eléctrica a la acústica o al revés. (Para más
información sobre la elección del calibre apropiado consulte el capítulo 2, la elección del color la dejamos en sus manos.)

Cuerdas

Es necesario tener siempre a mano cuerdas de repuesto, por la sencilla razón de que si se le rompe una necesitará reemplazarla inmediatamente. Esto requiere llevar siempre al menos un juego completo
de repuesto, porque cualquiera de sus seis cuerdas se puede romper. A
diferencia de las ruedas del coche, que son todas iguales, las guitarras
utilizan seis cuerdas de diferentes calibres. Pobre guitarrista el que
siempre rompe la misma cuerda, porque está destinado a acabar con un
montón de juegos de cuerdas incompletos. Afortunadamente, los juegos de cuerdas son baratos; cuestan unos seis euros si los compra de
uno en uno (evidentemente los hay más caros, depende de la calidad),
y más baratos aún si se compran en cajas de doce juegos. También puede comprar cuerdas sueltas por poco más de un euro la unidad.

Las cuerdas más agudas y finas tienden a romperse más fácilmente
que las cuerdas más graves y gruesas, así que procure llevar tres
cuerdas de repuesto para cada una de las cuerdas altas, *mi* agudo, *si* y
sol (en las guitarras eléctricas y de cuerdas de nailon, la cuerda de *sol*
carece de entorchado).

En caso de apuro, siempre puede sustituir una cuerda por la cuerda
adyacente inferior (una cuerda de Si en el lugar de una de *sol*, por
ejemplo), pero si lo hace provocará que el sonido sea algo extraño,
y que la cuerda sea más difícil de afinar. Por lo tanto, asegúrese de
reemplazar el sustituto de emergencia por la cuerda apropiada a la
primera oportunidad (por ejemplo, durante el solo de batería). (Para
más información sobre las cuerdas, incluido cómo cambiarlas, consulte el capítulo 17.)

Correas

Las correas vienen de todas las formas, colores y materiales, desde el nailon hasta la tela pasando por el cuero. La primera regla para elegir una correa es buscar la que le resulte más cómoda de entre las que se pueda permitir. Una guitarra colgada al hombro durante largas horas puede acabar haciéndose muy pesada, y eso por muy ligera que sea (ya ve usted, una aplicación práctica de la teoría de la relatividad...), así que cuanto mejor sea la correa más dolores y tensiones musculares se ahorrará.

El aspecto es un segundo factor en la decisión de qué correa comprar. Su correa ha de gustarle, porque su función no es sólo utilitaria sino también estética. Como va alrededor de su hombro, una correa es casi como una prenda de ropa. Así que trate de combinar bien el color de su correa con su propia vestimenta y con el aspecto de su guitarra.

Puede conseguir correas a medida con sus iniciales bordadas si eso va con su estilo (esto es imprescindible si aspira a convertirse en un ídolo de la música country). O puede conseguirlas con toda clase de motivos, desde patrones indios hasta relámpagos y estrellas de cinco puntas. Pero si está mirando estrictamente el precio, una sencilla correa de nylon sin adornos cuesta solamente unos cinco euros, y mantiene su guitarra tan segura como una de doscientos euros con su nombre repujado en cuero.

Para más tranquilidad, compre *cierres de seguridad* (*straplocks*), que aseguran los extremos de su correa a la guitarra empleando un mecanismo de cierre de dos piezas similar al de los pendientes (los pendientes de verdad, claro, no los de imán).

Si usted posee más de una guitarra lo mejor es que use una correa para cada tipo de guitarra, eléctrica o acústica. De esa manera no necesitará estar ajustándola cada vez que cambie de instrumento.

Afinadores eléctricos

Aunque es posible afinar una guitarra respecto a sí misma, es mejor mantenerla en la *afinación de concierto* (según la referencia de afinación absoluta, *la*-440), especialmente si piensa tocar junto con otros instrumentos. La guitarra también estará más feliz desde el punto de vista estructural y acústico si se utiliza esa afinación. (Para más información consulte el capítulo 2 acerca de la afinación de la guitarra.) La mejor manera de mantener la guitarra en esta afinación es conseguir un afinador electrónico a pilas y guardarlo en la funda de la guitarra. El modo de utilización del afinador depende del tipo de guitarra que esté usted afinando:

✔ **Eléctrica:** Su está usted usando una guitarra eléctrica, enchúfela con el cable directamente al afinador. Enchúfela primero en el afinador y después enchufe la salida del afinador a su amplificador. De esa manera, el afinador estará en la cadena sonora todo el tiempo que usted esté tocando. Sin embargo, después de afinar, apague el afinador para prolongar la vida de la pila. La señal pasa sin problema por el afinador inactivo.

✔ **Acústica:** Si tiene una acústica, puede usar el micrófono incorporado del afinador para afinar. No es difícil conseguir que el micrófono capte la guitarra. Colocar el afinador en una mesa a la distancia aproximada de un brazo es perfecto; mantenerlo sobre su rodilla también funciona bien. Si el ambiente circundante es suficientemente tranquilo, puede incluso tener el afinador en el suelo. (Pero un ruido excesivo en la habitación puede despistar al aparato.)

Prácticamente todos los afinadores electrónicos del mercado son automáticos y cromáticos. La función automática (*auto-sensing*) significa que el afinador capta la nota que usted toca y le indica cuál es la nota más cercana (con luces indicadoras). Una aguja móvil o una serie de luces indicadoras le harán saber si está por encima o por debajo de la nota. Al afinar la guitarra, verá el indicador cambiar en función de las cuerdas que toque. La palabra cromático simplemente significa que el afinador capta todas las notas de la escala musical (incluidos los bemoles y sostenidos), no sólo las notas de las cuerdas al aire de la guitarra. Es importante tener todas las notas disponibles en el afinador si piensa afinar alguna vez la guitarra de un modo diferente. (Para más información sobre las afinaciones alternativas consulte el capítulo 10.) Los precios de los afinadores electrónicos oscilan entre los quince y los doscientos cincuenta euros.

Otros chismes útiles (pero no imprescindibles)

Puede darse el gusto de hacerse con una serie de pequeños chismes y aparatos que hacen que bastante más cómodo tocar la guitarra. Considere la adquisición de algunos de estos artilugios, pero medítelo, pues a menudo valen su peso en oro. La figura 16-4 muestra estos artilugios, que definimos en la siguiente lista (que no sigue ningún orden en particular):

✔ **Pilas:** Los afinadores, los pedales de efectos e incluso algunas guitarras funcionan con pilas. Hágase con un par de pilas de 9 voltios y con unas cuantas de tipo AA y guárdelas en una bolsa de plástico cerrada.

✔ **Pivotes del puente:** Estas pequeñas piezas de plástico fijan las cuerdas al puente en su guitarra acústica. La razón es la siguiente: si pierde una (porque se le cae al mar en un muelle o bien entre la hierba campestre), no podrá encontrar nada que la sustituya. Las cerillas son lo más parecido, pero ¿quién las lleva encima hoy en día? La próxima vez que esté en la tienda de música comprando cuerdas, acuérdese de comprar también un par de pivotes del puente.

✔ **Cables:** Un cable que cruje no es divertido ni para usted ni para su público. Ese desagradable sonido significa que las conexiones están desgastadas y en mal estado, y es algo muy normal. Tenga siempre a mano cables de repuesto, tanto de los largos (para conectar la guitarra a un efecto o a un amplificador) como de los cortos (para conexiones entre pedales).

✔ **Grabadora de casete:** No deje caer en el olvido un momento musical de los que sólo pasan una vez en la vida por no tener una grabadora a mano. Uno nunca sabe cuándo va a llegar la inspiración. Si usted toca con otra gente (y especialmente si ellos pueden enseñarle algo) mantenga la grabadora a mano para poder guardar los *licks*, *riffs* y otros movimientos inspirados para estudiarlos después. Las grabadoras de microcasete son estupendas porque caben bien en la funda de su guitarra. Cuando empiece a grabar bien sus ideas, puede incluso considerar llevarse una grabadora de cuatro pistas (que le permite hacer *overdubs* o añadir partes instrumentales a pistas ya existentes). Puede crear arreglos con varias partes con una grabadora de cuatro pistas, en lugar de estar limitado a las ideas más sencillas que puede captar en una grabadora de cassette normal. Puede conseguir un equipo de grabación de cuatro pistas por menos de doscientos euros.

✔ **Trapo:** Siempre debe limpiar su guitarra después de tocar, para retirar el sudor y la grasa corporal que pueden corroer las cuerdas y ensuciar el acabado. El algodón es bueno y la gamuza, mejor. Al menos limpie el diapasón antes de poner la guitarra en la funda, y si está tocando con manga corta, déle también una pasada a la tapa.

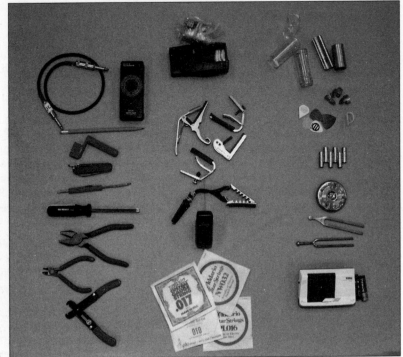

Figura 16-4:
Algunos accesorios útiles destinados a hacer la vida del guitarrista un poco más fácil

✔ **Tapones para los oídos:** Si toca la guitarra eléctrica y toca con frecuencia con otras personas, es muy recomendable llevar tapones para los oídos. Los oídos son su tesoro más valioso; son incluso más importantes que los dedos. No los dañe exponiéndolos a altos niveles de ruido en los ensayos. Compre tapones para los oídos fabricados especialmente para escuchar música; *atenúan* (reducen) todo el espectro de frecuencias por igual. Así que es como oír la música original, sólo que más suave. Muchos guitarristas son partidarios de los tapones para los oídos, entre ellos Pete Townshend, de los Who, quien asegura haber sufrido una significativa pérdida de audición como resultado de la prolongada exposición a volúmenes altos.

✔ **Lápiz y papel:** Lleve siempre consigo algo con lo que pueda escribir. De esa manera, podrá apuntar letras, un acorde nuevo que alguien le enseñe, una chuleta para aprender una progresión de acordes en un momento, o incluso escribir una nota secreta a otro músico. ("Por favor, dile a tu bajista que baje el volumen, que ya he perdido tres empastes".)

✔ **Destornillador reversible:** Téngalo a mano para fijar cualquier cosa, desde una pastilla que traquetea hasta un tornillo suelto en una clavija de afinación. Consiga uno que tenga tanto punta cruciforme como punta de filo recto.

✔ **Encordador:** Esta barata manivela (dos euros) gira las llaves de afinación unas diez veces más rápido de lo que puede hacerlo usted a mano. Por el mismo precio, estos artefactos incluyen una muesca que es perfecta para retirar los pivotes del puente que se han quedado atascados en su acústica.

✔ **Alicates/alicates de corte:** Al fin y al cabo, las cuerdas son cables. Al cambiar las cuerdas, use los alicates de corte para recortar la parte sobrante de la cuerda y use los otros alicates (de punta alargada) para extraer de las clavijas de afinación los restos de una cuerda rota que aún se le resistan.

Otros chismes que puede pensar si meter o no en su mochila, bolsa de deporte o caja de accesorios son los siguientes:

✔ **Diapasón de horquilla:** Estos aparatos de afinación de baja tecnología nunca vienen mal por si le falla la pila del afinador electrónico o si se lo pisa el torpe del batería. Estos artefactos son como los remos en el moderno mundo de las lanchas motoras y los barcos de vela: cuando ya no queda combustible y el viento deja de soplar, todavía podemos emplear nuestra propia fuerza.

✔ **Linterna de mano:** No es necesario que espere a que sea de noche para utilizar una linterna. La oscuridad y el pequeño tamaño de algunas piezas plantea un problema para diagnosticar, por ejemplo, un sencillo problema eléctrico. Puede mantener una linternita entre los dientes mientras fija en la parte de atrás del amplificador un cable de altavoz.

✔ **Probador de cables y voltímetro/ohmiómetro:** Estos artículos cuestan respectivamente unos diez y veinte euros, y se amortizan en cuanto diagnostican un cable malo o invertido. Aprenda a usar el voltímetro/ohmiómetro con su equipo (es decir, sepa con qué corriente cuenta y cuáles son los ajustes apropiados en el medidor). Puede impresionar a sus amigos con sus aptitudes para la técnica.

✔ **Fusibles:** Cualquier lugar nuevo puede tener unas pautas de cableado imprevisibles que podrían causar estragos en su equipo, especialmente en el amplificador. La primera línea de defensa de su amplificador son los fusibles. Si la corriente tiene un comportamiento extraño, el fusible saltará y usted tendrá que sustituirlo para conseguir que el amplificador funcione de nuevo.

✔ **Cinta aislante:** Es el bicarbonato sódico del músico, un producto de múltiples utilidades que soluciona mil males. Puede usar cinta aislante para solucionarlo todo, desde un cordal traqueteante hasta la rotura de la pieza de sujeción de un micrófono. Incluso el propio rollo es práctico: puede usarlo para inclinar el amplificador para controlarlo mejor. Use cinta aislante para fijar el tapizado de su coche o incluso para remendar los agujeros de sus vaqueros, en el escenario o fuera de él. En algunos ambientes incluso está de moda.

Capítulo 17

El cambio de cuerdas

· ·

En este capítulo

▶ Cambiar las cuerdas a una guitarra acústica de cuerdas de acero

▶ Cambiar las cuerdas a una guitarra de cuerdas de nailon

▶ Cambiar las cuerdas a una guitarra eléctrica

· ·

Mucha gente piensa que sus guitarras son instrumentos delicados y frágiles, tanto que hasta parecen reacios a afinar sus cuerdas, por no hablar de cambiarlas. Aunque evidentemente usted ha de ser cuidadoso para no dejar caer o para no rayar su guitarra (quemarla al estilo Jimi Hendrix suele causar daño *significativos*), no tenga miedo de cambiar, afinar o tensar en exceso las cuerdas de la guitarra. La realidad es que las guitarras son increíblemente resistentes y pueden soportar kilos y kilos de tensión de las cuerdas, y lo aguantan todo aunque las toquen los guitarristas más enérgicos.

Cambiar las cuerdas no es algo de lo que deba avergonzarse, así que: no dude ni un momento en hacerlo. La tarea es algo así como darle un baño a su perro: es bueno para el perro, usted estará contento de haberlo hecho y le da una oportunidad para estar más cerca de su mejor amigo. De manera similar, cambiar las cuerdas de su guitarra tiene pocas desventajas: mejora el sonido de la guitarra, le ayuda a prevenir la rotura de las cuerdas en momentos inoportunos y le ayuda a usted a identificar otros problemas de mantenimiento. Durante el cambio de cuerdas periódico, por ejemplo, puede descubrir una muesca crecida en el puente o una clavija de afinación suelta o traqueteante. (Tratamos estas enfermedades más a fondo en el capítulo 18.)

Estrategias para el cambio de cuerdas

Las viejas guitarras mejoran con la edad, pero las cuerdas simplemente van a peor. Las primeras veces que tocamos con unas cuerdas nuevas obtenemos de ellas su mejor sonido. Luego se deterioran gradualmente hasta que se rompen o usted no puede soportar su sonido gris y apagado. Las cuerdas viejas suenan de un modo aburrido y carente de vida, además pierden su *extensibilidad* (su capacidad para aguantar la tensión), haciéndose quebradizas. Esto hace que las cuerdas se perciban como más rígidas y difíciles de digitar, y como las cuerdas no se alargan tanto como para alcanzar el traste, se ponen más tirantes, provocando que las notas se desafinen hacia arriba, especialmente en la parte alta del mástil.

Debe usted reemplazar todas las cuerdas de una vez, a no ser que rompa una y tenga que sustituirla rápidamente. Las cuerdas suelen desgastarse más o menos al mismo ritmo, de manera que si usted sustituye las cuerdas viejas por unas nuevas simultáneamente, las cuerdas empezarán la carrera contra el tiempo en pie de igualdad.

La lista siguiente le indica qué condiciones deberían impulsarlo a usted a cambiar de cuerdas:

✔ Las cuerdas presentan signos visibles de corrosión o están cubiertas de suciedad.

✔ No suenan afinadas al ser pisadas, parecen más agudas, especialmente en el registro más alto.

✔ Ha olvidado la última vez que las cambió, tiene una importante actuación y no quiere arriesgarse a que se le rompa alguna.

Quitar las cuerdas usadas

Obviamente, para poner una cuerda nueva, tiene que quitar la vieja. A no ser que usted tenga verdadera prisa (por ejemplo si se encuentra en mitad de la primera estrofa, intentando poner una cuerda nueva y afinarla para cuando llegue el solo), puede quitar cualquier cuerda girando la llave de afinación para aflojarla tanto que pueda agarrar la cuerda desde el centro y arrancarla de la clavija. No hace falta desenrollarla del todo por medio de la llave.

Un método más rápido es simplemente cortar la cuerda vieja con alicates de corte. Parece raro y brutal cortar una cuerda, pero ni la repentina distensión ni el corte en sí mismo hacen daño a la guitarra. Sí sufre mucho la cuerda vieja, pero esto no debe afectarle. (Tenemos autoridad suficiente para afirmar que las cuerdas de las guitarras no tienen terminaciones nerviosas.)

La única razón para *no* cortar la cuerda es guardarla como recambio, en caso de que la nueva se rompa mientras la está poniendo (es poco frecuente, pero puede ocurrir). Una cuerda usada es mejor que nada.

Un error muy común es pensar que se debe mantener en todo momento una tensión de cuerdas constante en el mástil de la guitarra. Puede que oiga decir que debe sustituir las cuerdas de una en una porque retirar todas las cuerdas a la vez es malo para la guitarra, pero no es así en absoluto. Sustituir las cuerdas de una en una es *práctico* debido a la afinación, pero no es más sano para la guitarra. Las guitarras son mucho más fuertes de lo que creemos.

Quite como quite la cuerda usada, una vez que la haya retirado estará usted preparado para poner la nueva. Los métodos para poner cuerdas nuevas a una guitarra difieren ligeramente según si usted está poniendo cuerdas nuevas a una guitarra acústica, a una clásica o a una eléctrica.

Poner cuerdas a una guitarra acústica de cuerdas de acero

Por lo general, es más fácil ponerle las cuerdas a una guitarra acústica que a una eléctrica o una clásica (lo veremos en secciones posteriores de este capítulo).

Cambiar las cuerdas paso a paso

A continuación le ofrecemos las instrucciones, paso a paso, para que pueda poner cuerdas nuevas a su guitarra. Usted dispone de dos lugares a los que sujetar su cuerda nueva: el puente y el clavijero. Empiece por sujetar la cuerda al puente, que es bastante más sencillo.

Paso 1: Sujetar la cuerda al puente

Las guitarras acústicas tienen un puente con seis agujeros que conducen al interior de la guitarra. Para fijar una cuerda nueva al puente, siga estos pasos:

1. **Retire la cuerda vieja (consulte la sección "Quitar las cuerdas usadas") y saque el pivote del puente.**

   Los pivotes del puente a veces se quedan encajados, así que puede que usted necesite un cuchillo de mesa para lograr sacarlos, pero tenga cuidado de no rayar la madera. Una alternativa mejor es el borde estriado de un encordador o incluso unos alicates alargados. (Para más información sobre los encordadores consulte el capítulo 16.)

2. **Coloque el extremo de la cuerda nueva que tiene un pequeño anillo metálico (llamado *bola*) dentro del agujero que contenía el pivote del puente.**

   Simplemente métalo en el agujero unos centímetros. (No importa cuánto, porque va a subirlo enseguida.)

3. **Vuelva a fijar firmemente el pivote del puente en el agujero, con la ranura hacia arriba (hacia la cejuela).**

   La ranura proporciona un canal para que salga la cuerda. La figura 17-1 muestra la colocación correcta de la nueva cuerda y del pivote del puente.

4. **Tire suavemente de la cuerda hasta que la bola quede de nuevo apoyada en el extremo inferior del pivote. Mantenga el dedo pulgar sobre el pivote para que no salte.**

   Tenga cuidado de no enrollar la cuerda al tirar de ella.

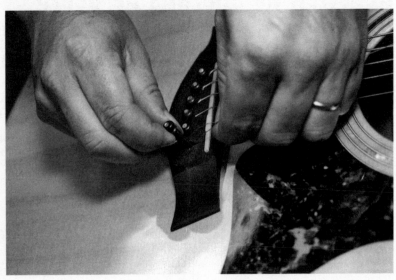

Figura 17-1:
Cómo colocar la cuerda nueva en el puente y fijar el pivote del puente

5. **Pruebe la cuerda tirando con suavidad de ella.**

Si usted no nota que la cuerda se mueva, la bola está ajustada contra el pivote del puente y usted está preparado para fijar la cuerda a la clavija de afinación, como describe la siguiente sección.

Paso 2: Sujetar la cuerda a la clavija de afinación

Después de sujetar firmemente la cuerda al pivote del puente, puede centrar su atención en el clavijero. Los pasos son ligeramente diferentes para las cuerdas agudas (*sol*, *si*, *mi*) y para las graves (*mi*, *la*, *re*). Ha de enrollar las cuerdas agudas en el sentido de las agujas del reloj, y las cuerdas graves en el sentido contrario al de las agujas del reloj.

Para atar una cuerda aguda a la clavija de afinación, siga estos pasos:

1. **Pase la cuerda por el agujero de la clavija.**

Deje suficiente holgura entre el puente y la clavija de afinación para que pueda enrollar la cuerda alrededor de la clavija varias veces.

2. **Gire (o doble) el cable de metal hacia el interior de la guitarra.**

La figura 17-2 muestra cómo doblar la cuerda para prepararla para enrollarla.

Figura 17-2:
Cuerda doblada hacia el interior del clavijero, con holgura suficiente para enrollarla

3. Mientras con una mano mantiene la cuerda tirante contra la clavija, gire la llave en el sentido de las agujas del reloj con la otra mano.

Este paso es un poco delicado y requiere cierta destreza manual (pero ésta también es necesaria para tocar la guitarra, ¿verdad?). No pierda de vista la clavija para asegurarse de que cuando la cuerda se enrolle alrededor de la clavija lo haga *hacia abajo, hacia la superficie interior del clavijero*. La figura 17-3 muestra cómo quedan enrolladas las cuerdas en las clavijas. Asegúrese de que las cuerdas entren en la ranura correcta de la cejuela. No se desanime si no consigue que sus cuerdas queden exactamente con el mismo aspecto que las que aparecen en la figura 17-3. Conseguir que todo vaya sobre ruedas exige cierta práctica.

Enrollarla de manera descendente abajo en la clavija aumenta lo que se llama *ángulo de ruptura*. El ángulo de ruptura es el ángulo que existe entre la clavija y la cejuela. Un ángulo más agudo lleva más tensión a la cejuela y crea un mejor *sustain*, la duración de una nota en el tiempo. Para lograr el máximo ángulo, enrolle la cuerda para que se asiente lo más posible en la base inferior de la clavija. (Esto es aplicable a todas las guitarras, no sólo las acústicas.)

Para sujetar una cuerda grave, siga los pasos de arriba, con la salvedad de que debe enrollar las cuerdas en sentido *contrario a las agujas del reloj* en el paso 3, para que la cuerda ascienda por en medio y deje la clavija a la izquierda (estando usted frente al clavijero).

Figura 17-3:
Las cuerdas agudas se envuelven alrededor de las clavijas siguiendo las agujas del reloj; las cuerdas graves lo hacen en sentido contrario a las agujas del reloj

Si le parece que ha dejado demasiada holgura, desenrolle la cuerda y empiece de nuevo, doblando la cuerda más abajo. Si no deja suficiente holgura, la cuerda al girar no recorrerá todo la clavija hacia abajo, lo que puede dar como resultado que la cuerda resbale si no tiene la suficiente longitud para agarrarse con firmeza a la clavija. Esto tampoco es una tragedia. Simplemente deshaga lo que ha estado haciendo e inténtelo de nuevo. Al igual que puede ocurrir al tratar de conseguir que los dos extremos de la corbata tengan la misma longitud, puede que necesite un par de intentos para hacerlo bien.

Afinar las cuerdas

Después de sujetar la cuerda alrededor de la clavija, puede empezar a oír cómo el sonido de la cuerda va subiendo. Cuando la cuerda empiece a estar estirada, colóquela en la correspondiente ranura de la cejuela. Si está cambiando las cuerdas una por una, puede simplemente afinar la cuerda nueva con respecto a las viejas, que presumiblemente estarán relativamente afinadas. Vaya al capítulo 2 para repasar los rudimentos de la afinación de la guitarra.

Una vez consiga tener la cuerda en la nota correcta, tire un poco de ella en diversos puntos de su extensión para estirarla un poco. Esto puede provocar que la afinación de la cuerda descienda un poco (a veces drásticamente si ha dejado algunas vueltas flojas en la clavija), así que devuélvala a su afinación girando la llave. Repita el proceso de afinar y estirar dos o tres veces para ayudar a que las cuerdas nuevas mantengan la afinación.

Utilizar un encordador para girar rápidamente las llaves acorta el proceso de enrollar la cuerda de manera considerable. Los encordadores también presentan unas muescas en la manivela que pueden ayudarle a retirar un pivote que se haya quedado atascado en el puente. Simplemente asegúrese de no perder el pivote porque éste salga volando. El capítulo 16 contiene más información acerca de los encordadores.

Cuando la cuerda esté afinada y estirada, estará usted preparado para cortar la cuerda sobrante que asoma desde la clavija. Puede recortar la cuerda con alicates de corte (si los tiene) o bien doblar la cuerda una y otra vez en el mismo punto hasta que se rompa.

Haga lo que haga, nunca deje sobresalir las cuerdas. Podrían darle en el ojo a usted o a alguien que esté a su lado (como el bajista) o pincharle en la yema del dedo.

Poner cuerdas a las guitarras de cuerdas de nailon

Poner cuerdas a una guitarra de cuerdas de nailon es diferente de ponerlas a una acústica de cuerdas de acero, porque las dos se diferencian tanto el puente como en las clavijas. Las guitarras de cuerdas de nailon no llevan pivotes de puente (en lugar de esto, las cuerdas están atadas), y los clavijeros tienen ranuras y rodillos, no clavijas normales.

Cambiar las cuerdas paso a paso

En cierto sentido, las cuerdas de nailon son más fáciles de manejar que las cuerdas de acero porque el nailon no "salta" tanto como el acero. Amarrar la cuerda a la clavija de afinación, sin embargo, puede ser un poco más peliagudo. Tal y como se hace con la acústica de cuerdas de acero, empiece por fijar la cuerda por el extremo del puente y dirija después su atención al clavijero.

Paso 1: Sujetar la cuerda al puente

Mientras que las cuerdas de una acústica de cuerdas de acero tienen una bola en uno de los extremos, las cuerdas de nailon no tienen esa bola: los dos extremos están sueltos. (Bueno, se *pueden* comprar juegos de cuerdas de nailon que terminan en bola, pero no son las que se suelen utilizar.) Por lo tanto, usted puede atar cualquiera de los dos extremos al puente. Si los extremos son diferentes, sin embargo, emplee el que no esté ligeramente rizado. Simplemente siga estos pasos:

1. Quite la cuerda usada, como describimos en la sección "Quitar las cuerdas usadas", anteriormente en este capítulo.

2. Pase una de las cuerdas nuevas a través del correspondiente agujero del puente, hacia el exterior de la guitarra, dejándola asomar unos cuatro centímetros por el agujero posterior.

3. Fije la cuerda llevando el extremo por encima del puente y pasándolo bajo la parte larga de la cuerda, como aparece en la figura 17-4a. Después, por encima del puente, pase el extremo corto por debajo, por arriba, y otra vez por debajo de sí mismo (como si enrollara una cuerda sobre sí misma), como aparece en la figura 17-4b.

Puede que necesite un par de intentos para conseguir que el extremo tenga exactamente la longitud correcta, para que no quede demasiada cuerda suelta sobre el puente. (También se puede cortar la cuerda sobrante.)

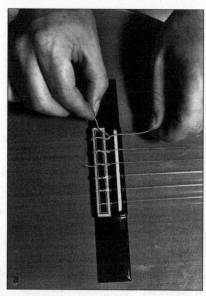

Figura 17-4:
Atar la cuerda al puente

4. **Tire del extremo largo de la cuerda con una mano y manipule el nudo con la otra para eliminar el exceso de holgura y hacer que el nudo quede plano contra el puente.**

Paso 2: Sujetar la cuerda a la clavija de afinación

En una guitarra de cuerdas de nailon, las clavijas de afinación (llamadas *rodillos*) quedan dentro y a los dos lados del clavijero, en lugar de atravesarlo perpendicularmente como en una guitarra acústica de cuerdas de acero o en una guitarra eléctrica. Esta configuración se conoce como *clavijero encajado*.

Para atar la cuerda a la clavija de afinación en un clavijero encajado, siga estos pasos:

1. **Pase la cuerda por el agujero del rodillo (la clavija de afinación). Lleve el extremo de la cuerda hacia usted tirando de ella**

una vez pasada por la clavija; después pase la cuerda por debajo de sí misma delante del agujero. Suba el extremo de la cuerda de manera que la parte larga de la cuerda (la parte atada al puente) quede sobre el recodo en forma de *U* que acaba de crear, como se muestra en la figura 17-5a.

Haga que la curva venga de fuera (es decir, de la izquierda en las tres cuerdas más graves, y de la derecha en las tres cuerdas más agudas).

2. **Pase el extremo corto por debajo y por encima de sí mismo, enrollándolo dos o tres veces.**

Al hacerlo el extremo suelto debería quedar atado firmemente, como aparece en la figura 17-5b, e impedir que la cuerda se salga del agujero.

3. **Gire la llave de manera que la cuerda se enrolle por encima del nudo que acaba de formar, aplastándolo contra la pared del clavijero.**

4. **Tire de la parte larga de la cuerda hacia el clavijero con una mano y gire la llave con la otra mano.**

Enrolle las vueltas de la cuerda hacia el exterior del clavijero.

Figura 17-5:
Crear una curva en forma de *U* con el lado corto de la cuerda (a). Anudar para fijar el extremo corto de la cuerda (b)

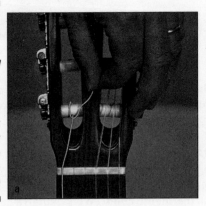
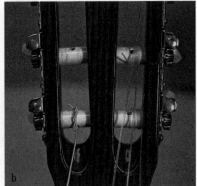

Afinar las cuerdas

Si usted sigue girando la llave, la cuerda se acerca lentamente a su afinación. Las cuerdas de nailon, como las cuerdas de acero, necesitan una buena sesión de estiramientos, así que una vez que la cuerda esté afinada inicialmente, agárrela por diferentes puntos y tire de ella, y afínela otra vez después. Repita este proceso dos o tres veces para mantener la guitarra afinada durante más tiempo.

Recorte la cuerda sobrante cuando acabe con las seis cuerdas. Las cuerdas de nailon no son tan peligrosas como las cuerdas de acero si sobresalen, pero la cuerda sobrante hace feo y además los guitarristas clásicos son un poco más quisquillosos que los guitarristas de acústica con el aspecto del instrumento.

Poner cuerdas a una guitarra eléctrica

En general, los guitarristas eléctricos necesitan cambiar de cuerdas con más frecuencia que los guitarristas acústicos o clásicos. Como cambiar las cuerdas es algo tan frecuente en las guitarras eléctricas, los fabricantes se toman este tema cada vez más en serio, de manera que esto facilita y acelera mucho los cambios de cuerdas. De los tres tipos de guitarras (acústicas con cuerdas de acero, clásicas y eléctricas), las más cómodas en el momento del cambio de cuerdas son con diferencia las eléctricas.

Cambiar las cuerdas paso a paso

Al igual que haría con las guitarras acústicas de cuerdas de acero y de cuerdas de nailon, empiece a ponerle cuerdas a una guitarra eléctrica fijando la cuerda al puente para después atarla al clavijero. Las cuerdas eléctricas se parecen a las cuerdas de las acústicas de cuerdas de acero en que sus extremos terminan en bolas y son metálicas, pero las cuerdas de eléctrica tienen normalmente un calibre menor que las cuerdas de las acústicas de cuerdas de acero y la 3ª cuerda no está entorchada, mientras que la de una guitarra acústica de cuerdas de acero sí lo está. (Una 3ª cuerda de una guitarra de cuerdas de nylon tampoco está entorchada, sino que es una cuerda de nailon más gruesa.)

Paso 1: Sujetar la cuerda al puente

La mayor parte de las guitarras eléctricas utilizan un método sencillo para fijar la cuerda al puente. Se pasa la cuerda por un agujero que hay en el puente (a veces reforzado con un ojal o *grommet*), el cual es más pequeño que la bola que hay al final de la cuerda, de manera que la bola mantiene la cuerda en su sitio exactamente igual que el nudo al final de un hilo al coser. En algunas guitarras (como la Fender Telecaster), los ojales están anclados en el cuerpo y las cuerdas se insertan por la parte trasera del instrumento, a través de un agujero que desemboca en el puente.

La figura 17-6 muestra dos diseños para la sujeción de las cuerdas en las guitarras eléctricas: en el puente situado en la tapa y por la parte trasera. Los pasos siguientes le indican cómo sujetar las cuerdas al puente.

1. **Quite la cuerda usada como le describimos anteriormente en este capítulo en la sección "Quitar las cuerdas usadas".**

2. **Sujete la cuerda al puente pasándola por el agujero (desde la parte inferior o desde detrás de la guitarra) hasta que la bola le impida seguir tirando.** Hecho esto, ya está usted preparado para pasar a la clavija de afinación. Esto es así en casi todas las guitarras salvo unas pocas (como las que disponen de un puente Floyd Rose, del que hablaremos al final del capítulo).

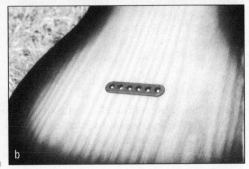

Figura 17-6: Las cuerdas pasan por el puente en dirección al clavijero (a). Las cuerdas pasan por el puente desde la parte de atrás de la guitarra (b)

Paso 2: Sujetar la cuerda a la clavija de afinación

En la mayoría de los casos, las clavijas de una eléctrica se parecen a las de una acústica de cuerdas de acero. Las clavijas sobresalen perpendicularmente del clavijero. A través de los agujeros de las clavijas introducimos las cuerdas, luego las enroscamos poniendo especial cuidado en que la cuerda se enrosque hacia la superficie del clavijero. Con la otra mano se sujeta la cuerda para guiar el movimiento. Consulte la figura 17-2 para ver cómo introducir la cuerda en la clavija, cómo prepararla para enrollarla y cuánta holgura conviene dejar.

Algunas guitarras eléctricas, en particular los modelos Stratocaster y Telecaster de Fender, presentan *guías para las cuerdas*, que son pequeños canales fijados a la superficie del clavijero que hacen descender hacia el clavijero las dos o cuatro cuerdas más altas de la guitarra. Si su guitarra tiene guías, asegúrese de pasar las cuerdas por ellas.

Algunas clavijas de afinación presentan un *mecanismo de fijación*, para que usted no tenga que preocuparse de las vueltas, la holgura y todas esas cosas. Dentro del agujero de la clavija hay un dispositivo semejante a un tornillo que frena la cuerda. Un selector *acordonado* (dentado) situado bajo el clavijero tensa y afloja el tornillo. Quizá la compañía más conocida que fabrica este dispositivo de fijación sea Sperzel.

Algunas guitarras tienen clavijas con ranuras en lugar de agujeros. Estos dispositivos también permiten los cambios rápidos de cuerdas, porque sólo hay que colocar la cuerda en la ranura por encima de la clavija, enroscarla y empezar a enrollar. No necesita ni siquiera dejar ninguna holgura para las vueltas.

El caso especial del puente Floyd Rose

La música rock de los años ochenta utilizó mucho la palanca de vibrato o de trémolo y del *puente flotante* (en el que el puente no está fijo, sino que está sujeto por un conjunto de resortes).

Sin embargo, los puentes flotantes al uso no estaban pensados para los abusos de guitarristas tan creativos como Steve Vai o Joe Satriani, así que los fabricantes desarrollaron mejores técnicas para asegurar que los puentes volvieran a su posición original manteniendo la afinación de las cuerdas.

Floyd Rose inventó el mecanismo de mayor éxito. Utilizó su propio diseño patentado para combinar un sistema de puente móvil y de alta precisión con una *cejuela de bloqueo* (un dispositivo a modo de abrazadera que sustituye a la cejuela normal).

Las cuerdas se introducen en el puente por la tapa, no por detrás de la guitarra, y con una notable diferencia: los guitarristas deben recortar el extremo acabado en bola antes de sujetar la cuerda, para que el extremo pueda entrar en el diminuto mecanismo de tornillo que mantiene la cuerda en su sitio. Si tiene un Floyd Rose, debería llevar un juego de cuerdas de repuesto con las bolas quitadas, o al menos tener siempre a mano un alicate de corte.

Como el puente Floyd Rose incluye una cejuela de bloqueo, enrollar la cuerda en la clavija no tiene una importancia tan crítica. Después de bloquear la cejuela (empleando una pequeña llave Allen, en forma de *L*), da igual lo que hagamos con las clavijas, pues se lleva a cabo toda la afinación utilizando los botones estriados situados en el puente. Estos botones son conocidos como microafinadores, y sus movimientos son mucho más sutiles y precisos que los de las clavijas de afinación habituales.

Poner las cuerdas a una guitarra eléctrica provista de un sistema Floyd Rose lleva algo más de tiempo que hacerlo en una guitarra eléctrica normal, pero si tiene pensado tocar mucho con la palanca de vibrato, un puente Floyd Rose bien merece el esfuerzo.

Capítulo 18

En forma: mantenimiento y reparaciones básicas

En este capítulo

▶ Limpiar la guitarra

▶ Proteger la guitarra

▶ Mantener el entorno adecuado

▶ Hacer ajustes y reparaciones uno mismo

*L*as guitarras son creaciones sorprendentemente fuertes. Puede usted someterlas a un riguroso programa de actuaciones, tenerlas despiertas toda la noche, golpearlas sin cesar, pero ellas ni se inmutan.

En términos generales, las guitarras nunca quedan inutilizadas por el uso, aunque puede que tenga que sustituir algunas partes y realizar pequeños retoques a lo largo del tiempo. A diferencia de su coche o de su cuerpo, no hace falta demasiado para mantener la guitarra en un excelente estado.

Si no se excede con ella o la somete a condiciones extremas, una guitarra no sólo se mantiene estructuralmente fuerte durante décadas, sino que también seguirá sonando afinada y se sostendrá cómodamente en las manos. De hecho, las guitarras *mejoran* con la edad y con el uso. ¡Todos deberíamos tener esa suerte!

Aun así, evitar que una guitarra sufra algún daño o necesite unas cuantas reparaciones a lo largo de su vida es prácticamente imposible. Usted puede y debe practicar un buen mantenimiento de su guitarra y, si se estropea, usted mismo debería poder llevar a cabo las reparaciones en la mayoría de los casos. Pero si tiene alguna duda acerca de sus propias aptitudes técnicas (o si es usted un manazas redomado), acuda a un especialista.

Con algunas reparaciones que puede realizar usted mismo puede eliminar traqueteos, levantar y bajar las cuerdas en el puente, limpiar, sustituir alguna pieza gastada o rota y cambiar las cuerdas. Además, le hemos dedicado todo el capítulo 17 al cambio de cuerdas, así que échele un vistazo si quiere sustituir una cuerda gastada o rota.

Antes de empezar con los aspectos concretos del mantenimiento y las reparaciones, le puede ser útil consultar esta guía rápida para diagnosticar cualquier problema que quizá ya tenga su guitarra. Eche un vistazo a la tabla 18-1 para ver si su guitarra sufre de algunos de estos males musicales.

Tabla 18-1	Problemas de la guitarra y soluciones	
Síntoma	*Solución*	*Consultar sección*
Las cuerdas han perdido lustre, resultan difíciles de tocar o suenan demasiado agudas al oprimirlas contra el mástil	Cambiar las cuerdas (consulte el capítulo 17) y limpiar las cuerdas nuevas después de cada uso para alargar su vida	Quitar la suciedad: las cuerdas
Madera sucia o sin brillo	Limpiar con algodón o gamuza, aplicar pulimento para guitarras	Quitar la suciedad: la madera
Aspecto grasiento o sin brillo	Limpiar con trapo, aplicar abrillantador de plata	Quitar la suciedad: los elementos metálicos
La guitarra se hincha y cruje debido a la absorción de humedad o está demasiado seca debido a la falta de humedad.	Colocar en un entorno de humedad controlada de 45-55 por ciento a temperatura ambiente (18-24º C)	Un entorno saludable para la guitarra: grado de humedad
Traqueteo o zumbido de los elementos metálicos al tocar	Fijar la conexión suelta con un destornillador o llave	Reparaciones que puede hacer usted mismo: ajustar conexiones sueltas

Síntoma	Solución	Consultar sección
Dificultad para digitar porque las cuerdas están demasiado altas, o zumbidos porque las cuerdas están demasiado bajas	Bajar o subir la selleta del puente	Ajustar el mástil y el puente: acción
El mástil se abomba hacia fuera (alejándose de las cuerdas) entre los trastes séptimo y duodécimo, provocando que las cuerdas estén demasiado altas y sean difíciles de pisar	Tensar el alma (la barra tensora) para hacer que el mástil se arquee hacia arriba ligeramente	Ajustar el mástil y el puente: tensar y aflojar (el alma) la barra tensora
El mástil se abomba hacia dentro (hacia las cuerdas) entre los trastes séptimo y duodécimo, provocando que las cuerdas estén demasiado bajas y haciendo que las cuerdas zumben	Aflojar barra tensora para hacer que el mástil se combe levemente	Ajustar el mástil y el puente: tensar y aflojar la barra tensora
Las cuerdas desafinan por encima de la nota o desafinan por debajo	Ajustar la entonación moviendo la selleta del puente hacia el puente o ajustar la entonación moviendo la selleta del puente hacia la cejuela	Ajustar el mástil y el puente: entonación
Las clavijas de afinación se rompen o los mecanismos se estropean	Comprar e instalar el recambio, asegurándose de que los agujeros estén alineados exactamente con los agujeros ya existentes en el clavijero	Sustituir las partes gastadas o viejas: clavijas

(continúa)

Síntoma	Solución	Consultar sección
El enganche de la correa se ha aflojado y no se mantiene fijo	Aplicar masilla de madera plástica o cola blanca y cambiar, dejando que la sustancia se seque completamente	Sustituir piezas gastadas o viejas: enganches de las correas
El puente móvil tiene demasiado movimiento o está demasiado suelto; el puente está rígido y no responde bien al movimiento de la palanca de vibrato	Cambiar, tensar o añadir muelles al cordal en la cavidad de la parte trasera; retirar los muelles o soltar la placa	Sustituir piezas gastadas o viejas: muelles del puente
Chisporroteos del control de tono o volumen o selector de pastilla	Mover una y otra vez con fuerza el botón o interruptor para hacer salir la suciedad	Sustituir piezas gastadas o viejas: controles que crujen
Salida de la pastilla que cruje	Soldar de nuevo el cable flojo o roto a la orejeta apropiada	Sustituir piezas gastadas o viejas: salidas sueltas
Las pastillas se rompen, se desgastan o ya no producen el sonido deseado	Comprar un juego de pastillas, seguir las instrucciones, soldar con cuidado todas las conexiones	Sustituir piezas gastadas o viejas: sustitución de pastillas

Limpiar la guitarra

El mantenimiento más sencillo es la limpieza. Debe limpiar su guitarra regularmente o, de forma intuitiva, cada vez que se ensucie. Si una guitarra se ensucia, no es como que usted llegue a casa con barro en la camisa y manchas de hierba en los pantalones, pero sí va acumulando poco a poco la suciedad si no se toman medidas.

Quitar la suciedad

A no ser que usted viva en una burbuja, el polvo y la suciedad son parte del entorno. Algunos objetos simplemente parecen atraer el polvo (por ejemplo los televisores), y las guitarras desde luego atraen su buena parte. Si el polvo se acumula bajo las cuerdas, en el clavijero y en el puente, puede limpiarlo con un paño o con un plumero. Los plumeros pueden parecer artefactos ridículos que sólo utilizan las sirvientas en las películas antiguas, pero tienen una función: retiran el polvo de un objeto sin ejercer ninguna presión (que podría rayar un acabado delicado). Así que, aunque no emplee un plumero (o si su traje de sirvienta está en la tintorería), siga el ejemplo de Alice, de *La tribu de los Brady*, y limpie el polvo con suavidad.

Cuando el polvo se mezcla con la humedad natural de las manos y dedos (y del antebrazo, si usted toca con manga corta, sin camisa o en cueros), ese polvo se convierte en mugre. Esta mugre puede pegarse a todas las superficies, pero es especialmente perceptible en las cuerdas.

Las cuerdas

Los fluidos naturales de las yemas de los dedos bañan las cuerdas cada vez que usted toca. No podemos ver esa capa grasienta, pero está ahí, y con el tiempo estos líquidos corroen el material de la cuerda y crean una acumulación mugrienta que no sólo es un poco asquerosa, sino que también perturba al tocar y con el tiempo puede llegar a dañar la madera. La suciedad de las cuerdas hace que el sonido de éstas se apague con más rapidez al gastarse éstas más rápidamente de lo normal; si usted deja que este estado se prolongue demasiado, la suciedad de las cuerdas puede hasta filtrarse por los poros del mástil. ¡Puaj!

La mejor manera de combatir la amenaza de una concentración de porquería es limpiar las cuerdas cada vez que toque, justo antes de volver a meter la guitarra en la funda. (Fíjese en que estamos dando por supuesto que usted mete la guitarra de nuevo en la funda, otra buena medida prevención, consulte el capítulo 16.) La gamuza es un gran material para limpiar las cuerdas porque hace las veces de un paño para lustrar; también funciona bien un trapo de algodón (limpio, claro, y *no* use trapos desechables, por favor). Los pañuelos o bandanas pueden darle a usted el aspecto de un Willie Nelson o una Janis Joplin, pero no están hechos de un buen material absorbente (así que déjese el pañuelo en el cuello o en la cabeza y no limpie la guitarra con él).

Dé a las cuerdas un limpiado general con un paño y después agarre cada cuerda entre el pulgar y el índice, y con el paño entre ellos, deslice la mano hacia arriba y abajo a lo largo de toda la cuerda. Esto limpia la cuerda por toda su circunferencia y la limpia de toda la porquería. Eso es todo lo que usted tiene que hacer para mantener las cuerdas limpias y alargar su vida útil por mucho tiempo. (Y ya que está en ello, limpie el dorso del mástil también.)

La madera

Una guitarra es en su mayor parte de madera, y a la madera le viene bien una buena friega (y a quién no, ¿verdad?). Si usted tiene una guitarra realmente cubierta de polvo (por ejemplo, una que haya estado un tiempo al descubierto en un desván), quite la mayor parte del polvo soplando antes de empezar usar el paño (o el plumero). Esta sencilla acción puede prevenir un rasguño o abrasión en el acabado.

Limpie frotando suavemente las diversas partes de la guitarra hasta que queden libres de polvo. Es posible que necesite sacudir con frecuencia el trapo del polvo, así que hágalo en el exterior, o de lo contrario tendrá usted que secar sus propios estornudos sobre la guitarra además del polvo. A no ser que su guitarra esté *realmente* sucia (incluso con mugre cuyo origen usted prefiera desconocer) quitar el polvo es todo lo que usted tiene que hacer a la madera.

Si la opacidad persiste o una película de suciedad está claramente presente en el acabado, puede limpiar su guitarra frotándola con cera de muebles o (mejor aún) cera para guitarras. La *cera* o *pulimento para guitarras* está hecha específicamente para los acabados que los fabricantes utilizan en las guitarras, mientras que algunas de las ceras para muebles pueden contener abrasivos. Si tiene cualquier duda, utilice el mejunje para guitarras que venden las tiendas de música. Y siga las instrucciones, claro.

Aunque los fabricantes de potingues para guitarras escriben esta información en la etiqueta, no está de más que lo repitamos aquí: nunca ponga ningún líquido o spray limpieza en la superficie de la guitarra. Al hacerlo podría empapar o manchar la madera de manera irreversible. Vierta o rocíe la sustancia en el trapo del polvo y deje que el trapo absorba un poco el líquido o spray antes de ponerlo en contacto con la madera.

Para limpiar el polvo que hay entre las cuerdas en lugares difíciles de alcanzar como el clavijero, el puente y los alrededores de las pastillas, emplee un pequeño pincel de pelo de camello. Guarde el pincel en su funda de guitarra.

Los elementos metálicos

La acumulación de suciedad realmente no *daña* los elementos metálicos (las clavijas de afinación, las selletas, etcétera) como lo hace en la madera por ser más porosa, pero con toda seguridad tendrán mal aspecto (y no querrá usted salir en la MTV y brillar menos que su batería; sólo estamos bromeando queridos percusionistas).

Lo único que tiene que hacer con los elementos metálicos de su guitarra es limpiarlos con un trapo del polvo, pero por supuesto puede utilizar un pulimento suave de joyería o de cromo si así lo desea, siempre que no sea abrasivo. Esto no sólo acaba con los restos grasientos (a diferencia de una simple pasada con el trapo), sino que también da lustre a los elementos metálicos, algo muy importante ante los focos de la televisión.

Muchos componentes metálicos baratos están *bañados*, es decir, vienen cubiertos por una fina capa de metal brillante por encima de una superficie fea y de aspecto jaspeado. Así que no conviene erosionar demasiado la superficie (lo cual podría ocurrir con un lustrado reiterado). Y *no es una buena idea* dar pulimento a las partes móviles de las clavijas de afinación.

Nunca toque las pastillas de una guitarra eléctrica con ninguna otra cosa que no sea un trapo seco o un cepillo de limpieza. Las pastillas son magnéticas y aborrecen el líquido tanto como al hombre del saco. No conviene correr riesgos regando los sensibles campos magnéticos de una pastilla con líquido, querido amigo.

Cuidar el acabado

Las guitarras acústicas tienen un acabado en laca o algún otro revestimiento sintético para proteger la superficie de la madera y darle una apariencia brillante. Tanto si su instrumento tiene un acabado muy brillante como si está satinado (con un brillo más tenue y de aspecto más natural), el plan es el mismo: mantenga el acabado libre de polvo para que se mantenga brillante y transparente durante años. No someta su guitarra a la luz directa del sol por largos espacios de tiempo, y evite los cambios bruscos de humedad y temperatura. Seguir estas simples indicaciones le ayudará a evitar que el acabado se agriete al hincharse y encogerse con la madera.

Si su acabado alguna vez se resquebraja a causa de una *mella* (un pequeño golpe involuntario, como cuando la guitarra choca con la esquina de la mesa), lleve la guitarra a una persona capacitada para arreglarla rápidamente, es necesario para prevenir que la grieta se agrande como ocurre con las roturas del parabrisas.

Proteger la guitarra

Si usted toca la guitarra, no querrá mantenerlo en secreto, ¿verdad? Bueno, quizá al principio sí, pero cuando usted ya sepa tocar un poco querrá compartir su música con los demás. A no ser que usted piense invitar a menudo a gente a su casa, tendrá que sacar la guitarra al mundo exterior. Y eso requiere protección. *Nunca* salga de casa sin haber metido la guitarra en algún estuche o funda protectora.

En la carretera

A la mayoría de la gente no le da por pensar en la salud de la guitarra cuando mete su acústica favorita en la furgoneta y pone rumbo a la playa. Pero debería hacerlo. Un poco de sentido común nos permite hacer que la guitarra siga pareciendo una guitarra y no una tabla de surf.

Si va a viajar en un coche, mantenga la guitarra en el asiento de al lado, donde puede controlar el entorno. Un guitarra en un maletero o en un compartimento de equipajes que no esté preparado puede experimentar demasiado calor o demasiado frío en comparación con el que experimentan los humanos en la parte delantera. (A las guitarras también les gusta escuchar la radio, siempre y cuando no sea música disco ni Milli Vanilli.)

Si tiene que poner la guitarra junto a la rueda de repuesto, póngala lo más adelante posible para que pueda beneficiarse de cierta "ósmosis ambiental" (esto es, si está junto a la parte de los pasajeros sufrirá temperaturas menos extremas que en la parte trasera del coche). Esta costumbre tampoco le vendrá mal si, Dios no lo quiera, su coche sufre un alcance por detrás. Naturalmente podrá reparar el coche en el taller, pero poco podrá hacer con las astillas en que quede convertida su acústica si le embiste un todoterreno.

Un estuche duro es una protección mejor para la guitarra que las bolsas de concierto de nylon o que los estuches blandos fabricados con cartón. Con un estuche duro, usted puede apilar cosas encima, mientras que otras fundas requieren que la guitarra quede encima del todo, lo cual puede no agradar a quien se encargue de colocar las maletas si se lo toma usted en plan obsesivo. (Ya sabe, como su padre cuando llenaba el maletero antes de las vacaciones familiares.) Consulte el capítulo 16 para más información sobre fundas y estuches.

Las bolsas de concierto de nailon son ligeras y apenas ofrecen protección contra un golpe serio, pero sí evitan las mellas. Si usted sabe que nunca va a dejar de tener la guitarra al hombro, puede utilizar una bolsa de concierto. Estas bolsas también permiten que una guitarra eléctrica quepa en los compartimentos de equipaje de mano de casi todos los aviones. Los viajeros enterados saben en qué aviones caben las bolsas de concierto, y guardan cola con tiempo para asegurarle un sitio a su preciosa carga.

Almacenamiento

Tanto si usted se va para unas largas vacaciones como si tiene que pasar una temporada a la sombra, puede que en un momento dado necesite guardar su guitarra por un largo espacio de tiempo. Mantenga la guitarra en la funda y métala en un armario o debajo de una cama. Intente conservar la guitarra en un ambiente climatizado mejor que en un sótano húmedo o en un desván sin aislamiento.

Si guarda la guitarra, puede dejarla tumbada o de pie. La posición concreta no afecta a la guitarra. No hace falta aflojar las cuerdas de forma significativa, pero bajarlas aproximadamente un semitono evita un exceso de tensión en el mástil en caso de que éste se abombe levemente hacia delante o hacia atrás.

Un entorno saludable para la guitarra

Las guitarras están fabricadas en unas condiciones concretas de temperatura y humedad. Para hacer que la guitarra siga sonando tal y como quiso el fabricante debemos mantener el ambiente dentro de parámetros similares a los originales.

Allá donde los humanos estén a gusto, la guitarra también lo estará. Si mantiene una temperatura ambiente que no se aleje de unos 22 °C y una humedad relativa aproximada del cincuenta por ciento, nunca oirá quejarse a su guitarra (ni siquiera si tiene usted una guitarra parlante). De todas maneras, no se tome al pie de la letra lo que decimos sobre el ambiente agradable para los humanos y las guitarras. No debe meterse con la guitarra en el jacuzzi ni invitarla a un margarita, aunque esto le haga sentirse bien a usted.

Condiciones de temperatura

Una guitarra puede conservarse sin problemas en un abanico de temperaturas de entre 18 y 27 grados ºC. Para una guitarra, el calor es peor que el frío, así que mantenga la guitarra alejada del sol y evite dejarla todo el día en el maletero del coche.

Si su guitarra ha estado soportando bajas temperaturas durante muchas horas debido a un largo viaje invernal, déle un tiempo para que se vaya templando gradualmente una vez en un interior. Una buena idea es dejar la guitarra en el estuche hasta que éste se temple y adquiera la temperatura de la habitación. Evite si es posible exponer la guitarra a cambios bruscos de temperatura para prevenir que se resquebraje el acabado cuando éste no pueda dilatarse y contraerse al ritmo de la madera que recubre.

Grado de humedad

Las guitarras, estén fabricadas en islas tropicales o en zonas desérticas, están todas construidas bajo unas condiciones de humedad controlada, situadas en torno a un cincuenta por ciento. Para permitir que su guitarra siga disfrutando del estilo de vida que su fabricante quiso darle, usted también tiene que mantener esa humedad de entre un 45 y un 55 por ciento. (Si vive en un clima seco o húmedo y lo compensa con un humidificador o deshumidificador, estos ajustes de la humedad ambiente tampoco le vendrán mal para su propia salud.) Las guitarras que sufren demasiada sequedad se resquebrajan; las que absorben demasiada humedad se hinchan y se comban.

Si no puede permitirse un humidificador o un deshumidificador, puede lograr buenos resultados con las siguientes soluciones de bajo coste:

✔ Humidificador para guitarras: Este artículo es simplemente una esponja rodeada de goma; se empapa en agua, se extrae el agua sobrante y después se fija con un soporte de pinza en el interior de la roseta o se mantiene dentro del estuche para elevar el nivel de humedad.

✔ Secante: Se llama secante a una sustancia en polvo o en cristales que suele venir en pequeños paquetes y absorbe la humedad del aire, lo que hace descender el nivel de humedad ambiente. El gel de sílice es una variedad habitual, y las fundas de las guitarras nuevas a menudo incluyen paquetes.

✔ Higrómetro: Puede comprar este barato artilugio en cualquier ferretería; le informa de la humedad relativa de una habitación (con un grado de precisión suficientemente alto como para mantener una guitarra en buen estado). Consiga uno portátil (no de pared), para poder transportarlo si lo necesita o incluso guardarlo en su funda de guitarra.

Reparaciones que puede hacer usted mismo

Si enciende la luz de su casa y se funde la bombilla, ¿llama a un electricista? No, ¿verdad? Mira, toma nota de los vatios de la bombilla, va al armario, agarra la bombilla de repuesto adecuada y en un santiamén ya está usted disfrutando otra vez del espectacular invento que es la luz eléctrica. No le crea ninguna preocupación esta reparación, ¿verdad?

Si consigue tener esta misma actitud intuitiva con la guitarra, puede llevar a cabo ajustes sencillos, pequeños retoques y arreglos. No hay nada de mágico en el funcionamiento mecánico de una guitarra. La magia está en el sonido que produce, pero no en el funcionamiento de las clavijas de afinación o en el modo en que las cuerdas se apoyan en el puente. Las secciones siguientes describen diversos ajustes, sustituciones y arreglos que puede llevar a cabo usted mismo.

Ajustar conexiones sueltas

Una guitarra es un sistema de piezas móviles, muchas de las cuales son mecánicas, y como puede atestiguar cualquiera que haya tenido alguna vez un coche, las piezas móviles se sueltan. En las guitarras, las conexiones de las piezas metálicas son las que por regla general se sueltan, como las tuercas del puente o los tornillos que sujetan el revestimiento de las pastillas.

Si usted oye un traqueteo, intente rasguear con una mano para volver a provocarlo mientras toca los diversos elementos sospechosos con la otra mano. Cuando dé con el culpable, el traqueteo parará. Entonces podrá tomar las medidas necesarias para ajustar cualquier cosa que se afloje. (Los tornillos de las clavijas de afinación, las cubiertas de las pastillas o las placas de los enchufes son los sospechosos habituales.) Esto suele requerir el uso de herramientas normales y corrientes (destornilladores, llaves Allen o en forma de *L*, motosierras ¡Esto último es broma, no se asuste!), aunque con el tamaño apropiado para los tornillos, tuercas y demás piezas de la guitarra. Haga un inventario de los tamaños y formas de los tornillos, tuercas y otras piezas de su guitarra para crear un juego de herramientas en miniatura con el que arreglar su instrumento. (Para más información sobre este tema, consulte "Tener las herramientas adecuadas", más adelante en este capítulo.)

Ajustar el mástil y el puente

Es cierto que las guitarras van cambiando con el tiempo (como al pasar de una estación a otra), especialmente si el ambiente experimenta oscilaciones de temperatura y humedad. Si la temperatura y la humedad cambian con frecuencia, la guitarra absorbe o pierde humedad de manera natural, lo que provoca que la madera se hinche o se encoja. Esta circunstancia es normal y la guitarra no se ve dañada por ello.

El problema con esta dilatación y contracción está en que el umbral se sobrepasa con relativa facilidad al tocar, de manera que un leve arqueo del mástil da como resultado una guitarra que suena con zumbidos o que de repente se vuelve mucho más difícil de tocar. Si se da esta situación, a menudo se puede corregir el problema mediante un sencillo ajuste del mástil, del puente o de ambos.

Tensar y aflojar la barra tensora (el alma)

El mástil de la mayor parte de las guitarras tiene lo que se conoce como *alma* o *barra tensora*, que es una barra de metal ajustable, de una o dos piezas, que cruza a lo largo todo el mástil por el interior. Puede ajustar el alma por medio de una tuerca situada en el extremo. Los diferentes fabricantes los ponen en lugares distintos, pero normalmente están en el clavijero, debajo de una tapa situada detrás de la cejuela, o donde el mástil se une con el cuerpo, debajo del diapasón. Algunos modelos más antiguos carecen de alma (no, no la vendieron al diablo); otras, como las guitarras Martin antiguas, tienen un alma que no se puede ajustar sin retirar el diapasón. Todas las guitarras de fabricación moderna tienen barras tensoras accesibles.

Todas las guitarras vienen con su particular llave para la barra tensora, así que si usted no tiene una llave para la suya, intente hacerse con una inmediatamente. (Inténtelo primero en su tienda de música, y si no tiene suerte póngase en contacto con el propio fabricante.)

El necesario ajuste de la barra tensora depende de la manera en que se arquee el mástil:

✔ Si el mástil se abomba *hacia fuera* entre los trastes séptimo y duodécimo, creando un gran hueco que dificulta pisar las cuerdas, tense la barra tensora girando la tuerca en el sentido de las agujas del reloj (viendo la tuerca de frente). Tense la tuerca un cuarto de vuelta cada vez, dando al mástil unos cuantos minutos para adaptarse después de cada vuelta. (Puede tocar durante el tiempo de ajuste.)

✔ Si su mástil se abomba *hacia adentro* entre los trastes séptimo y duodécimo, haciendo que las cuerdas zumben y *trasteen* (es decir, que entren en contacto con trastes con los que no deben cuando usted pisa las cuerdas), afloje el alma con la llave. Gire la tuerca un cuarto de vuelta cada vez, permitiendo al mástil reajustarse después de cada vuelta.

Si usted no es capaz de corregir el problema con unas cuantas vueltas completas a la tuerca, pare. Puede que necesite una persona cualificada para investigar el porqué. Tensar o aflojar en exceso el alma puede dañar el mástil o el cuerpo.

Acción

La *acción* es, además de cómo se toca la guitarra, la distancia desde las cuerdas hasta el diapasón. Si las cuerdas están demasiado altas, son difíciles de tocar; si están demasiado bajas, se producen zumbidos y trastean. En cualquiera de los dos casos, usted tiene que ajustar la acción. Normalmente se consigue esto subiendo o bajando las piezas del puente conocidas como *selletas* o cejuelas del puente (las partes que están justo delante del puente al que están sujetas las cuerdas). Se suben o bajan las selletas del puente girando los tornillos hexagonales con una pequeña llave hexagonal. Gire la llave en el sentido de las agujas del reloj para subir la selleta; gírela en contra del sentido de las agujas del reloj para bajarla. Si la selleta cuenta con dos tornillos hexagonales, cerciórese de girarlos el mismo número de veces, de manera que la selleta quede nivelada. (La figura 18-1 muestra los tornillos hexagonales de la selleta del puente.)

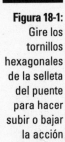

Figura 18-1:
Gire los tornillos hexagonales de la selleta del puente para hacer subir o bajar la acción

Entonación

La entonación se refiere a la exactitud de las notas producidas con la digitación. Por ejemplo, si usted toca el duodécimo traste, la nota resultante debe estar exactamente una octava por encima de la cuerda al aire. Si la nota del duodécimo traste es levemente más alta o más baja que una octava, la cuerda está desafinando por encima o por debajo, respectivamente. Puede corregir la entonación de una cuerda alejando la selleta del puente respecto a la cejuela si la cuerda desafina por arriba y acercándola a la cejuela si desafina por abajo. Los diferentes puentes requieren distintos métodos para conseguirlo, pero es bastante fácil hacerse a la idea después de examinar el puente detenidamente.

En un mecanismo bastante habitual (usado en las Fender Stratocaster y Telecaster), los tornillos de la parte de atrás del puente determinan la posición más adelantada o más atrasada de las selletas. Así es como funcionan:

✔ Si se gira el tornillo en el sentido de las agujas del reloj (con un sencillo destornillador Phillips o de cabeza plana, con cuidado para no mellar la tapa de la guitarra con el mango al girar el destornillador), se tira de la selleta hacia atrás en dirección al puente, lo que corrige una cuerda que desafine hacia arriba.

✔ Si se gira el tornillo en el sentido contrario al de las agujas del reloj, la selleta del puente se mueve en dirección hacia la cejuela, lo que corrige una cuerda que desafine hacia abajo.

No olvide que ajustar la selleta de una cuerda corrige sólo esa cuerda. Hay que llevar a cabo los ajustes de entonación en cada una de las cuerdas. Por lo tanto, ¡tenemos que dar gracias por no tener un instrumento de 38 cuerdas!

Ponga cuerdas nuevas antes de ajustar la entonación. Las cuerdas viejas a menudo desafinan hacia arriba y no dan una buena idea de la entonación. (Para más información sobre el cambio de cuerdas, consulte el capítulo 17.)

Sustituir partes gastadas o viejas

Las siguientes secciones ofrecen una lista de las partes de su guitarra que con más probabilidad terminarán por gastarse o romperse y necesitarán ser sustituidas. Usted mismo puede llevar a cabo cualquiera de estos arreglos sin causar ningún daño a la guitarra (aunque le falte un tornillo, se lo aseguramos).

Clavijas

Las clavijas de afinación consisten en un sistema de engranajes y tuercas y, al igual que ocurre muchas veces con el embrague del coche (o con la transmisión automática, si es usted un negado para las marchas), las clavijas de afinación pueden acabar por desgaste, pues soportan mucha tensión y presión, y no es para menos cumpliendo la tarea que cumplen.

Las clavijas de afinación simplemente están atornilladas al clavijero de la guitarra por tornillos para madera (después de pasar la clavija por el agujero y fijar la tuerca hexagonal superior); por lo tanto, si usted tiene una clavija o un rodillo gastado o estropeado, considere cambiar la clavija entera, incluida la llave. Si es más de una clavija la que le está dando problemas, piense en la posibilidad de sustituir el juego completo. Compruebe que la clavija nueva tenga sus tornillos en las mismas posiciones que la original, porque no le conviene perforar agujeros nuevos en el clavijero. Si tiene problemas para hacer coincidir las clavijas nuevas con los agujeros ya existentes en su clavijero, lleve la guitarra a un especialista.

Enganches para la correa

Los *enganches para la correa* son los pequeños "botones" a los que enganchamos los extremos de la correa para unir ésta a su instrumento. Los enganches de la correa, por lo general, van unidos a la guitarra por tornillos para madera normales y a veces pueden aflojarse. Si con apretar el tornillo de madera con un destornillador no consigue afianzar el enganche, intente aplicar un poco de cola blanca en las roscas del tornillo y póngalo de nuevo. Si todavía está flojo, lleve la guitarra a un técnico.

Muelles del puente

Si una guitarra eléctrica no tiene palanca de vibrato, el puente se pega directamente al cuerpo de la guitarra. Este sistema es conocido como *puente fijo*. Si la guitarra sí tiene palanca de vibrato, sin embargo, tiene un puente flotante. Un *puente flotante* es un puente que está sujeto por la tensión de las cuerdas (que tiran de él) y por un juego de muelles metálicos (conocidos como *muelles del puente*) que tiran en sentido opuesto, manteniendo el puente en equilibrio. Los muelles (que miden unos siete u ocho centímetros de largo y cinco o seis milímetros de ancho) se encuentran en la cavidad trasera del cuerpo (consulte la figura 18-2).

Figura 18-2:
Los muelles
del puente,
en la
cavidad
trasera de
la guitarra

Si uno de los muelles pierde tensión con el tiempo y el uso, la guitarra se desafinará cuando usted utilice la palanca de vibrato. Cuando esto suceda, cambie los muelles; cámbielos todos a la vez para que tengan el mismo desgaste. Los muelles sólo están sujetos por pequeños ganchos, y tirando un poco y con ayuda de unos alicates, puede ponerlos y sacarlos en un momento. Puede incluso tensar los tornillos de la placa en la que están fijos los ganchos, aumentando así la tensión de los muelles. No se preocupe, estos muelles no pueden saltar y dejarle tuerto.

A algunos les gusta tener el puente flojo (que es más sensible pero se desafina con más facilidad) y otros prefieren tenerlo más puente tenso:

✔ Si quiere un puente rígido que se mantenga afinado (¿y quién no?) y sólo utiliza la palanca de vibrato de vez en cuando, opte por una colocación rígida. Cuantos más muelles, más tenso estará el puente; por lo tanto, si tiene un sistema de dos muelles, considere la posibilidad de pasarse a un sistema de tres muelles.

✔ Si le gusta utilizar la palanca de vibrato y está dispuesto a lidiar con algunos problemas de afinación con tal de tener un puente con mucho juego, piense en un sistema más flojo. Los guitarristas a los que les gusta crear *música ambiental* (música de fondo sin melodías definidas) prefieren los puentes flexibles, porque hacen muchas subidas y bajadas con la palanca.

Controles que crujen

El polvo y la herrumbre (oxidación) representan una amenaza potencial para cualquier conexión electrónica, y su guitarra no es ninguna excepción. Si los botones de volumen y tono empiezan a emitir ruidos parecidos a chisporroteos o crujidos por el altavoz en cualquier momento en que usted esté enchufado, o bien si la señal es débil, inconsistente, o se corta en según qué posiciones de los controles, alguna sustancia extraña (aunque sea diminuta) se haya probablemente alojado en sus controles.

Gire enérgicamente una y otra vez los botones para hacer salir el polvo o la corrosión que pueda estar causando el problema. Puede que necesite llevar a cabo esta acción varias veces en cada botón y en diferentes partes de su recorrido. Si al girar los botones no consigue el efecto deseado, puede que necesite que un técnico le limpie a fondo los potenciómetros (las resistencias variables de los controles de volumen y tono).

Conexiones sueltas

En las guitarras eléctricas se enchufa y desenchufa mucho el cable, y esto puede acabar por aflojar el enchufe de salida, provocando una especie de sonido de chisporroteo por el altavoz. Este sonido indica que hay un cable a tierra desconectado. Aquí tiene la solución: quite la placa del enchufe o el golpeador y localice el cable suelto que causa el problema.

Si sabe manejar un soldador, vuelva a unir el cable roto con su orejeta, y todo arreglado. Tendrá motivos para sentirse todo un electricista.

Si usted no destaca por ser un manitas, busque a un amigo que sí lo sea para que le haga el trabajo, o lleve el instrumento a la tienda.

Sustitución de pastillas

Sustituir las pastillas puede parecer una tarea abrumadora, pero en realidad es muy sencillo. A menudo la mejor manera de cambiar de sonido (dando por supuesto que le gusta el aspecto y el manejo de su guitarra) es cambiar las pastillas originales por unas nuevas, especialmente si las originales no eran demasiado buenas. Aquí le decimos cómo:

1. **Compre pastillas del mismo tamaño y tipo que las originales.**

   Con esto se asegurará de que encajen en los agujeros ya existentes y se conecten eléctricamente de la misma manera.

2. **Conecte y suelde dos o tres cables.**

   Las pastillas nuevas traen instrucciones claras.

3. **Asiente las pastillas en las cavidades.**

   No está trabajando con electricidad de alto voltaje, así que no puede hacerse daño ni estropear los componentes electrónicos si conecta en sentido contrario.

Una vez más, sin embargo, si no se siente cómodo haciendo el trabajo usted mismo, llame a su amigo manitas o lleve la guitarra a un especialista.

Cambiar las pastillas es como cambiar el aceite del coche. Puede hacer el trabajo usted mismo y ahorrarse el dinero, pero también puede optar por no hacerlo y dejarse de líos.

Tener las herramientas adecuadas

Reúna un juego de herramientas que contenga todos los utensilios que necesita para su guitarra y procure no utilizarlo para hacer otros arreglos en casa. Tenga dos juegos de herramientas, uno para uso general y otro que nunca abandone la funda de su guitarra. Mire su guitarra para decidir qué clase de herramientas puede necesitar en caso de que algo falle o se suelte. Determine (por el método de prueba y error) si los tornillos y tuercas de su guitarra son métricos o no. Aquí tiene una lista de lo que necesita:

✔ **Un juego de destornilladores pequeños:** Un vistazo rápido a las clases de tornillos de una guitarra eléctrica le hará ver tornillos de ranura y de cruz de distintos tamaños y en diferentes lugares: los enganches de la correa, el revestimiento de la pastilla, el golpeador, los soportes de las clavijas, los tornillos de las llaves de afinación, las guías (que en la Stratocaster y la Telecaster bajan las cuerdas en el clavijero entre las clavijas y la cejuela), los controles de volumen y tono, y las placas traseras del mástil.

✔ **Un juego de trinquetes pequeños:** También puede encontrar varias partes con tuercas: el enchufe de salida y los collares de las clavijas de afinación (tuercas hexagonales situadas en la parte delantera del clavijero que impiden que las clavijas tiemblen). Un juego de trinquetes pequeños aporta mejor ángulo y más fuerza que una pequeña llave inglesa.

✔ **Una llave hexagonal y una llave Allen** (en forma de *L*): El alma lleva su propia herramienta, por lo general una llave hexagonal, que normalmente viene con la guitarra si la compra nueva. Si su guitarra no tiene una llave (porque la compró de segunda mano o ha perdido la llave desde que la compró), consiga la llave que sea adecuada para su guitarra y guárdela siempre en la funda.

Los sistemas de puentes flotantes, incluyendo los de tipo Floyd Rose, requieren llaves hexagonales o Allen para ajustar las selletas del puente y otros elementos del sistema. Tenga estas llaves a mano por si acaso rompe una cuerda.

Diez reparaciones que no puede hacer por sí mismo

Algunas reparaciones *siempre* requieren una persona cualificada (suponiendo que alguien pueda repararlas). Entre estos arreglos están los siguientes:

✔ Reparar grietas del acabado.

✔ Reparar mellas y rasguños (si son graves y van más allá del acabado para afectar a la madera).

✔ Limar trastes desgastados. (Si los trastes empiezan a tener ranuras o hendiduras, es necesario que un profesional los lime o los cambie.)

✔ Arreglar un fallo o un *debilitamiento* de la pastilla. (Una pastilla está seriamente desequilibrada con respecto a otra, hay un posible daño magnético en la propia pastilla, o falla uno de los componentes electrónicos de una pastilla.)

✔ Arreglar los controles de volumen y tono sucios (si girarlos enérgicamente una y otra vez no elimina el traqueteo causado por la suciedad).

✔ Resolver problemas de la conexión a tierra. (Usted comprueba la cavidad y no hay cables sueltos, pero sigue habiendo problemas de ruidos.)

✔ Arreglar una deformación o inclinación severa del mástil (torcimiento o combamiento excesivo).

✔ Remediar determinados daños y roturas (en la cejuela, el diapasón o el clavijero).

✔ Arreglar el acabado o restaurar la madera de su guitarra. (Ni se le ocurra acercarse al acabado de la guitarra con una lijadora o con sustancias químicas para la madera.)

✔ Rehacer la instalación de los componentes electrónicos. (Por ejemplo, si usted decide sustituir sus palancas de cinco posiciones por interruptores de encendido y apagado, instalar un interruptor *coil tap* y otro de de inversión de fase si dos pastillas adyacentes están activas, además de incorporar un control de amplificación de presencia en lugar del segundo control de volumen, etcétera)

¿Cómo? Si usted entiende este último punto, ¡a lo mejor es que *Guitarra para Dummies* se le ha quedado pequeño!

Si usted no está cómodo al cien por cien realizando cualquier reparación o rutina de mantenimiento, *lleve la guitarra a alguien que pueda repararla*. Esta persona puede decirle si el problema es algo que usted puede arreglar por sí mismo y quizá incluso pueda mostrarle cómo hacerlo correctamente la próxima vez que vuelva a presentarse el problema. Es mucho mejor estar seguro (y soltar algunos euros) que arriesgarse a dañar la guitarra.

Parte VI
Los decálogos

Elena Mendoza, guitarrista experta
en flamenco, avestruz y pingüino

En esta parte...

¿ Qué libro *Para Dummies* que se precie podría acabar sin los decálogos? *Guitarra para Dummies* no, desde luego. En esta parte, usted encontrará un par de listas de *top ten* que le encantarán: una compuesta por diez grandes guitarristas y otra por diez guitarras que le harán la boca agua.

Capítulo 19

Diez guitarristas
que debería conocer

En este capítulo

▶ Inventando nuevos géneros

▶ Punteo no tradicional

▶ Más allá de los límites

Con independencia de su estilo, algunos guitarristas han dejado tal huella en el mundo de la que cualquier guitarrista posterior puede difícilmente puede dejar de conocerlos. Aquí le presentamos, en orden cronológico, diez que han sido importantes y por qué lo han sido.

Andrés Segovia (1893-1987)

Segovia no sólo fue el guitarrista clásico más famoso de todos los tiempos, sino que literalmente inventó el género. Antes de su llegada, la guitarra era un humilde instrumento de campesinos. Andrés Segovia empezó a interpretar a la guitarra piezas de Bach y otras obras de música clásica (escribiendo él mismo muchas de las transcripciones), y finalmente elevó esta actividad "de salón" a un estilo de categoría mundial. Su increíble carrera interpretativa duró más de setenta años. Algunas de sus piezas más características son la *Chacona* de Bach y *Granada*, de Albéniz.

Charlie Christian (1916-1942)

Charlie Christian inventó el arte de la guitarra eléctrica de jazz. Sus fluidos solos con la *big band* de Benny Goodman y otros grupos pequeños eran sofisticados, brillantes y extraordinariamente adelantados a su tiempo. Por las noches solía tocar en *jam sessions* con otros rebeldes del jazz en Minton's, Nueva York, donde sus atrevidas improvisaciones contribuyeron a crear el género conocido como be bop. Christian tocaba la guitarra como si tocara un instrumento de viento, incorporando a sus líneas el movimiento *interválico* (a saltos). Entre sus canciones más conocidas están *I Found a New Baby* y *I Got Rhythm*.

Chet Atkins (1924-2001)

Conocido como "Mister Guitar", Atkins es considerado el guitarrista country por antonomasia. Partiendo de la rápida técnica de punteo con los dedos de Merle Travis, Atkins refinó el estilo añadiéndole matices del jazz, de la música clásica y del pop para crear un enfoque de la guitarra country realmente sofisticado. Tocó con Elvis Presley, los Everly Brothers e innumerables estrellas del country durante varias décadas. Entre sus canciones más conocidas están *Stars and Stripes Forever* y *Yankee Doodle Dixie*.

Wes Montgomery (1925-1968)

Legendario intérprete, su *cool jazz* se basaba en la utilización del dedo pulgar para pulsar las notas, en lugar de la tradicional púa. Otra de sus innovaciones fue el uso de las *octavas* (es decir, dos notas idénticas en diferentes registros) para construir líneas unísonas gruesas y móviles. Murió joven, pero sus defensores le siguen aclamando como uno de los grandes de todos los tiempos. Entre sus más inolvidables melodías están *Four on Six* y *Polka Dots and Moonbeams*.

B. B. King (1925-)

Aunque no fue el primer músico de blues en emplear la guitarra eléctrica, B. B. King es seguramente el más popular: su *swing* guitarrístico de alto voltaje se complementa con una personalidad carismática en el escenario y una voz inmensa y potente con matices de *gospel*. Su característica guitarra Gibson ES-355 (a la que llama cariñosamente "Lucille"), sus hermosos solos minimalistas y su intenso vibrato de dedos le han situado en los anales de la historia del blues eléctrico. Entre sus canciones se cuentan *Every Day I Have the Blues* y *The Thrill Is Gone*.

Chuck Berry (1926-)

Considerado por algunos el primer héroe de la guitarra, Berry empleó notas rápidas y rítmicas en dobles cuerdas para crear su propio estilo de guitarra. Aunque algunos le reconocen igualmente por su talento para la composición y para las letras, sus ardientes solos marcaron melodías como *Johnny B. Goode, Rockin' in the USA* y *Maybellene*, verdaderos clásicos de la guitarra.

Jimi Hendrix (1942-1970)

Considerado el mejor guitarrista de rock de todos los tiempos, Hendrix fusionó el rhythm and blues, el blues, el rock y la psicodelia en un fascinante cóctel sonoro. Su revolucionaria actuación en el Festival de Monterrey de 1967 reescribió los cánones de la guitarra de rock, especialmente cuando agarró su Stratocaster y le prendió fuego. Los jóvenes guitarristas han seguido copiando sus *licks* religiosamente hasta el día de hoy. Hendrix es conocido por su increíble fogosidad interpretativa con la guitarra (no sólo cuando ésta ardía), y su innovación con el *feedback* y la palanca de vibrato. *Purple Haze* y *Little Wing* son dos de sus canciones más emblemáticas.

Jimmy Page (1944-)

Page sucedió a Eric Clapton y a Jeff Beck en los Yardbirds, pero no se hizo con un verdadero lugar en el panorama musical hasta que formó Led Zeppelin, una de las grandes bandas de hard rock de los años setenta. Page destacó especialmente por su genialidad creativa en el momento de la grabación de guitarras en estudio, superponiendo pista tras pista construía impresionantes avalanchas de sonido eléctrico. También tocaba la acústica de forma sublime, empleando con frecuencia afinaciones poco comunes e influencias de los cinco continentes. En el mundo del rock, su enorme talento como productor, arreglista y compositor en estudio no ha sido superado. Entre las canciones que llevan su firma están *Stairway to Heaven* y *Whole Lotta Love*.

Eric Clapton (1945-)

En muchos sentidos, Clapton es el padre de la guitarra de rock contemporánea. Antes de que aparecieran Hendrix, Beck y Page, los Yardbirds de Clapton ya estaban fusionando el blues eléctrico de Chicago con la furia del rock. Más tarde engrandeció este estilo tocando en diferentes grupos: Cream, Blind Faith, y los legendarios Derek and the Dominoes. Clapton pasó más tarde a tocar en solitario, convirtiéndose por sus grabaciones en uno de los artistas más populares de los últimos veinte años. Es una verdadera leyenda viva gracias a canciones como *Crossroads* y *Layla*, entre otras.

Eddie Van Halen (1955-)

Equivalente en la guitarra de rock a Jackson Pollock, Eddie Van Halen reinventó completamente con sus notas salpicadas el estilo del heavy metal iniciado a finales de los años setenta. Convirtió el *tapping* o martilleo a dos manos en una técnica guitarrística habitual (gracias a su revolucionario *Eruption*), además de sobrepasar todos los límites con la palanca de vibrato y los *tapping*. Van Halen también es un maestro de la fusión entre el rock basado en el blues y las técnicas modernas, y su guitarra rítmica es uno de los mejores ejemplos de ese estilo integrado (que combina *riffs* en notas graves con acordes y dobles cuerdas). Un héroe de la guitarra con todas las de la ley. Entre sus canciones emblemáticas encontramos *Eruption* y *Panama*.

Guitarristas que podrían estar en la lista de otros

Cualquier lista que pretenda reunir a los diez mejores en algo (y especialmente una sobre guitarristas) es necesariamente subjetiva. Más abajo, enumerados por géneros, aparecen algunos grandes guitarristas que podrían estar en las listas de otros.

- ✔ **Rock:** Duane Allman, Jeff Beck, Adrian Belew, Dickey Betts, Ritchie Blackmore, Vivian Campbell, Bo Diddley, Ace Frehley, The Edge, Robert Fripp, Jerry Garcia, Billy Gibbons, Paul Gilbert, Brad Gillis, David Gilmour, Kira Hammett, George Harrison, Steve Howe, Tony Iommi, Eric Johnson, Mark Knopfler, Bruce Kulick, Alvin Lee, Alex Lifeson, Steve Lukather, George Lynch, Yngwie Malmsteen, Mick Mars, Brian May, Vinnie Moore, Tom Morello, Steve Morse, Ted Nugent, Joe Perry, John Petrucci, Randy Rhoads, Keith Richards, Uli Jon Roth, Richie Sambora, Carlos Santana, Joe Satriani, Michael Schenker, Neal Schon, Brian Setzer, Stephen Stills, Andy Summers, Kim Thayil, George Thorogood, Pete Townshend, Robin Trower, Derek Trucks, Nigel Tufnel, Steve Vai, Joe Walsh, Jeff Watson, Leslie West, Angus Young y Neil Young.

- ✔ **Blues:** Blind Blake, Rory Block, Mike Bloomfield, Big Bill Broonzy, Roy Buchanan, Albert Collins, Johnny Copeland, Robert Cray, Steve Cropper, Reverend Gary Davis, Robben Ford, Buddy Guy, Jeff Healey, John Lee Hooker, Lightnin' Hopkins, Son House, Mississippi John Hurt, Elmore James, Skip James, Blind Lemon Jefferson, Lonnie Johnson, Robert Johnson, Albert King, B. B. King, Freddie King, Jonny Lang, Leadbelly, Mississippi Fred MacDowell, Keb Mo, Gary Moore, Charlie Patton, Bonnie Raitt, Kenny Wayne Shepherd, Stevie Ray Vaughan, Vinnie Vincent, T-Bone Walker, Muddy Waters, Johnny Winter y Howlin' Wolf.

- ✔ **Jazz:** John Abercrombie, George Benson, Kenny Burrell, Charlie Byrd, Larry Carlton, Larry Coryell, Al Di Meola, Herb Ellis, Tal Farlow, Bill Frisell, Grant Green, Jim May, Scott Henderson, Allan Holdsworth, Stanley Jordan, Barney Kessel, Eddie Lang, Mundell Lowe, Pat Martino, John McLaughlin, Pat Metheny, Les Paul, Joe Pass, Bucky Pizzarelly, John Pizzarelli, Jimmy Raney, Lee Ritenour, John Scofield, Johnny Smith, Mike Stern y George Van Eps.

- ✔ **Clásica:** Liona Boyd, Julian Bream, Elliott Fisk, Sharon Isbin, Christopher Parkening, Scott Tenant, Benjamin Verdery, John Williams y Andrew York.

✔ **Acústica:** Will Ackerman, Russ Barenberg, Pierre Bensusan, Norman Blake, Dan Crary, Pepino D'Agostino, Doyle Dykes, Tommy Emmanuel, John Fahey, José Feliciano, Peter Finger, Laurence Juber, Phil Keaggy, Leo Kottke, Adrian Legg, Joni Mitchell, Mark O'Connor, Merle Travis, John Renbourn, Richard Thompson, Tony Rice, Paul Simon, James Taylor, Doc Watson y Clarence White.

✔ **Country:** James Burton, Glenn Campbell, Roy Clark, Jerry Donahue, Ray Flacke, Danny Gatton, Vince Gill, John Jorgenson, Albert Lee, Scotty Moore, Will Ray, Ricky Skaggs y Steve Wariner.

Capítulo 20

Diez guitarras
que debería conocer

En este capítulo

▶ De tapa arqueada y cuerpo hueco

▶ Eléctricas de cuerpo macizo

▶ De cuerpo semihueco

▶ Eléctricas

▶ Acústicas de tapa plana

▶ Clásicas

▶ De doce cuerdas

*N*ingún instrumento musical ofrece una mayor variedad de aspectos, funciones y sonidos que una guitarra. Sea la discreta y elegante Ramírez, la suave y alegre D'Angelico o la estridente y funky Telecaster, cada una de las guitarras que se presentan más abajo ha dejado una indeleble marca en el canon de la interpretación de guitarra y será para siempre conocida como un clásico.

D'Angelico de tapa arqueada

Fabricación: 1932-1964

Considerada por muchos la mejor guitarra de jazz de todos los tiempos, las guitarras D'Angelico eran instrumentos hechos por encargo con cuerpo hueco y tapa arqueada (a diferencia de las guitarras folk de cuerdas de acero, cuya tapa es plana) construidas por el gran maestro del género, John D'Angelico (1905-1964). Además de su sonido rico y cálido, estas guitarras eran construidas de forma meticulosa y adornadas con algunas de las decoraciones más elegantes de todos los tiempos.

Fender Stratocaster

Fabricación: desde 1954

La guitarra eléctrica más famosa del mundo, la Stratocaster fue diseñada a principios de los años cincuenta como un instrumento de la era espacial con unas líneas depuradas, un sonido algo chillón y dimensiones reducidas (al menos en comparación con las enormes guitarras de tapa arqueada de jazz de entonces). En manos de maestros como Buddy Holly, Jimi Hendrix, Stevie Ray Vaughan y Eric Clapton, esta guitarra de cuerpo macizo se hizo omnipresente, de forma que hoy es imposible ir a una tienda de guitarras y no ver unas cuantas "Strato" en la pared.

Fender Telecaster

Fabricación: desde 1951

La otra gran contribución de Fender al mundo de la guitarra eléctrica es la Telecaster, que fue la primera guitarra de cuerpo macizo comercializada (1950). La "Tele" dejó su huella en el mundo del country, aportando un sonido brillante y vibrante a innumerables grabaciones. Con su sencillo diseño a partir de un tablón de madera de fresno o de aliso, y dotada de unos componentes electrónicos mínimos, fue básica para la diseño de nuevas guitarras eléctricas y sigue siendo un clásico en nuestros días.

Gibson ES-335

Fabricación: desde 1958

Introducida a finales de la década de los cincuenta, este instrumento diseñado con un fino cuerpo semihueco aspiraba a combinar las cualidades acústicas de las grandes guitarras de tapa arqueada con el sonido compacto de las eléctricas de cuerpo macizo. El resultado fue una espléndida guitarra con un suave sonido leñoso, apta tanto para el jazz más limpio como para el rock más denso. El más famoso defensor de esta guitarra fue el artista de *jazz pop* de los setenta Larry Carlton, también conocido como "Mister 335".

Gibson J-200

Fabricación: desde 1937

Si quiere un sonido acústico resonante y un aspecto elegante, no se moleste en mirar otras guitarras que no sean la venerable Gibson J-200. Esta *jumbo* (guitarra grande) de cuerdas de acero fue diseñada para los guitarristas de country y rápidamente se convirtió en un clásico en Nashville. Destacan su palo de rosa altamente ornamental y su puente con incrustaciones de nácar, que tiene una forma parecida a un bigote.

Gibson Les Paul

Fabricación: desde 1952

Bajo el nombre del artista sensación del jazz pop de los años cincuenta, el modelo Gibson Les Paul acabó por convertirse en uno de los instrumentos más icónicos del rock. Con partidarios de la talla de Jimmy Page o Jeff Beck, esta eléctrica construida con un único recorte de madera ofrece un sonido grueso y profundo que contribuyó al nacimiento del rock duro y el heavy metal. Algunos modelos originales de finales de los años cincuenta (en especial el Standard de 1959) se venden ahora por precios que llegan a los sesenta mil euros.

Gretsch 6120

Fabricación: desde 1954

Conocida como la principal guitarra eléctrica del virtuoso del country Chet Atkins, el sonido potente y vibrante de esta guitarra de cuerpo hueco fue habitual en muchos discos de rock y country de los años cincuenta y sesenta. Con sus poco habituales pastillas FilterTron y la palanca de vibrato Bigsby, su característico gorjeo, la 6120 también le dio al pionero del rock Duane Eddy su personal sonido resonante.

Martin D-28

Fabricación: desde 1931

Martin empezó a fabricar en serie las guitarras acústicas *dreadnought* (llamadas así por un tipo de acorazados) en 1931 y su D-28 es la quintaesencia de ese gran diseño. Con una cintura ancha y un tono pesado y bajo, esta guitarra de gran tamaño se hizo esencial para los intérpretes de country y bluegrass y, en general, de toda la música de guitarra acústica de cuerdas de acero.

Clásica Ramírez

Fabricación: desde mediados del siglo XIX

Muchos de los grandes guitarristas de música clásica y de flamenco sólo consideran tocar un tipo de guitarra: la Ramírez. Construida por primera vez a mediados del siglo XIX, las guitarras clásicas de José Ramírez contribuyeron a definir el futuro del instrumento con sus cuerdas de tripa blanda (y más tarde de nailon), gracias a una magnífica fabricación y un sonido delicioso. Entre los primeros defensores de las Ramírez se encontraba nada menos que el mismísimo maestro Andrés Segovia.

Rickenbacker 360-12

Fabricación: desde 1963

El timbre resonante de las guitarras de los primeros discos de los Beatles y los Byrds procedía de una gran guitarra: la Rickenbacker 360-12. Se trata de una eléctrica de doce cuerdas y cuerpo semihueco con un sonido absolutamente inconfundible dentro del universo de la guitarra. El atemporal *sonido Rick* reapareció en los años ochenta gracias a los éxitos de Tom Petty y R. E. M., entre otros.

Parte VII
Apéndices

En esta parte...

Si quiere ir más allá de la simple lectura de tablaturas, el apéndice A está hecho para usted. En este apartado le ayudaremos a descifrar las diferentes líneas, puntos y garabatos que aparecen en los pentagramas de la notación musical estándar. También le diremos cómo encontrar en el diapasón de su guitarra cualquier nota que aparezca en las partituras. En el apéndice B encontrará una tabla con 96 de los acordes más usados, algo imprescindible para cualquier guitarrista. Finalmente, en el apéndice C encontrará algunos consejos útiles para sacar el máximo partido a los archivos de audio que puede encontrar en nuestra página web (www.paradummies.com.mx).

Apéndice A

Cómo leer música

· ·

*L*eer música puede intimidar al principio, pero no es difícil en absoluto. Hasta los niños pequeños pueden hacerlo. Este apéndice explica los conceptos del solfeo en el contexto de una canción conocida. Después de leer esto, puede practicar la lectura de música trabajando las canciones de este libro con la notación estándar en lugar de la tablatura. (Si tiene problemas para asimilar las duraciones, puede oírlas en el MP3. Y si tiene dificultades con las alturas, puede consultar la tablatura.)

La cuestión más importante que hay que entender de la música escrita es que nos da tres clases de información al mismo tiempo: la *altura* (el nombre de la nota), la *duración* (cuánto tiempo se debe mantener la nota) y la *expresión y articulación* (cómo tocar la nota). Si usted se plantea cómo todo esto encaja en un único sistema, reconocerá que es realmente ingenioso: tres tipos de información al mismo tiempo, y de tal manera que cualquier músico con sólo mirarlo toque exactamente lo que el compositor deseaba. Fíjese más detalladamente en los tres tipos de información que la música escrita ofrece a la vez:

✔ **Altura:** Este elemento le indica qué notas (o alturas) hay que tocar (*la, si, do,* etcétera) por la ubicación de las cabezas de las notas (los símbolos circulares) en las cinco líneas del *pentagrama*. Los nombres de las notas son *do, re, mi, fa, sol, la* y *si,* y su altura va subiendo a medida que se alejan del *do.* Después del *si,* la siguiente nota en altura es nuevamente *do.*

✔ **Duración:** Este elemento musical indica cuánto tiempo mantener cada nota *en relación con el ritmo* o *compás.* Por ejemplo, una nota puede mantenerse durante un tiempo, dos tiempos, medio tiempo, etc. Los símbolos que emplean las partituras de música para la duración son redondas (○), blancas (♩), negras (♩), corcheas (♪), semicorcheas (♪), etc.

✔ **Expresión y articulación:** Estos elementos indican cómo hay que tocar las notas: con fuerza o a un volumen bajo, ligadas o separadas, con gran emoción o sin emoción (algo poco habitual). Estas instrucciones pueden consistir en pequeñas señales escritas encima o debajo de las cabezas de las notas o en pequeños mensajes verbales escritos sobre la música. A menudo, las palabras están en italiano (*piano*, *mezzo-forte*, *staccato*) porque cuando los compositores empezaron a añadir la expresión y articulación a sus partituras los italianos eran los más influyentes en el mundo musical. Además, el italiano suena mucho más romántico que el inglés o el español.

Los elementos de la notación musical

La figura A muestra la partitura de la canción *Shine On Harvest Moon* con los diversos elementos de la notación numerados.

Figura A-1:
Partitura
de *Shine
On Harvest
Moon*

Altura
1. Pentagrama
2. Clave
3. Nota *sol*
4. Líneas adicionales
5. Alteraciones
6. Armadura de clave

Ritmo
7. Redonda
8. Blanca
9. Negra
10. Corchea
  a. corchete
  b. corchete unido
11. Semicorchea
12. Silencio

13. Tempo
14. Compás (indicación)
15. Barra de compás
16. Doble barra
17. Compás (unidad)
18. Ligadura
19. Puntillo

Expresión/Articulación
20. Indicaciones dinámicas
21. *Crescendo y ritardando*
22. Ligadura (*legato*)
23. *Staccato*
24. Acento
25. Símbolo de repetición
26. *Prima volta, seconda volta*

Siga en orden los elementos de la notación, consultando las explicaciones correspondientes a cada número. Los números 1 a 6 explican la mecánica de la lectura de alturas, los números 7 a 19 tratan la lectura de duraciones, y los números 20 a 26 explican las indicaciones de expresión y articulación.

Leer la altura

La tabla A-1 explica lo que significan en el lenguaje musical los diversos símbolos que representan la altura. Consulte la figura A-1 y esta tabla para entender el significado de los símbolos. La tabla A-1 hace referencia a los símbolos numerados del 1 al 6 en la figura A-1.

Tabla A-1	**Los símbolos de la altura y sus significados**	
Número en la Figura A-1	*Cómo se llama*	*Qué significa*
1	Pentagrama	Los compositores escriben la música sobre un sistema de cinco líneas llamado *pentagrama*. La línea más baja del pentagrama se llama *primera línea*. Entre las cinco líneas hay cuatro espacios, de los cuales el más bajo se llama *primer espacio*. Las cabezas de las notas se colocan sobre las líneas o entre ellas (en los espacios). A medida que las cabezas de las notas ascienden en el pentagrama, sube la altura sonora de la nota, es decir, se van haciendo más agudas. La distancia entre una línea y el espacio situado inmediatamente por encima (o de un espacio a la siguiente línea más alta) equivale a la distancia entre dos notas consecutivas en la escala (por ejemplo, de *la* a *si* o de *do* a *re*).
2	Clave	El pentagrama por sí solo no determina las notas de las diversas líneas y espacios. Un símbolo llamado clave, al principio de cada pentagrama, identifica una nota concreta sobre el pentagrama. A partir de esa nota, es posible identificar todas las demás notas subiendo o bajando por la escala musical en el pentagrama (de línea a espacio, de espacio a línea, etcétera.). La clave más común empleada en las partituras de guitarra es la clave de Sol; véase **nota *sol***, a continuación.

(continúa)

Tabla A-1 *(continuación)*

Número en la Figura A-1	Cómo se llama	Qué significa
3	Nota Sol	La **clave** más comúnmente utilizada en las partituras de guitarra es la clave de *sol*, que se parece vagamente a una letra G escrita con un estilo anticuado (en algunos sistemas musicales la letra G representa la nota *sol*). Hace un bucle cuyo punto de partida empieza en la segunda línea del **pentagrama**, e indica que esta línea es la de *sol* y por lo tanto, toda nota que esté en esta línea será un *sol*. Cada línea es una nota, y cada espacio otra. Así, si empezamos desde la línea de más abajo, nos encontraremos que la primera es *mi*, la segunda *sol*, la tercera *si*, la cuarta *re* y la quinta *fa*. De la misma manera, el primer espacio es *fa*, el segundo *la*, el tercero *do* y el cuarto *mi*.
4	Líneas adicionales	Si usted quiere escribir notas más altas o más bajas de lo que permite el pentagrama, puede "extender" el pentagrama por arriba o por abajo añadiendo unas líneas de pentagrama muy cortas llamadas *líneas adicionales*. Las notas se mueven arriba y debajo en las líneas adicionales exactamente igual que lo hacen en las líneas normales del pentagrama.

(continúa)

Número en la Figura A-1	Cómo se llama	Qué significa
5	Alteraciones (sostenidos, bemoles y naturales)	Las siete notas de la escala musical (a veces llamadas notas *naturales*) no son las únicas notas de nuestro sistema musical. Hay otras cinco notas entre algunas de las notas naturales. Imagínese el teclado de un piano: las teclas blancas corresponden a las siete notas naturales, y las teclas negras son las cinco notas adicionales. Como estas notas de las "teclas negras" no tienen nombres propios, los músicos se refieren a ellas usando los nombres de las "teclas blancas" junto con sufijos o símbolos especiales. Para referirse a la tecla negra situada a la *derecha* de una tecla blanca (un semitono más alta), se emplea el término *sostenido*. El símbolo musical del sostenido es ♯. De manera que la tecla negra a la derecha de *do*, por ejemplo, es *do* sostenido (o *do* S). En la guitarra se toca *do* sostenido un traste por encima de *do*. A la inversa, para indicar la tecla negra situada a la *izquierda* de una tecla blanca (un semitono más baja) se emplea el término *bemol*. El símbolo musical para el bemol es ♭. Así que la tecla negra situada a la izquierda de *si*, por ejemplo, es *si* bemol (o *si*♭). En la guitarra se toca *si*♭ un traste por debajo del *si*. Del mismo modo que se puede alterar una nota con un sostenido o un bemol, se le puede quitar la alteración (es decir, devolver la nota a su estado de "tecla blanca" o natural) anulando el sostenido o el bemol mediante un símbolo conocido como *becuadro* (♮). La última nota del primer pentagrama de la figura A-1, *la* natural, es un ejemplo de este tipo de restitución.

(continúa

Número en la Figura A-1	Cómo se llama	Qué significa
6	Arma-dura de clave	A veces una nota o altura concreta (o varias) se mantiene alterada como sostenido o bemol a lo largo de toda una partitura (véase la anterior explicación sobre las **alteraciones**). En lugar de indicar un bemol cada vez que aparece un *si*, por ejemplo, usted verá un único bemol en la línea de *si* justo después de la **clave**. Eso indica que todos los *si* de la canción se habrán de tocar como *si*♭. Los sostenidos y los bemoles que aparecen de esta manera son conocidos como la *armadura de clave*. La armadura de clave le indica qué notas de una partitura tocar con alteraciones de sostenido o bemol. Si la música requiere devolver una de las notas alteradas a su estado natural, un becuadro (♮) delante de la nota indica que ésta se toca natural (como en la séptima nota de la figura A-1, en la que el becuadro devuelve el *si*♭ a *si* natural)

Leer la duración

La forma y el color de una nota nos indica el tiempo de duración de la misma. Las notas pueden tener una cabeza vacía (como es el caso de la redonda y la blanca) o una cabeza llena (negras, corcheas y semicorcheas), Las cabezas llenas también pueden tener líneas verticales (llamadas *plicas*) con *corchetes* (líneas de trazo ondulado en forma de banderín) pendiendo de ellas. Si se trata de dos notas o más, hablamos de *corchetes unidos* (líneas horizontales que unen las plicas). La tabla A-2 se refiere a los símbolos numerados desde el 7 al 19 en la figura A-1.

Tabla A-2   Los símbolos de duración y sus significados

Número en la Figura A-1	Cómo se llama	Qué significa
7	Redon-da	La nota más larga es la *redonda*, representada por una cabeza oval o circular vacía y sin plica.
8	Blanca	La *blanca* viene representada por una cabeza oval o circular vacía con una plica. Dura la mitad que la **redonda**.
9	Negra	La *negra* viene representada por una cabeza oval o circular llena con una plica. Dura la mitad que la **blanca**.
10	Corchea	La corchea viene representada por una cabeza oval o circular llena con una plica y un corchete. Dura la mitad que una **negra**.
11	Semi-corchea	La semicorchea viene representada por una cabeza oval o circular llena con una plica y o dos corchetes. Dura la mitad que la **corchea**.
12	Silencio	La música no sólo consta de notas, sino también de *silencios*. Lo que concede su interés a la música es justamente la interactuación de notas y silencios. El silencio de la figura A-1 es un silencio de negra, igual en duración a una **negra**. Pero los silencios pueden tener duraciones similares a las de todas las figuras rítmicas, como el silencio de redonda (-), el silencio de blanca (‐), el silencio de corcheas (↱) y el silencio de semicorcheas (↴).
13	Tempo	El *tempo* le indica lo rápido o lento que es el ritmo o el pulso de una canción. Cuando usted escucha música, (normalmente) oye un ritmo inmediatamente reconocible. El ritmo es lo que marca los golpecitos que usted da con el pie o lo que hace chasquear sus dedos.

(continúa)

Tabla A-2 *(continuación)*

Número en la Figura A-1	Cómo se llama	Qué significa
14	Compás (indicación)	La mayoría de las canciones agrupan sus pulsaciones rítmicas en grupos de dos, tres o cuatro tiempos. Los tiempos de una canción pueden, por ejemplo, sonar como "uno-dos-tres-cuatro, uno-dos-tres-cuatro, uno-dos-tres-cuatro", en lugar de "uno-dos-tres-cuatro-cinco-seis-siete-ocho-nueve-diez-once-doce". La indicación de compás se asemeja a una fracción (pero en realidad consiste en un número sobre otro, sin línea divisoria), y le indica a usted dos cosas: el número de arriba indica cuántos tiempos componen un compás (o agrupamiento). En *Shine On Harvest Moon,* por ejemplo, el número de arriba es 4, y le indica que cada agrupamiento contiene cuatro tiempos. En segundo lugar, el número de abajo le indica qué tipo de nota (negra, blanca, etcétera) constituye un tiempo. En este caso, el número de abajo, el 4, le indica que cada tiempo dura una negra (si fuera un 2, sería una blanca, etc.). Asignar a la negra un tiempo es lo más habitual, y también lo es tener cuatro tiempos por agrupamiento (o compás). En realidad, el compás de 4/4 a veces se llama simplemente *compás común,* y a veces se puede indicar utilizando la letra *C* en lugar de los números 4/4.
15	Barra de compás	Una *barra de compás* es una línea vertical trazada en el pentagrama que separa cada uno de los agrupamientos señalados por la indicación de **compás**. En *Shine on Harvest Moon*, aparece una barra de compás cada cuatro tiempos.
16	Doble barra de compás	Una *doble barra de compás* indica el final de una canción

(continúa)

Número en la Figura A-1	Cómo se llama	Qué significa
17	Compás (unidad)	El espacio entre dos **barras de compás** consecutivas es la unidad de medida conocida como compás. Cada compás consta del número de tiempos que indica la indicación de **compás** (en el caso de la figura A-1, cuatro). Esos cuatro tiempos se pueden distribuir rítmicamente según cualquier combinación que encaje en esos cuatro tiempos. Puede haber cuatro **negras**, o dos **blancas**, o una **redonda**, o una blanca, una negra y dos **corcheas**, o cualquier otra combinación. Incluso puede haber **silencios**, siempre que el conjunto sume cuatro negras. Mire los compases de *Shine On Harvest Moon* para hacerse una idea de diferentes combinaciones.
18	Ligadura	Una línea curva corta que conecta dos notas de la misma altura es conocida como una ligadura. Una *ligadura* le indica que no toque la segunda de las dos notas, sino que añada al valor temporal de la primera nota el valor temporal de la segunda.
19	Puntillo	Un pequeño punto que aparece después de una nota, llamado puntillo, incrementa el valor temporal de esa nota en la mitad. Si una **blanca** equivale a dos tiempos, por ejemplo, una blanca con puntillo es igual a tres (dos más la mitad de dos, o dos más uno, o sea, tres).

Expresión, articulación y términos y símbolos varios

La *expresión* y la *articulación* hacen referencia a cómo tocar la música. La tabla A-3, junto con la figura A-1, le habla de los símbolos y términos que se ocupan de estos aspectos. La tabla A-3 se ocupa de los símbolos numerados del 20 al 26 en la figura A-1.

Tabla A-3   Expresión, articulación y símbolos varios

Número en la Figura A-1	Cómo se llama	Qué significa
20	Indicaciones dinámicas	Una *indicación dinámica* le indica la fuerza o la suavidad con la que hay que tocar. Estas indicaciones son normalmente abreviaturas de términos italianos. Algunas indicaciones habituales, de la más suave a la más fuerte, son *pp* (*pianissimo*), muy suave; *p* (*piano*), suave; *mp* (*mezzopiano*), moderadamente suave; *mf* (*mezzo-forte*), moderadamente fuerte; *f* (*forte*), fuerte, y *ff* (*fortissimo*), muy fuerte.
21	*Crescendo* y *ritardando*	El símbolo en forma de cuña se conoce como *crescendo*, e indica que la música se va haciendo más fuerte gradualmente. Si el símbolo en forma de cuña se va cerrando, indica un *decrescendo*, una moderación gradual. Con frecuencia, en lugar de cuñas (o, como las llaman muchos músicos, "horquillas"), aparece la abreviatura *cresc.* o *decresc.* Otro término que se puede usar para indicar el debilitamiento del volumen es *diminuendo*, abreviado *dim*. La abreviatura *rit.* (a veces *ritard.*) corresponde a la palabra *ritardando* e indica una ralentización gradual del tempo. *Rallentando* (abreviado *rall.*) significa lo mismo. Un aumento gradual en el tempo puede se puede indicar *accel.*, que es la abreviatura de *accelerando*.
22	Ligadura (*legato*)	Una *ligadura* es una línea curva que une dos notas de diferente altura. Una ligadura (también llamada *legato* o ligado) le indica que conecte las notas de forma continuada, sin ruptura en la cadena de sonido.
23	*Staccato*	Las marcas de *staccato* encima o debajo de las notas indican que hay que tocarlas de forma corta y suelta, no ligada.
24	Acento	Una señal de *acento* encima o debajo de una nota nos dice que hay que enfatizarla tocándola más fuerte de lo normal.

(continúa)

Número en la Figura A-1	Cómo se llama	Qué significa
25	Símbolo de repetición	El símbolo de repetición indica la repetición de determinados compases. El símbolo (‖) señala el comienzo de la sección repetida (en este caso, el compás 1), y el símbolo (‖) señala su final (véase el compás 8 de *Shine On Harvest Moon*).
26	*Prima volta, seconda volta*	A veces una sección repetida empieza igual las dos veces pero termina de manera diferente. Estos finales diferentes se indican usando estos corchetes numerados. La primera vez toque los compases de la *prima volta* (1.), pero la segunda vez cámbielos por los de la *seconda volta* (2.). Si volvemos al ejemplo de *Shine On Harvest Moon*, primero se tocan los compases 1 a 8; después otra vez los compases 1 a 5; por último, los compases 9 a 11.

Encontrar las notas en la guitarra

Todas las figuras, desde la A-2 hasta la A-7, son indicaciones para que usted comprenda cómo encontrar las notas de la notación estándar en cada una de las seis cuerdas de la guitarra. Por cierto, la *altura real* de la guitarra está una octava (12 semitonos) por debajo de la *altura escrita*. **Nota:** A veces aparecen dos notas en el mismo traste (por ejemplo, *fa ♯/sol ♭*). Estas dos notas (conocidas como *equivalentes enarmónicos*) tienen la misma altura.

Figura A-2:
Notas de la
1ª cuerda
(*mi* agudo)

Figura A-3:
Notas de la
2ª cuerda
(*si*)

Figura A-4:
Notas de la
3ª cuerda
(*sol*)

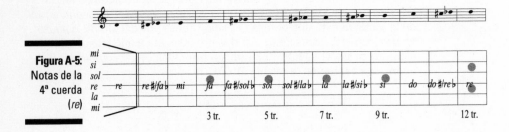

Figura A-5:
Notas de la
4ª cuerda
(*re*)

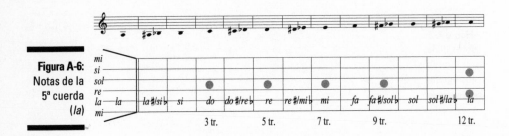

Figura A-6:
Notas de la
5ª cuerda
(*la*)

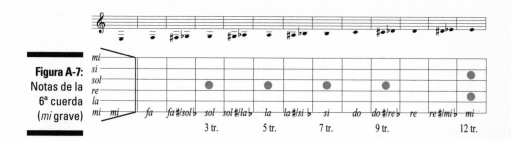

Figura A-7:
Notas de la
6ª cuerda
(*mi* grave)

Apéndice B

96 Acordes habituales

· ·

*E*n las páginas que vienen a continuación hemos incluido los diagramas de 96 de los acordes de uso más habitual.

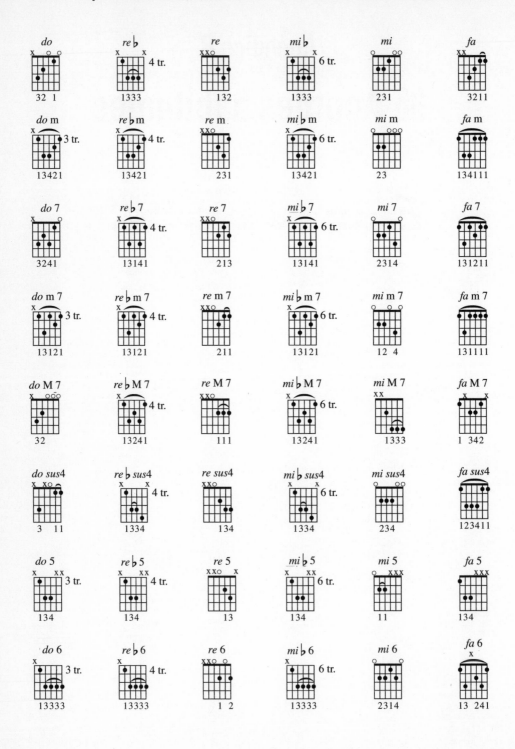

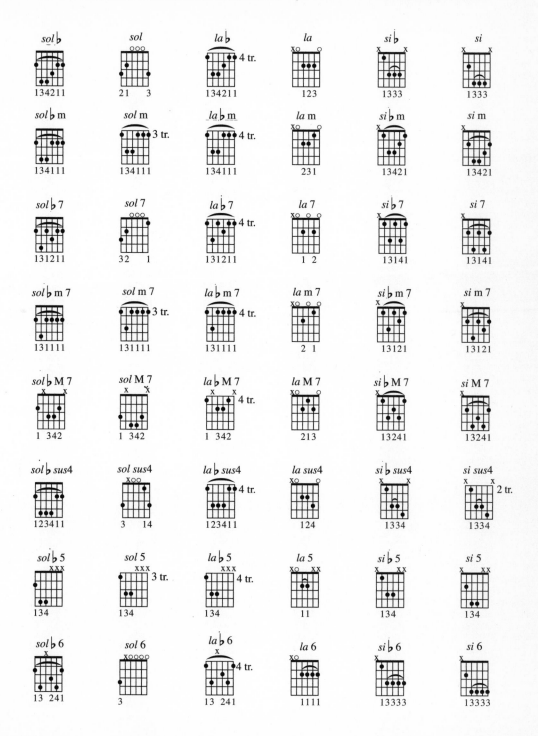

Cómo usar los archivos MP3

· ·

Todos los ejemplos musicales de *Guitarra para Dummies* están incluidos en la web (www.paradummies.com.mx) que viene con el libro (¡más de ciento sesenta ejemplos!). Esto hace de *Guitarra para Dummies* una verdadera experiencia multimedia. Usted dispone de un texto que le explica las técnicas que se utilizan, sistemas visuales de representación de la música en dos formas (tablatura de guitarra y notación musical estándar) e interpretaciones en audio de la música (reproducibles en su ordenador) con el tratamiento sonoro adecuado (distorsión para el rock, brillantes timbres acústicos en el folk, etcétera) y los arreglos de acompañamiento apropiados.

Una manera divertida de experimentar *Guitarra para Dummies* es simplemente ojear los ejemplos musicales del texto a la vez que escucha las interpretaciones correspondientes en el MP3. Cuando oiga algo que le guste, lea el texto que trata en detalle sobre esa pieza musical concreta. O vaya al capítulo que le interese (por ejemplo, el capítulo 10, que trata sobre cómo tocar rock con la guitarra), busque las correspondientes pistas de MP3 y vea si es usted capaz de hacerlo. ¿Que no lo entiende? ¡Pues pasa al capítulo 8 para ver cómo son los acordes de cejilla y ya está!

Relacionar el texto con el audio

Allá donde vea en el texto música escrita y quiera oír cómo suena el MP3, consulte el recuadro de la esquina superior derecha, que le informará sobre el número de pista y el momento de comienzo (en minutos y segundos).

Utilice el control de salto de pista del ordenador o del mando a distancia de su programa MP3 para ir al número de pista deseado, y después use los controles de adelante y atrás para ir al momento concreto de la pista, expresado en minutos y segundos. Cuando llegue o se acerque al comienzo, suelte el botón de búsqueda y sonará el ejemplo.

Si quiere tocar junto con el MP3, déjelo preparado en un punto situado unos segundos antes del comienzo. Si se concede unos pocos segundos de ventaja, podrá dejar el mando a distancia y colocar sus manos en una posición correcta para empezar a tocar la guitarra.

Cuenta atrás

Muchos de los ejemplos musicales van precedidos de una especie de *cuenta atrás*, que es un chasquido de metrónomo que marca el ritmo antes de que la música empiece. Esto le indica el tempo (la velocidad) a la que se toca la música. Es como tener su propio director que le diga "uno, dos, tres y" para que usted pueda empezar en el *tiempo fuerte* del compás (la primera nota) estando sincronizado con el MP3. Los ejemplos en compás de 4/4 tienen cuatro tiempos "antes" de la música y los ejemplos en compás de 3/4 tienen tres tiempos.

Distribución en estéreo

Hemos grabado algunos de los ejemplos en lo que se conoce como distribución en estéreo. En determinadas piezas la música de acompañamiento suena por el canal izquierdo de su aparato mientras que la guitarra solista suena por el derecho. Si deja el *control de balance* de su estéreo en su posición normal (hacia arriba o "a las doce en punto"), oirá tanto la pista rítmica como la guitarra solista (por altavoces o auriculares distintos, eso sí). Ajustando el control de balance (girando el botón a la izquierda o a la derecha) es posible reducir de manera gradual o drástica el volumen de uno u otro canal.

¿Por qué hacer esto? Si ha estado practicando la parte solista de un determinado ejemplo y siente que ya la ha aprendido suficientemente bien como para probar a tocarlo "con la banda", gire el control de *balance* por completo hacia la izquierda. Ahora sólo sale el sonido por el altavoz de la izquierda, que es el de las pistas de acompañamiento. Los chasquidos de la cuenta atrás se encuentran en *los dos* canales, así que siempre recibirá usted su indicación de entrada para tocar al compás de la música. También puede hacer al revés para tocar los acordes de acompañamiento al tiempo que suena la parte solista grabada. Al fin y al cabo, los guitarristas polifacéticos trabajan tanto el aspecto rítmico como el solista.

Tenga siempre los archivos MP3 con el libro, y no los mezcle con sus demás MP3s. Intente adquirir el hábito de seguir la música impresa siempre que escuche el MP3, incluso si aún se ve un poco verde en lectura a primera vista. Al asociar el oído y la vista, absorberá más de lo que cree sólo con mover la vista por la página mientras escucha la música. Así que tenga siempre a mano el vínculo a nuestra página web (www.paradummies.com.mx) y el libro como compañeros inseparables y utilícelos a la vez para gozar de toda una experiencia audiovisual.

Lo que encontrará en la web

Pistas de audio MP3

Aquí tiene una lista de las pistas de MP3 junto con los números a los que corresponden en el libro. Utilícela para consultas rápidas para encontrar más información sobre las pistas que le interesen. El primer número equivale al número del capítulo en el que explicamos cómo tocar la pista. Después sólo tiene que hojear los títulos y las canciones en orden hasta que encuentre la pista que le interesa. Para facilitar un poco las cosas, los ejercicios también contienen los números de pista (y el tiempo en minutos y segundos) para ayudarle a encontrar exactamente la pista que necesita.

Recuerde que nuestra página web (www.paradummies.com.mx) le proporciona toda la información necesaria para poder escuchar los archivos MP3 y favorecer un aprendizaje interactivo muy cómodo. Si tiene dificultades, no dude en escribir al e-mail de contacto de la misma web.

Pista	(Tiempo)	Número	Título de la canción/Descripción
1		-	Referencia de afinación
2	(0:00)	4-2	Progresión de acordes que emplean acordes de la familia de *la*
	(0:16)	4-4	Progresión de acordes que emplean acordes de la familia de *re*
	(0:43)	4-6	Progresión de acordes que emplean acordes de la familia de *sol*
	(1.10)	4-8	Progresión de acordes que emplean acordes de la familia de *do*

(continúa)

Pista	(Tiempo)	Número	Título de la canción/Descripción
3		-	Kumbaya
4		-	Swing Low, Sweet Chariot
5		-	Auld Lang Syne
6		-	Michael, Row the Boat Ashore
7		5-1	Melodía sencilla
8		-	Little Brown Jug
9		-	On Top of Old Smoky
10		-	Swanee River (Old Folks at Home)
11		-	Home on the Range
12		-	All Through the Night
13		-	Over the River and Through the Woods
14		-	It's Raining, It's Pouring
15		-	Oh, Susanna
16		6-6	Una progresión de blues de doce compases en *mi*
17	(0:00)	7-4a	Ejercicio de permutación 1-2-3-1
	(0:10)	7-4b	Ejercicio de permutación 1-3-2-4
	(0:20)	7-4c	Ejercicio de permutación 15-14-13
18	(0:00)	7-5	Escala de *do* mayor en dobles cuerdas que asciende por el mástil
	(0:11)	7-6	Escala de *do* mayor en dobles cuerdas que se mueve a lo ancho del mástil
19		-	Simple Gifts
20		-	Turkey in the Straw
21		-	Aura Lee
22		-	The Streets of Laredo

(continúa)

Pista	(Tiempo)	Número	Título de la canción/Descripción
23	(0:00)	8-2	Progresión que utiliza acordes mayores basados en *mi* con cejilla
	(0:13)	8-3	Progresión sincopada que utiliza acordes mayores basados en *mi* con cejilla
	(0:27)	8-4	Progresión que utiliza acordes mayores y menores basados en *mi* con cejilla
	(0:41)	8-5	Progresión que utiliza acordes mayores y de séptima basados en *mi* con cejilla
	(0:54)	8-6	Progresión que utiliza acordes mayores y menores de séptima basados en *mi* con cejilla
24		8-7	Progresión de una canción de Navidad que utiliza acordes basados en *mi* con cejilla
25	(0:00)	8-11	Progresión que utiliza acordes mayores basados en *la* con cejilla
	(0:12)	8-13	Progresión que utiliza acordes mayores y menores basados en *la* con cejilla
	(0:26)	8-14	Progresión que utiliza acordes mayores, menores y de séptima dominante basados en *la* con cejilla
	(0:42)	8-15	Progresión que utiliza acordes de séptima menor con cejilla basados en *la* con cejilla
	(0:55)	8-16	Progresión que utiliza acordes mayores y menores de séptima basados en *la* con cejilla
26		8-17	Progresión de una canción de Navidad que utiliza acordes basados en *la* con cejilla
27	(0:00)	8-20	Progresión con acordes de potencia en *re*
	(0:14)	8-21	Progresión de heavy metal con acordes de potencia
28		-	*We Wish You a Merry Christmas*
29		-	*Power Play*
30	(0:00)	9-1a	Martilleo en una cuerda al aire
	(0:07)	9-1b	Martilleo de una nota pisada
	(0:14)	9-1c	Doble martilleo
	(0:20)	9-1d	Doble martilleo con tres notas
	(0:27)	9-2a	Martilleo de dobles cuerdas con cuerdas al aire
	(0:34)	9-2b	Martilleo de dobles cuerdas del segundo al cuarto traste
	(0:41)	9-2c	Doble martilleo con dobles cuerdas
	(0:48)	9-3	Martilleo desde ninguna parte

(continúa)

Pista	(Tiempo)	Número	Título de la canción/Descripción
31		9-4	Martilleo de notas sueltas con cuerdas al aire
32		9-5	Acorde rasgueado mientras se martillea una de las notas
33		9-6	Martilleos de notas sueltas desde notas pisadas
34		9-7	Martilleo con dobles cuerdas y martilleo desde ninguna parte
35	(0:00)	9-8a	Tirón de cuerda al aire
	(0:07)	9-8b	Tirón de nota pisada
	(0:13)	9-8c	Doble tirón de cuerda al aire
	(0:20)	9-8d	Doble tirón de nota pisada
	(0:27)	9-9a	Tirón de dobles cuerdas hacia cuerdas al aire
	(0:34)	9-9b	Tirón de dobles cuerdas desde notas pisadas
	(0:41)	9-9c	Doble tirón de dobles cuerdas
36	(0:00)	9-10	Tirones de notas sueltas para cuerdas al aire
	(0:19)	9-11	Rasguear un acorde mientras se realiza un tirón en una de las notas
37	(0:00)	9-12a	Arrastre con la segunda nota no punteada
	(0:07)	9-12b	Arrastre con la segunda nota punteada
	(0:12)	9-13a	Arrastre inmediato ascendente
	(0:17)	9-13b	Arrastre inmediato descendente
38		9-14	Arrastres a lo Chuck Berry
39		9-15	Cambio de posiciones con arrastres
40	(0:00)	9-17a	*Bend* inmediato
	(0:06)	9-17b	Doblar y aflojar
	(0:13)	9-17c	Predoblar y aflojar
41		9-18	*Bending* en la 3ª cuerda en una progresión de rock
42		9-19	*Bending* de la 2ª cuerda en un *lick* solista
43		9-20	Doblar y aflojar en un *lick* solista
44		9-21	*Bending* en diferentes direcciones
45		9-22	*Lick* de *bending* intricado
46		9-23	Dobles cuerdas dobladas y aflojadas

(continúa)

Pista	(Tiempo)	Número	Título de la canción/Descripción
47	(0:00)	9-24a	Vibrato estrecho
	(0:10)	9.24b	Vibrato amplio
48	(0:00)	9-25a	Apagado con la mano izquierda
	(0:08)	9-25b	Apagado con la mano derecha
49		9-26	Síncopa mediante apagado
50		9-27	Apagado con la palma en un *riff* de rock duro
51		9-28	Apagado con la palma en un *riff* de country
52		-	*The Articulate Blues*
53		10-1	*Riff* de acompañamiento de Chuck Berry
54		10-2	Progresión de blues de doce compases en *la* utilizando dobles Cuerdas
55		10-4	Martilleos y tirones en el patrón I
56		10-5	*Bending* en el patrón I
57		10-6	*Bending* simultáneo de dos cuerdas en el patrón I
58		10-7	Solo en el patrón I
59		10-9	Típico *lick* con el patrón II
60		10-11	Típico *lick* con el patrón III
61		10-12	Solo de doce compases que utiliza los patrones I, II y III
62	(0:00)	10-13	Progresión de acordes *sus*
	(0:15)	10-14	Progresión de acordes *add*
63		10-15	Progresión de acordes híbridos
64	(0:00)	10-16	Frase en la afinación de *re* caído
	(0:10)	10-17	*Riff* sobre un acorde de potencia en la afinación en *re* caído
65		10-18	Frase típica en afinación en *re* abierto
66		10-20	*Lick* solista de rock sureño en *la*
67		-	*Chuck's Duck*

(continúa)

Pista	(Tiempo)	Número	Título de la canción/Descripción
68		-	*Southern Hospitality*
69		11-2	Acompañamiento de blues de doce compases
70		11-3	Blues de doce compases con *riff* de boogie-woogie
71	(0:00)	11-6	*Riff* en el patrón IV con sensación ternaria
	(0:10)	11-7	*Lick* en el patrón V con arrastre hacia el patrón I
72	(0:00)	11-9	*Lick* de blues con el patrón I
	(0:13)	11-10	*Lick* de blues con el patrón II
	(0:23)	11-11	*Lick* de blues con el patrón IV
73	(0:00)	11-13	*Lick* de blues en el patrón I con tercera mayor
	(0:10)	11-14	*Lick* de blues de dobles cuerdas en el patrón I en tercera mayor
74		11-15	*Riff* con un fraseo típico del blues
75	(0:00)	11-16a	Movimiento típico del blues
	(0:10)	11-16b	Movimiento típico del blues
	(0:19)	11-16c	Movimiento típico del blues
	(0:29)	11-16d	Movimiento típico del blues
76		11-18	Notas de bajo constante con la escala de blues en *mi*
77	(0:00)	11-19	Motivo repetido en la misma altura
	(0:11)	11-20	Motivo repetido en una altura diferente
78	(0:00)	11-21	Alternancia entre un *lick* solista y un ritmo de bajo
	(0:13)	11-22	Alternancia entre un *lick* solista y un *lick* de bajo
	(0:26)	11-23	Combinación de notas pisadas y cuerdas al aire
79	(0:00)	11-24a	*Turnaround* de blues 1
	(0:13)	11-24b	*Turnaround* de blues 2
	(0:26)	11-24c	*Turnaround* de blues 3
	(0:39)	11-24d	*Turnaround* de blues 4
80		-	*Chicago shuffle*
81		-	*Mississippi Mud*

(continúa)

Pista	(Tiempo)	Número	Título de la canción/Descripción
82	(0:00)	12-3	Arpegio de *mi* menor
	(0:07)	12-4	Arpegio de *mi* menor arriba y abajo
83	(0:00)	12-5	Patrón de canción de cuna
	(0:10)	12-6	Patrón de pulgar y rasgueo
84	(0:00)	12-7	Patrón de pulgar, rasgueo y subida
	(0:09)	12-8	Patrón estilo Carter
85	(0:00)	12-9a	Estilo Travis, paso 1
	(0:08)	12-9b	Estilo Travis, paso 2
	(0:15)	12-9c	Estilo Travis, paso 3
	(0:23)	12-9d	Pellizco estilo Travis
	(0:31)	12-9e	"Rollo" estilo Travis
86		12-11	*Oh, Susanna* en estilo Travis
87		12-12	Estilo Travis con afinación en *sol* abierto
88		-	*House of the Rising Sun*
89		-	*The Cruel War Is Raging*
90		-	*Gospel Ship*
91		-	*All My Trials*
92		-	*Freight Train*
93	(0:00)	13-5	Ejercicio clásico del tirando
	(0:15)	13-8	Ejercicio clásico del arpegio
	(0:47)	13-9	Ejercicio clásico contrapuntístico
94		-	*Romance anónimo*
95		-	*Bourrée en* mi *menor*
96	(0:00)	14-2	Movimientos de acordes "interiores" típicos
	(0:17)	14-4	Movimientos de acordes "exteriores" típicos
	(0:40)	14-6	Improvisar un solo de jazz de melodía con acordes
	(0:52)	14-7	Melodía disfrazada con notas alteradas
	(1:16)	14-8	Acercamiento a notas de destino desde un traste superior o inferior
	(1:43)	14-9	Melodía en forma de notas de acorde arpegiadas

(continúa)

Pista	(Tiempo)	Número	Título de la canción/Descripción
97		-	*Greensleeves*
98		-	*Swing Thing*

Índice

• A •

accesorios, 319-338
  afinadores eléctricos y electrónicos,
    27-28, 333-334
  chismes útiles (pero no imprescindi-
    bles), 334-338
  cejillas, 238-241, 327-328
  correas, 33-34, 333-334
  cuerdas, 332
  fundas, 325-326
  pedales y aparatos de efectos, 328-332
  púas, 331-332
acción
  ajuste de la, 365-367
  definición de la, 35-36, 119-120
acento (símbolo >), 139, 390, 398-399
acompañamiento
  "estilo Travis", 249
  posición abierta en el (la), 178
  rítmico, 285289
acordes, 47-67 (*véase* diagramas de
    acordes; progresiones, *y familias*
    específicas de acordes)
  abiertos, 39-40, 48
  acentuación de los, 58-60
  alterados, 284-285
  ampliados, 284
  calidad de los, 50-51
  callos, formación de los, 48-49
  canciones con (en séptima), 87-89
  completos de jazz, 288-289
  do (en), 82-83
  do (familia de acordes), 56-59
  dominante en séptima, 82-84

entrecortados (estilo de) (*véase* arpegios)
esenciales, 221-222
exteriores, 287-288
fa con cejilla, 117-120
habituales (más), 403-405
híbridos, 194-195
interiores, 285-287
la (familia de acordes), 48-52
M (mayor) en séptima, 86-87
m (menor) en séptima, 85-86
mayores
  reconocimiento en un texto, 48
  séptima (en) basados en *do* con
    cejilla, 134-135
  sobre los, 50
menores
  mi m con cejilla (basados en), 134-
    135
  sensibilidad para interpretarlos,
    52-53
  sobre los, 50
nivel del, 223-224
nota añadida (de), 192-194
patrón del blues de doce compases,
  95, 180-181
posición abierta de nota añadida, 193-
  194
potencia (de), 140
progresión "clásica", 66-67
punteo "Travis", 246
re (familia de acordes), 51-55
séptima (en), 81-96
  basados en
    la con cejilla, 133-134
    mi con cejilla, 122-123, 125-126

sobre los, 50, 85-86
sobre los, 50, 81-82
sol (familia de acordes), 55-57
sustitución en posición abierta (de),
169
tocar un, 42-43, 58-61, 228-229
tonalidades habituales (en los),
209-210
acordes con cejilla, 117-143
determinar el nombre de los,
120-121
ejecución de los, 127-130
fa, 118-120
mayores basados en
la, 127-130
en séptima dominante basados en,
133-137
progresiones en los basados en,
129-132
mi, 117-120
menores basados en
la, 131-133
en séptima dominante basados en,
133-134
mi, 121-125
en séptima dominante basados en
mi, 121-122, 125-127
notación para guitarra clásica, 277
potencia (de), 136
progresiones basadas en *mi* mayor,
120-122
séptima dominante basados en
la (de), 133
mi (de), 120-121, 124-126
si ♭, 129
sobre los, 117-118
tocar canciones con acordes de potencia y, 140-141
acordes de la familia de *do*, 56-59
digitación, 57
do, 55
do 7, 82-83
do M 7, 86-87
progresión
clàsica con los acordes mayores,
66-67
con los, 58-59
rasgueado de los, 58-59

acordes de la familia de *la*, 48-52 (*véase
también* acordes con cejilla mayores
basados en *la*)
acorde en
la m, 55-56
la M 7, 86-87
la m 7, 85-86
la 7, 83-84
acordes con cejilla, 127-128
mayores, 127-128
menores, 131-133
diagramas del acorde, 50
en *la* 5, 137
en *la* m, 48
digitación de los acordes de la familia
de *la*, 42-50
progresión en los, 51-52
rasgueo de los, 49-50
acordes de nota añadida en posición
abierta, 193-194
acordes de potencia, 136-140
afinación en *re* caído de los, 195-196
cómo usarlos, 138-139
diagramas de *mi* 5, *la* 5 y *re* 5, 137
digitación, 136-138
sobre los, 136
tocar canciones con cejilla y, 140-141
acordes de séptima dominante, 82
la, con cejilla y basados en, 132-133
mi, con cejilla y basados en, 122-123,
123-126
acordes de sustitución y de nota añadida, 192-194
¿adónde ir desde aquí en este libro?, 9
afinación
abierta en *re* (acorde de), 196-197
alternativa para rock moderno, 195-196
cejilla (con), 240
cuerdas y trastes (con), 21-23
desde una fuente fija, 24-28
diapasón (con un), 27, 337-338
electrónicos y eléctricos (afinadores),
27-28, 333-334
guitarra acústica con cuerdas de acero,
344-346
nailon (cuerdas de), 349-350
"quinto traste" (método de afinación),
23-25

piano (con un), 25-26
pitos para la, 26-27
punteo Travis en la, 250-252
re caído (en), 195-197
relatividad de la, 22-23
uso del libro y del MP3 para la, 28-29
ajuste de conexiones sueltas, 363-364
alicates de corte, 337
almacenamiento de las guitarras, 361
alteraciones cromáticas, 197-198
All My Trials
  guía para la interpretación, 254
  partitura, 259-260
All Through the Night
  guía para la interpretación, 88
  partitura, 91
Allen (llave para tornillos), 371
amplificadores, 319-325
  actuación (de), 322-326
  amplificación sin amplificador (en
    equipos
     estéreo, etc.), 323
  grabación (con), 324
  jazz (uso en el), 284, 293-295
  práctica (de), 320-322
  sobre los, 319-321
ángulo de ruptura, 344
apagado (de notas y acordes), 168-172
  creación de un efecto de sonido denso
    o grueso, 169-170
  cuerdas, 34-35, 170-171
  definición, 168
  frases musicales (*licks*) característicos,
    171-172
apoyos
  combinarlos tirando en los arpegios,
    274
  interpretación de los, 272-273
  posición de los dedos en los, 39
armonía (en la guitarra de jazz), 284
armónicos, 251
armonización (*véase* melodías y acordes)
armonizador, (o alterador de afinación),
  330
arpegios
  clásico (estilo), 273-274
  descripción, 270-271
  folk (estilo), 241-242

arrastre
  inmediato
    ascendente, 157-158
    descendente, 157-158
  legato (en el), 155-156
arriba y abajo (subir o bajar notas), 5
arte de la compra (de una guitarra) el,
  317-318
articulación, 145-173
  apagados (silenciados), 168-172
  arrastres, 155-159
  blues (del), 172-173, 183-185
  doble o nada (cuerdas dobladas),
    159-166
  leer y escribir música (cómo), 389-391
  martilleos, 146
  símbolos (lectura y escritura de músi-
    ca), 397-399
  sobre la, 145
  tirones, 151-156
  variada, 172
  vibrato, 166-168
Articulate Blues, The, 172-173
  guía para la interpretación, 172
  partitura, 173
Atkins, Chet, 378
Auld Lang Syne
  guía para la interpretación, 61
  partitura, 63
Aura Lee
  guía para la interpretación, 110
  partitura, 114
auriculares (salida de, en un amplificador), 321
ayudas (de un experto) para adquirir
  guitarras, 315-316

• *B* •

bajo rasgueo rasgueo, 87
barra de
  compás, 51-52, 71-72, 390, 396
  ritmos, 40-41
  tensora, 364-365
Be-bop, 378
bend, bends (o *bending*) (*véase* cuerdas
  estiradas)

Berry, Chuck, 379
blanca (nota musical), 390, 394
blues, 207-233
   acordes en
      progresión, 209-210
      séptima, 81
   acústico, 222-231
   alternancia, 226-227
   bajo constante con pentatónica menor,
      223-224
   cuerdas al aire y cuerdas pisadas en
      el, 227
   doce compases, estructura básica de
      los acordes de (en el), 95-96, 180-
      181, 208
   escritura del, 96
   fraseo, 219-220
   guitarra
      rítmica del (la), 208-213
      solista del (la), 214-223
   interpretación del, 230-233
   letras y estructuras del, 211
   movimientos del, 221-223
   patrones para el, 214-220
   repetición, 223-225
   sensación ternaria, 210
   slide en el (el estilo), 228
   sobre el, 207-208
   turnarounds, 209-210, 228-230
blues acústico, 222-231 (*véase también*
   blues)
   alternancia, 226-227
   bajo constante con pentatónica menor
      en posición abierta, 223-224
   combinaciones de cuerdas al aire y
      cuerdas pisadas, 227
   letra y estructura del, 211
   repetición en el, 224-225
   slide en el (el estilo), 228
   turnarounds, 202
blues eléctrico (*véase* blues)
   fraseo de la guitarra solista, 219-221
   guitarra
      rítmica en el (la), 208-213
      solista en el (la), 211-223
   letras y estructura del, 214-215
   movimientos para guitarra solista,
      220-222

patrones para el, 214-220
bolsas de concierto, 326
Bourrée en mi *menor*
   guía para la interpretación, 277-278
   partitura, 281
brazo de apoyo, 32-33

cables, 335
calibre
   cuerdas (de las), 119-120
   púas, 37-38
callo con la guitarra (dar el), 49
cambio de cuerdas, 339-341
   acero en guitarra acústica (de), 341-345
   cuerdas viejas, 340-341
   guitarra eléctrica (en la), 349-352
   instrucciones para el, 339-341
   nailon (de), 346-348
canal con pedal (cambio de), 321
"canción de cuna" (patrón para la guita-
   rra folk), 243
canciones
   All My Trials, 259-260
   All Through the Night, 91
   Articulation Blues, 173
   Auld Lang Syne, 64
   Aura Lee, 114
   Bourrée en mi *menor,* 281
   Chicago Shuffle, 232
   Chuck's Duck, 202-203
   Cruel War Is Raging, The, 257
   Freight Train, 261
   Gospel Ship, 258
   Greensleeves, 296
   Home on the Range, 90
   House of the Rising Sun, 255-256
   It's Raining, It's Pouring, 93
   Kumbaya, 62
   Little Brown Jug, 78
   malagueña, La, 271-272
   Michael, Row the Boat Ashore, 65
   Mississipi Mud, 233
   Oh, Susanna, 94
   On Top of Old Smoky, 79

Over the River and Through the Woods, 92

Power Play, 143

Romance anónimo, 279-280

Simple Gifts, 112

cansancio (o dolor), 35

Carter (estilo de guitarra folk), 245-246

cejilla
técnica de la, 57-58
usar la (cómo), 238-241, 327-328

cejuela, 22
de bloqueo, 352

Christian, Charlie, 378

chorus (efecto de), 330

cierres de seguridad (*straplocks*), 333

cintura (de la guitarra), 32

clave, 390-394

clavijas, 344-345, 367
sujetar la cuerda a la, 343-345
sujetar la cuerda de guitarra eléctrica a la, 349-351

clavijas fijas (*véase Spurzel*)

clavijeros, 14-15

claves para empezar a tocar, 47-48

codo (relajación del), 34-35

compás, 51-52, 71-72
anacrusa (de), 60

compás común (en la música popular), 60, 395-396

comprar guitarras, 301-318
arte de la compra (el), 317-318
construcción de las, 309-310
estrategias para, 302-303
evaluación de los materiales, 310-311
fabricación, 314-315
hablar con el dependiente, 316-317
lleve consigo a un experto, 315
mástil (construcción del), 310-311
modelos para un estilo determinado, 306-307
ornamentación de las, 314-315
pastillas y componentes electrónicos, 313
principiantes (para), 304-306
segunda guitarra... y la tercera (compra de la), 308-310

conexiones sueltas (*jacks*), 321-322

conmutador de pastillas, 15

construcción (de una guitarra), 309-311

contar con las cuerdas y trastes, 21-22

contrapunto, 274-276

crescendo, 390, 398

Cruel War Is Raging, The
guía para la interpretación, 253
partitura, 257

4/4 (compás), 59-60, 395-396

cubierta, 310-311

"cuenta atrás" en las pistas del MP3, 40

cuerdas
afinarlas con un piano, 25-25
aire (al), 22
afinación con un piano, 25-26
cejilla (con utilización de), 238-241
combinaciones con cuerdas pisadas, 227
descripción de las, 22-23
martilleo con las, 146-147
nombre de las, 22
tocarlas en posición, 100
alteración del tono de las, 267-268
arriba/abajo en la tablatura, 70-71
callos (desarrollo de los), 49
cambiarlas
acústica (de acero), en una guitarra, 341-345
eléctrica, en una guitarra, 349-352
nailon (de), 346-348
usadas, 340-342
colocarlas alrededor de las clavijas de afinación (cómo), 343-345
comprar (de calidad), 332
conservación de las, 352, 370-371
definición de las, 16
digitación de las, 17-18
dobladas (tocar con), 160
evitar ruidos no deseados en las, 170
forzadas o estiradas (*bends*), 159-166
calibre ligero (de), 161
características de las, 142-166
guitarra solista (en la), 182-185
interpretación con, 160-163
sobre las, 159-160
técnica de las (*held-bend*), 160-165
limpieza de las, 311
nailon, 345-350
pisadas, 22

pulsación de las (en tonos graves y
   agudos), 38
representación
   acordes en diagramas (de los),
   38-40
   tablatura (en), 70-72
sobre las, 21-22, 339-352
tocar dobles cuerdas subiendo y bajando por el mástil, 107
zumbidos (cómo evitarlos), 43

• CH •

Chicago Shuffle
   guía para la interpretación, 230
   partitura, 205
Chuck Berry, estilo, 178-179
Chuck Duck
   guía para la interpretación, 201
   partitura, 202
Clapton, Eric, 380

• D •

D'Angelico de tapa arqueada (modelo de
   guitarra de jazz), 383-384
dedos
   digitación para principiantes, 34-35,
   72-73, 101-102
   fuerza de dedos y brazos (conseguirla), 35-36,
   notación para guitarra clásica, 271-272
   uñas para guitarra clásica, 266-268
delay digital, 330
Delta Blues (*véase blues acústico*)
destino (acercamiento a notas de), 293-294
destornilladores
   juego de, 371
   reversibles, 337
diagramas de acordes (96 habituales),
   403-405
   avanzar con unos pequeños, 39-40
   do, 55-56
   do 7, 83-84
   do M 7, 86-87

estándar (de un acorde de *mi*), 40
fa, 57-58
fa M 7, 86-87
la, 48-50
la 5 de potencia, 137
la 7, 82-84
la M, 86-87
la m, 55-56
la m 7, 85-86
mi, 48-50
mi 5 de potencia, 137
mi m, 52-53
mi 7, 84-85
partes de los, 39-40
re, 48-50
re 5 de potencia, 137
re M 7, 86-87
re m, 57-58
re m 7, 85-86
si ♭ 7, 132-133
si ♭ con cejilla, 130
si ♭ m, 132-133
si m 7, 132-133
si ♭ M 7, 132-133
si 7, 84-85
sol, 52-55
sol 7, 82-84
diapasón, 27, 337
digitación
   acordes, 42-43
   callos (desarrollo de los), 48-49
   cejilla (con), 57-58
   do (familia de acordes), 57-58
   la (familia de acordes), 48-50
   la M (acorde con cejilla basado en),
   127-129
   potencia (acordes de), 136-138
   re (familia de acordes), 52-55
   sobre la, 17-20
   sol (acorde alternativo), 52-55
   sol (familia de acordes), 55-56
   trastes y posición de los dedos, 72-73
   zumbidos (prevención de los), 43
digitación de los acordes de *re*, 53-54
disonantes (notas), 216-217
distorsión (efecto de sonido)
   creación de la, 330
   uso de la, 139-140

do M (mayor), escala
  escala de
    dos escalas en séptima posición, 102
    dos octavas con cambio de posición, 104
    una octava (de la escala) en segunda posición, 101
    tocar dobles cuerdas subiendo y bajando por el
    mástil, 107-108
doble
  barra (ritmo), 390
  martilleo, 146-149
  tirón, 152-153
dobles cuerdas
  ejercicios de, 107-109
  definición de las, 106-107
  dobladas y aflojadas, 165-166
  sobre las, 106-107
dolor (o cansancio), 35
duración del aprendizaje
  asimilación de la música escrita (en la), 389
  símbolos indicativos, 394-397

• *E* •

ecualización (dispositivos de), 322
ejecución de los acordes
  do (los de la familia de), 57-59
  la (los de la familia de), 48-52
  mano derecha (con la), 49-50
  púas para la, 37-38
  re (los de la familia de), 54-55
  símbolos para la, 54-55
  sol (los de la familia de), 55-57
elementos de notación
  armadura de clave, 390, 394-395
  aumento de los puntos, 390, 396-397
  barra de compás, 51-52, 71-72, 390, 396-397
  blanca (nota), 390, 394-395
  clave, 390-393
  compás (indicación de), 390, 395-396
  corchea (nota), 390, 394-395
  negra (nota), 390, 394-395

diversidad de los, 390, 392-393
  dinámicos, 390, 397-398
  doble
    barra de compás, 390, 396-397
    notación, 70-71
  ligadura (*legato*), 390, 397-398
  líneas adicionales, 390, 392-393
  medidas, 51-52, 71-72, 390, 396-397
  pentagrama, 390-391
  prima volta, seconda volta, 390, 398-399
  redonda (nota), 390, 394-395
  semicorchea (nota), 390, 395-396
  signos, 390, 398-399
  silencio, 390, 395-396
  símbolo de repetición, 390, 398-399
  staccato, 390, 397-398
  tempo, 390, 395-396
elementos metálicos
  evaluación de las guitarras, 311-313
  limpieza de los, 359
eliminación
  cuerdas viejas (de las), 341-342
  suciedad (de la), 335, 356-357
enarmónicos equivalentes, 399
encordador, 337
enganches
  correas y, 333-334
  para correas, 367-368
  uso en posición sentada, 33-34
entonación
  pruebas en una guitarra nueva para conseguir una correcta, 305
  recursos para una correcta, 366-367
escabel (para el pie), 265
escalas
  alterada de jazz, 292-293
  bajo (de), 253
  dos octavas (de), 102-103
  mayores, 178-179
  menores
    añadir profundidad con notas adicionales, 216-217
    bajo constante con pentatónica menor en posición abierta (en el blues), 223-224
    pentatónicas, 197-199
    quinta disminuida (en el blues), 217
    sobre las, 181-183, 198

re M, 86-87
    una octava (de), 102-103
    pentatónicas, 198-199
    práctica de las, 102-103
escriba su propio blues, 96
estéreo (sistema) en amplificadores, 323-324
estrategias para adquirir guitarras, 302-304
expresión, 389-390, 397-399

● *F* ●

Fender Stratocaster (modelo de guitarra), 317, 384
Fender Telecaster (modelo de guitarra), 384
fingir con tres acordes, 291
flanger/phaser (efectos de sonido), 330
flats (*véase* líneas adicionales)
Floyd Rose (puente), 351-352
fraseo de blues, 220-221
frases musicales (*licks*), 145-146
    apagado (de las cuerdas), 171-172
    arrastres característicos, 158-159
    blues (movimientos para guitarra solista), 220-223
    cuerdas estiradas características (*bends*), 162-165
    martilleo, 148-151
    pentatónica mayor (basadas en la escala), 199
    tirones característicos, 154-155
Freight Train
    guía para la interpretación, 254
    partitura, 261
fundas blandas (para guitarra), 326
fundas duras (para guitarra), 325-326
fusibles, 337

● *G* ●

gamuzas, 357-358
ganancia, 321
Gibson ES-335 (modelo de guitarra),

384-385
Les Paul (modelo de guitarra), 317, 385
J-200 (modelo de guitarra), 385
glissando, 156
golpes *púa abajo, púa arriba*
    definición, 50-51
    ejecución, 73-74
Gospel Ship
    guía para la interpretación, 223
    partitura, 258
grabadora de casete, 335
grabadores (amplificadores), 324
gradación, 313-314
Greensleeves
    guía para la interpretación, 295
    partitura, 296
Gretsch 6120 (modelo de guitarra), 385-386
guitarra clásica, 263-281 (*véase también* guitarras acústicas)
    arpegios, 273-275
    contrapunto, 274-276
    mano
        derecha (posición de la), 266-268
        izquierda (posición de la), 268-270
    sentarse (cómo), 264-266
    sobre la, 263-164
    timbre, cambio del ("color" del sonido), 268
    tirando y apoyando, 38-39, 270-273
    toque piezas clásicas, 276-281
    uñas de la mano derecha (las), 267-268
guitarra de folk
    arpegiado (técnica del), 241-242
    "canción de cuna" (patrón de), 243
    canciones para guitarra, 252-261
    Carter (estilo), 244-246
    cejillas para la, 238-241
    mano abierta para la (técnica de la), 236-238
    pulgar y rasgueo (técnicas), 243-244
    sobre la, 236-237
    Travis (estilo de punteo), 246-252
guitarra de jazz, 283-298
    acercamiento a notas de destino, 293-294
    acompañamiento, 285-286
    acordes

alterados, 285
arpegiados (para crear melodías),
294
armonía, 284
armonización de melodías y acordes,
289-290
canciones de, 295-298
escalas con notas alteradas, 292
sobre la, 283-285
solista (guitarra), 292
Guitarra para Dummies, MP3 (*véase* MP3)
guitarra rítmica (la), 178
acompañamiento en posición abierta,
178
blues
de doce (12) compases (patrón para
el) en el, 208-213
MP3 (audición de las pistas del), 408-
409
rock "n" roll, 178-183
guitarra solista
articulación para *rock* clásico, 183-184
blues eléctrico, 214-222
country rock y *rock sureño*, 198-201
escala pentatónica mayor, 197-199
fraseo del blues, 220-221
jazz en la (el), 292-295
licks basados en la escala pentatónica
mayor, 199-200
movimientos para el blues, 220-221
patrones para los solos de *rock*, 185-
191
rock "n" roll clásico, 181-191
sobre la, 198
guitarras (*véase* comprar guitarras;
guitarras acústicas; guitarras eléctricas)
almacenamiento de las, 361-362
creación de sonidos con las, 17-18
cuidar el acabado, 358-362
desarrollo de un plan de compra (de
guitarras), 302-304
encontrar las notas en la guitarra,
399-401
fabricación de sonido electrónico (con
las), 18-20
fundas para, 325-327
modelos populares de, 306-308

partes de la, 13-17
posición
manos y postura (de las), 31-335
interpretación (e), 33-34
principiantes (guitarras para), 304-306
protección de la guitarra en los viajes,
360-362
sonido una octava por debajo de las
notas escritas, 18
sostener (la guitarra clásica), 33, 264-
265
vibración y longitud de las cuerdas,
17-18
guitarras acústicas
afinadores eléctricos (uso de los),
333-334
anatomía de una guitarra, 13-17
cuidar el acabado, 359-360
fotografía de una guitarra acústica, 14
poner (o cambiar) las cuerdas a una
guitarra de cuerdas de
acero, 341-345
nailon, 346-348
posición de la mano izquierda,
34-36
guitarras eléctricas
afinadores eléctricos, 333-334
amplificadores, 319-321
cambio de cuerdas, 349-351
conexiones sueltas, 370
controles que crujen, 369-370
convertir vibraciones en tonos eléctricos, 1820
cubiertas, 310-311
Floyd Rose (caso especial del puente),
351-352
ilustración, 15
interpretación de acordes con cejilla,
117-119
mano izquierda (posición de la),
34-36
partes de la, 13-17
pastillas y componentes electrónicos,
313-314
sustitución de pastillas, 369-371
guitarras para principiantes, 304-305
guitarristas famosos, 377-382

● *H* ●

hablar con el dependiente de la tienda de
    guitarras, 316
Hendrix, Jimi, 379
higrómetro, 363
Home on the Range
    guía para la interpretación, 87
    partitura, 90
House of the Rising Sun
    guía para la interpretación, 253
    partitura, 255
humedad (grado de), 362
humidificador para guitarras, 362

● *I* ●

iconos usados en este libro, 8-9
improvisación en la guitarra
    jazz (de), 284-285
    solista, 184-186
información técnica en este libro, 3-4
It's Raining, It's Pouring
    guía para la interpretación, 88
    partitura, 93

● *J* ●

jazz (*véase* guitarra de jazz)

● *K* ●

King, B. B., 379
Kumbaya
    guía para la interpretación, 60
    partitura, 62

● *L* ●

la (familia de acordes), 49-50
leer música (cómo), 389-401

asociar la notación con el sonido, 3
MP3 (leer tablaturas mientras escucha
    el), 70
convenciones usadas en este libro, 4,
    70-71
duración de los signos, 394-395
elementos para la notación, 390
expresión y articulación y símbolos,
    398-399
información sobre, 389-390
tablaturas (leer), 69-70
símbolos de la altura (los), 391-392
legato, 58, 151, 390, 398
letras y estructuras de blues (*véase*
    blues)
licks (*véase* frases musicales)
ligadura (*véase legato*)
limpieza de la guitarra, 356-360
líneas adicionales (*flats, sharps*, etc.), 392
Little Brown Jug
    guía para la interpretación, 76
    partitura, 78

● *LL* ●

llave hexagonal (herramienta recomen-
    dada), 371

● *M* ●

madera, la
    criterio de clasificación, 311-313
    cuidar el acabado, 358-362
    fabricación (en la), 314
    limpieza de la, 357-359
    ¿maciza o laminada?, 310
    prevención de la formación de grietas
        en la, 362-363
malagueña, La, 271-272
mano abierta (técnica de), 236-237
mano derecha
    digitación para tocar la guitarra clási-
        ca, 266-268
    libertad de la (en tirando y apoyando),
        38-39, 270-273

posición de la, 36-39, 265-267
púa (utilización de la), 36-38, 72-75
rasgueo, 43
sentado (posición), 32-33
silencios, 169-170
sobre la, 5
técnica de la, 235-238
mano izquierda
acordes (cómo tocarlos), 42-43
apagado de las cuerdas con la, 169
ejercicios para conseguir fuerza y
destreza, 104
digitación con la, 72-73
posición de la
digitación para principiantes, 34-35
guitarra clásica (para la), 268-269
sentada (en posición), 32-33, 264-266
sobre la, 5
manos (*véase* mano derecha; mano
izquierda)
mantenimiento
cuidar el acabado, 358-362
problemas de la guitarra y soluciones,
354-356
protección de las guitarras en los
viajes, 360-361
suciedad (quitar la), 334-335, 356-359
temperatura y humedad (condiciones
de), 361-362
martilleo
con dobles cuerdas, 147-151
desde ninguna parte, 148-150
técnica del
característico, 149-150
cuerdas al aire, 146-147
doble, 147-148
con dobles cuerdas, 148
Martin D-28 (marca de guitarra), 386
mástil, 16
ajuste del, 364-365
ilustración del, 14-15
técnicas para la construcción del,
310-311
tensar y aflojar la barra tensora, 364-
365
tocar en dobles cuerdas arriba, abajo y
a los lados, 105-107
medidas

compás de anacrusa, 52
definición de las, 51-52, 71-72, 396-397
figura de las, 390
melodía con acordes arpegiados, 293-295
melodías sencillas, 75-80
Southern Hospitality, 204
Streets of Laredo, 115
Swanee River, 80
Swing Low, Sweet Chariot, 63
Swing Thing, 297-298
Turkey in the Straw, 113
We Wish You a Merry Christmas, 142
melodías y acordes (armonización),
253-254
métrica, 75-76
método del quinto traste, el, 23-24
afinación con el, 20-21
diagrama, 22
sobre el, 22-23
mi (acorde en)
interpretación, 117-120
M (mayor) con cejilla basado en, 118-
124
m (menor) con cejilla basado en, 122-
125
progresiones basadas en el, 120-123
séptima dominante (en), 122-126
mi (familia de acordes)
mi (acorde), 39-40, 48-50, 52-53
mi 5 (diagrama del acorde), 137
mi 7 (acorde), 83-85
mi M (mayor) con cejilla basado en,
118-124
mi m (menor) (acorde), 51-53
mi m 7 (menor) (acorde), 86
mi m (menor) con cejilla basado en,
122-125
Michael, Row the Boat Ashore
guía para la interpretación, 61
partitura, 65
Mississipi Mud
guía para la interpretación, 231
partitura, 233
modelos de guitarra
escoger la segunda (o la tercera...)
guitarra, 308-310
diferentes tipos o, 306-307
Montgomery, Wes, 378

movibles (acordes de potencia)
diagramas de los (basados en *fa* 5 y *si B* 5), 138
sobre los, 136-137
movimientos
exteriores, 288-289
interiores, 287
interválicos (a saltos), 378
MP3
cuenta atrás, 408
escuchar el, 3
leer tablaturas mientras escucha el, 70
listado de pistas en el, 409-411
martilleos (técnica de los), 149-150
MP3 (formato) en el, 417
relacionar el texto con el, 407
selección del ritmo en las pistas del, 408-409
utilización del, 28-29

• *N* •

nailon (cambio de cuerdas de), 346-349
notación musical (*véase* elementos de la notación; *y las canciones específicas*)
convenciones usadas en este libro, 4-5
cuerdas estiradas o dobladas, 160-162
digitación de la mano derecha (la), 237-238
elementos de la, 390-391
escritura de la octava baja de la guitarra, 18-19
ilustración de la tablatura, 72
ligadura, 58
notación para guitarra (*véase* notación musical; tabladura)
elementos de la notación musical, 390
notas naturales, 390-393
noventa y seis acordes habituales (*véase* diagramas de acordes)

• *O* •

octava nota (corchea), 390-394

octavas
ilustración de, 102-103
Montgomery, uso de las (por), 378
Oh Susanna
guía para la interpretación, 88
partitura, 94
ohmiómetro, 337
ojal (o *grommet*) en el puente, 304
Old Folks at Home (*véase Swanee River*)
On Top of Old Smoky
guía para la intrpretación, 66
partitura, 79
ornamentación, 314-315
Over the River and Trough the Woods
guía para la interpretación, 88
partitura, 92

• *P* •

Page, Jimmy, 379-380
pastillas
conversión las vibraciones (de las) en sonidos, 19-20
limpieza de las, 359
sustitución de las, 370
patrón "canción de cuna" para la guitarra folk, 243
pentagrama, 390-391
pedales y aparatos de efectos, 328-332
pilas, 335
pintura, 35-36
pistas
MP3 (a escuhar en el), 409-415
salto de, 407-408
placa (de los ganchos del puente), 369
plectro (nombre antiguo de la púa), 37
P. M. (*palm mute*: apagado de las cuerdas), 170
posición abierta
acordes de sustitución, y de nota añadida (en los), 192-194
guitarra rímica (en la), 178
posiciones (*véase* tocar en posición)
cambiantes, 103-104
canciones específicas para tocar en posición, 109-111

nombre de las, 99-100
sentada, 32-33
sobre las, 72-73
potencia
desarrollo y destreza de la, 103-107
mano izquierda, en la, 34
Power Play
guía para la interpretación, 141
partitura, 143
práctica
dobles cuerdas (ejercicios), 106-107
ejercicios para adquirir destreza en la
mano izquierda, 105
escalas, 192-103
practicar y mejorar, 52
practicar con el amplificador, 320-322
prevenciones y cuidados de posibles
daños (a la guitarra), 361-362
prima volta, seconda volta, 390
probador de cables, 337
procesador de multiefectos, 328-329
progresión con acordes básicos (clásica),
66-67
progresiones (*véase* acordes)
acordes
cejilla de séptima mayor y menor
(con), 126-127
potencia en las (de), 138-140
barra de acordes (uso de la), 194-195
cejilla (de) y basados en
la mayor, 129-132
la mayor y menor, con, 132-133
mi mayor, 120-122
"clásica", 66-67
descripción, 49-50
do (familia de acordes), 58-59
jazz (acordes interiores), 286-287
la (familia de acordes), 50-51
re (familia de acordes), 54-55
sol (familia de acordes), 56-57
tocar el blues de doce compases, 95-
96, 180-181
uso de los patrones, 190-192
*We Wish You a Merry Christmas, 127,
135-136*
púas
calibres de las, 37-38
sobre las, 331-332

utilidad de las, 37-38
puente
ajuste del, 364-365
cambio de cuerdas de acero, 341-342
flotante, 312, 351-352, 371
ilustraciones, 14-16
muelles del, 368-369
ajuste de los, 367-370
pivotes del, 335
sujeción de las cuerdas de
nailon al, 346-347
una guitarra eléctrica al, 349-351
puentes flotantes
Floyd Rose, 352
herramientas necesarias para, 371-372
seleccionarlo (cómo), 311-312
pulgar y rasgueo (técnica y estilo), 243-
245
punteo alternado
alternado, 73-74
definición del, 37-38
mano derecha (con la), 72-73
puntos en los diagramas de los acordes,
39

Ramírez, Clásica (modelo de guitarra),
336
re (familia de acordes), 52-53
digitación (de los acordes), 53-54
progresión en el acorde, 54
rasgueo (de los acordes), 54
re (acorde de), 50
re 5 (acorde), 137
re M (mayor) (acorde), 86-87
re m (menor) (acorde), 57-58
re 7 (acorde), 82-83
re m 7 (menor) (acorde), 85-86
sol (acorde), 53-54
redonda (nota), 390, 394
relajación
codo izquierdo (posición del), 34-35
tocar con, 101-102, 408-409
reparaciones
ajustar el mástil y el puente, 364-365

ajustes varios, 364-365
clavijas (de las), 367
conexiones
    defectuosas, 369-370
    sueltas, 363
controles que crujen, 369-370
destreza necesaria (para las), 371-373
entonación, 366-367
herramientas adecuadas (para las), 371
muelles del puente, 368-369
no realizables por usted mismo, 372
pastillas (sustitución de las), 369-370
problemas habituales y sus soluciones, 354-356
realizables por usted mismo, 363
sustituir partes viejas o gastadas, 367-368
tensar y aflojar la barra tensora (el alma), 364-365
repetición en el blues acústico, 224-225
reverberación, 321, 329-331
Rickenbacker 360-12 (modelo de guitarra), 386
riff, 69-70
ritardando, 390, 398
ritmo
    acompañamiento, 285-289
    barra de (en los pentagramas), 40-41
    4/4 (compás), 59-60, 395-396
    sincopado, 47-48
rock "n" roll, 177-205
    canciones, 200-205
    country y *rock* sureño (guitarra del), 197-201
    guitarra
        rítmica en el (la), 178-180
        solista en el (la), 181-191
    moderno, 192-201
    numeración romana en los acordes de progresión convencional, 209-210
rock "n" roll (estilo), 178-192 (*véase también rock "n" roll,* estilo moderno)
    articulación, 183-184
    escala pentatónica menor, 181-184, 197-198
    guitarra
        rítmica en el, 178-180
    solista en el, 181-191
    improvisación de un solo, 185-187
    improvisar un solo a partir del los patrones I, II y III, 185-192
    tocar canciones de rock, 200-204
rock "n" roll (estilo moderno), 192-193
    afinaciones en
        re abierto, 196-197
        re caído, 195-196
    country rock y *rock* sureño (guitarra solista), 198-199
    frases musicales (licks) basadas en la escala pentatónica, 199-200
    híbridos, 194-195
    interpretación del, 200-201, 204-205
    sustitución (acordes de), 192-193
    uso de las escalas pentatónicas mayores, 197-199
Romance anónimo
    guía para la interpretación, 277
    partituras, 279-280
"rueda" (o patrón)
    blues (en el), 211-220
    escala pentatónica menor con, 181-183
    improvisación de un solo a partir de la (del), 185
    progresiones
        uso de las, 190-191
        utilizando los patrones I, II y III, 190-191
    sobre la (o el), 163-164

salida (sólo guitarras eléctricas), 16
secante, 363
Segovia, Andrés, 103, 377
selletas, 365-366
semicorchea (nota), 390, 395
sensación ternaria (en el blues), 210-213
señales (o símbolos) dinámicos, 390-391, 397-398
sharps (*véase* líneas adicionales)
si ♭, 129
si ♭ (acorde con cejilla), 129-130

si ♭ m (diagrama del acorde), 132

si ♭ 7 (diagrama del acorde), 132

si ♭ M 7 (diagrama del acorde) 132

si 7 (acorde), 84-85

silencios, 123-125, 390, 395-396

sim (abreviatura de *simile*), 47

símbolos para los acordes, 54

cifrados rítmicos de barras (/, //, etc.)
por encima de la tablatura (*púa arriba*)
(V), 74-75

Simple Gifts

guía para la interpretación, 110

partitura, 112

síncopas

definición, 59

uso (de las) en *Michael, Row the Boat Ashore, 61*

slide (técnica de guitarra en el blues), 228

sobre este libro, 1-3

cómo comenzar, 9

convenciones utilizadas, 4-5

iconos empleados, 8-9

información técnica, 2-5

organización, 4-8

uso del MP3, 407-409

sol (familia de acordes), 55-56

digitación, 55-56

alternativa de los acordes de, 53-54

progresión con

acordes básicos, 66

acordes de, 56

rasgueo de, 55-56

sol (acorde), 82-84

solos

improvisaciones en la guitarra solista, 184-186

Travis (utilización del punteo de), 250-251

sonido

asociado con la notación, 3-4

convertir la vibración eléctrica en, 18-20

hacerlo con la guitarra, 17-19

silencios, 169-170

octava por debajo de las notas escritas, 18

tono y color, 267-268

sostenidos, 390, 393

Southern Hospitality

guía para la interpretación, 201

partitura, 204-205

Southern-rock (estilo), 197-201

escala pentatónica mayor (M), la (en el), 197-198

frases musicales (*licks*) en escala pentatónica, 199

sobre el, 197

Spurzel (marca de clavijas fijas), 312

staccato (marcas de), 123

Streets of Laredo, The

guía para la interpretación, 111

partitura, 115

suciedad, quitar la, 334-335, 357-359

sustitución (acordes de), 285-286, 289-291

Swanee River (*Old Folks at Home*)

guía para la interpretación, 76-77

partitura, 80

Swing Low, Sweet Chariot

guía para la interpretación, 61

partitura, 63

Swing Thing

guía para la interpretación, 294-295

partitura, 297-298

• T •

tab (*véase* tablatura)

tablatura para guitarra (sistema de notación) (*véase las partituras de canciones específicas*)

¿arriba o abajo?, 70-71

barra de

acordes (en la clásica), 276-277

ritmos, 40-41

convenciones usadas en este libro, 4-5, 70-71

¿derecha o izquierda?, 71-72

diagramas de, 38-40

entender la, 38, 72

ilustraciones, 42, 71-72

leerlas mientras se escucha el MP3, 70-72

notación para cuerdas dobladas, 159-162

pentagrama (en el), 41-42
sobre la, 2-3, 40-42
tocar sin saber música, 38-42, 69-70
tapones para los oídos, 336
temperatura y humedad (condiciones de), 359-363
tempo, 390
tercera mayor (nota), 219-220
dobles cuerdas (en), 107
pentatónica menor escala (en), 218-219
timbre, 267-268
escritura del, 390, 395-396
tirando y apoyando
combinar con el resto, 274-275
interpretación, 38-39, 270-273
tirón con dobles cuerdas, 153
tirones, 151-156
características, 154-159
ejecutarlos (cómo), 155-158
frases musicales con, 158-160
sobre los, 154-158
descripción de los, 151
interpretación, 151-154
tocar (la guitarra)
acordes (tocar los), 42-43
aplique su personalidad, 59-60
mano
derecha (posición de la), 37-38
izquierda (posición de la), 34-36
posición de las manos y postura, 31-34
practicar y mejorar, 52
sentada (posición), 32-33
tocar en posición, 99-100
conseguir fuerza y destreza tocando en posición, 104-106
cuerdas al aire (tocar con), 100
descripción, 99-100
ejercicios, 100-102
posiciones cambiantes, 103-104
tono
afinación
diapasón (con un), 27
piano (con un), 25-26
pito (con un), 26-27, 337-338
ajuste de la entonación, 365-366
dobles cuerdas (tocar en posición y), 109-115

efectos de, 330-331
golpes
ascendentes, 74
descendentes, 74
lectura de música y el (la), 389-390
melodías sencillas, 75-76
pie (posición de), 33-34
repetición de, 225
símbolos musicales (explicación de los), 391-394
tocar sin saber música, 3842, 69-70
trastes y los cambios en el (los), 16-17
trasponer (notas), 100-101
trastes
acordes de cejilla basados en los, 118-120
¿arriba o abajo de la tablatura?, 70-71
criterios para adquirir una guitarra, 304-305
ilustraciones, 14-15
método de afinación del quinto traste, 23-25
posición del dedo sobre el, 34-35, 72-73, 101-102
representación de los acordes (diagramas), 39-40
semitonos y, 18-19
sobre los, 22-23
Travis (punteo), 245-253
creación de un acompañamiento de estilo, 249-250
patrones básicos para tocar el, 246-248
sobre el, 246
solista (guitarra), 250
tonos abiertos con el, 250-252
trémolo (efecto), 331-332
tríadas (acordes), 284
trinquetes pequeños (juego de), 371-372
turnarounds (o *licks* de vuelta), 209-210, 228-230
Turkey in the Straw
guía para la interpretación, 110
partitura, 113

● *V* ●

Van Halen, Eddie, 380

vibrato, 165-166
  retardado, 168
voces
  exteriores, 288
  interiores, 286-287
voltímetro, 337

● ***W*** ●

wah-wah (pedal de), 330
We Wish You a Merry Christmas
  y cejilla, 140-141
  partitura, 142-243

progresiones, 126-127, 134-136

● ***X*** ●

X (símbolo de notación de "cuerdas al
  aire"), 40, 49

● ***Z*** ●

zumbidos, 43